本成果是宁波市哲学与社会科学重点研究基地"数字经济创新与枢纽自贸区联动研究基地"和浙江省软科学研究基地"数字经济与开放经济融合创新研究基地"部分资助的成果

我国与"一带一路"共建国家农产品贸易研究

刘春香　邹德玲　施晶晶　◎著

中国财经出版传媒集团

经济科学出版社

·北京·

图书在版编目（CIP）数据

我国与"一带一路"共建国家农产品贸易研究 / 刘春香，邹德玲，施晶晶著. -- 北京：经济科学出版社，2024.12. -- ISBN 978-7-5218-6446-5

Ⅰ. F752.652

中国国家版本馆 CIP 数据核字第 20244SZ750 号

责任编辑：刘　莎
责任校对：郑淑艳
责任印制：邱　天

我国与"一带一路"共建国家农产品贸易研究
WOGUO YU "YIDAIYILU" GONGJIAN GUOJIA NONGCHANPIN MAOYI YANJIU
刘春香　邹德玲　施晶晶　著
经济科学出版社出版、发行　新华书店经销
社址：北京市海淀区阜成路甲 28 号　邮编：100142
总编部电话：010 - 88191217　发行部电话：010 - 88191522
网址：www.esp.com.cn
电子邮箱：esp@esp.com.cn
天猫网店：经济科学出版社旗舰店
网址：http://jjkxcbs.tmall.com
北京密兴印刷有限公司印装
710×1000　16 开　16 印张　260000 字
2024 年 12 月第 1 版　2024 年 12 月第 1 次印刷
ISBN 978 - 7 - 5218 - 6446 - 5　定价：79.00 元
(图书出现印装问题，本社负责调换。电话：010 - 88191545)
(版权所有　侵权必究　打击盗版　举报热线：010 - 88191661
QQ：2242791300　营销中心电话：010 - 88191537
电子邮箱：dbts@esp.com.cn)

前言

农产品贸易一直是古代陆上和海上丝绸之路的主要合作内容。党的十九大报告指出："要以'一带一路'建设为重点""要坚持农业农村优先发展"。党的二十大报告更进一步提出了全面推进乡村振兴、加快建设农业强国、全方位夯实粮食安全根基等重要决策部署，习近平总书记多次在报告中强调了加快建设农业强国的重要性。2024年中央"一号文件"指出，要"增强粮食和重要农产品调控能力""健全农产品全产业链监测预警机制，强化多品种联动调控、储备调节和应急保障""深化'一带一路'农业合作"。

在当前逆全球化趋势日益明显、全球经济持续低迷、农业格局深度调整、贸易保护主义抬头、贸易摩擦和关税壁垒不断加剧、农产品国际市场不确定性不断增加的背景下，加快推进我国与"一带一路"共建国家的农产品贸易具有巨大的战略意义。这一举措不仅有助于减少我国在特定农产品市场上的依赖，降低贸易风险，满足国内消费者对多样化农产品的需求。同时，共建国家对农产品的需求量巨大，扩大我国农产品对共建国家的出口规模不仅可以满足其需求，还可以提升我国在国际农产品市场上的竞争力。此外，推进与"一带一路"共建国家的农产品贸易，可以将我国现代化农业发展的成功经验和技术成果分享给共建国家，促进其农业和农产品贸易的发展，同时可以为共建国家农业的互利共赢和高质量发展格局贡献中国智慧和中国力量。

为促进我国与"一带一路"共建国家农产品贸易的可持续发展，本书综合运用了经济地理学、演化经济学、生态经济学、区域经济学、博弈论、农业供给理论等学科理论成果，利用社会网络分析方法分析了我国在共建国家农产品贸易网络中的地位和作用，并借助多个分析指标厘清了我国与共建国家农产品贸易的竞争与互补关系。构建了随机前沿引力模型分析我国与共建国家农产品贸易潜力，并提出可行性对策。

全书一共分为八章。第一章是绪论，主要介绍研究背景和意义、国内外研究现状以及主要研究方法。第二章是我国与"一带一路"共建国家农产品贸易研究的理论基础，主要介绍可以借鉴的相关理论，例如比较优势理论、要素禀赋论、产业内贸易理论、国际竞争力理论等，并对相关概念如"一带一路"共建国家、农产品等进行了界定。第三章是"一带一路"共建国家农产品贸易网络分析，主要分析了我国在共建国家农产品贸易中所处的地位，构建了共建国家农产品贸易网络分析方法，分析了共建国家农产品贸易无权网络和有权网络的拓扑结构，并分析了共建国家农产品贸易网络核心—边缘结构。第四章从贸易总额情况、产品结构情况、区域结构情况、贸易伙伴情况等方面分析了我国与"一带一路"共建国家农产品的贸易现状，并利用显性比较优势指数（RCA）、贸易互补性指数（TCI）、贸易结合度指数（TII）、产业内贸易指数（IIT）分析了我国与共建国家农产品贸易的竞争与互补关系。第五章是利用拓展的贸易引力模型分析了我国与"一带一路"共建国家农产品贸易拓展的障碍因素，并指出了存在的主要问题，例如，我国与共建国家的农产品贸易逆差额依然较大，我国对共建国家的农产品贸易结构不尽合理等。第六章从农产品整体、农产品出口、农产品进口三个角度测度了我国与"一带一路"共建国家农产品贸易潜力。第七章是基于拓展农产品贸易的国际经验借鉴，从寻求利益共同点以实现中国农产品贸易平衡、持续优化共建国家农产品贸易的市场结构、优化贸易农产品的商品结构、推进农业技术创新以提高农产品国际竞争力、加快我国农产品品质优化与生产结构调整、发展跨境电商并加大弱势农产品出口扶持力度等方面提出了我国拓展与"一带一路"共建国家农产品贸易的路径。第八章是结论与展望，是对本书基本结论的总结，同时也进行了研究展望。

最后，希望本书可以为学者们进行相关研究提供有益的借鉴和参考。

作者

2024 年 8 月

目录

第一章 绪论 …… 1
  第一节 研究背景与研究意义 …… 1
  第二节 国内外研究现状述评 …… 5
  第三节 研究方法与主要框架 …… 22

第二章 我国与"一带一路"共建国家农产品贸易研究的理论基础 …… 26
  第一节 相关理论 …… 26
  第二节 相关概念界定 …… 41

第三章 "一带一路"共建国家农产品贸易网络分析 …… 55
  第一节 共建国家农产品贸易网络构建及数据说明 …… 55
  第二节 共建国家农产品贸易的网络拓扑结构特征 …… 60
  第三节 共建国家农产品贸易网络核心—边缘分析 …… 69

第四章 我国与"一带一路"共建国家农产品贸易现状分析 …… 74
  第一节 研究范围、数据来源与指标选取 …… 74
  第二节 我国与共建国家农产品贸易现状分析 …… 78
  第三节 我国与共建国家农产品贸易的竞争与互补关系分析 …… 96
  第四节 本章小结 …… 104

第五章 我国与"一带一路"共建国家农产品贸易拓展的障碍因素与存在的主要问题 ······ 107
第一节 我国与共建国家农产品贸易拓展的障碍因素分析 ······ 107
第二节 我国与共建国家农产品贸易存在的主要问题与原因分析 ······ 120

第六章 我国与"一带一路"共建国家农产品贸易潜力研究 ······ 128
第一节 研究范围与潜力测算方法 ······ 128
第二节 我国与共建国家农产品整体的贸易潜力测度 ······ 130
第三节 我国与共建国家农产品出口贸易潜力测度 ······ 139
第四节 我国与共建国家农产品进口贸易潜力测度 ······ 157

第七章 我国拓展与"一带一路"共建国家农产品贸易的路径选择 ······ 170
第一节 拓展农产品贸易的国际经验借鉴 ······ 170
第二节 我国与共建国家农产品贸易拓展的路径 ······ 180

第八章 结论与展望 ······ 224
第一节 主要结论 ······ 224
第二节 研究展望 ······ 229

参考文献 ······ 230

第一章 绪 论

第一节 研究背景与研究意义

一、研究背景

根据相关数据,"一带一路"共建国家总人口约为46亿,超过全球总人口的60%。同时,这些国家的总GDP超过20万亿美元,约占世界GDP的1/3,这表明"一带一路"共建国家在人口规模和经济实力方面具有举足轻重的地位。共建国家有望打造全球经济贸易新的大循环,成为继环太平洋经济圈和大西洋经济圈之后的第三个经济发展空间,"这种趋势对于各个国家来说都是机遇","一带一路"农业与食品交易信息平台CEO徐嘉豪曾这样表示。

（一）"一带一路"共建国家在农产品贸易领域有着巨大的潜力和机会

首先,"一带一路"共建国家的人口庞大、消费能力增强以及不断改善的生活水平为农产品和食品需求提供了强劲的基础。随着中产阶级和消费者对品质、安全和多样性的要求不断提升,对于高品质农产品和特色食品的需求也在逐渐增长。这为"一带一路"共建国家提供了发展农产品出口的机会，并推动了农产品贸易的增长。

其次，"一带一路"共建国家在农业领域具有丰富的资源和独特的农产品。这些国家拥有广阔的土地、丰富的水资源和多样的气候条件，使农产品的种植和养殖具有独特的优势。同时，这些国家拥有传统的农产品加工技术和独特的饮食文化，可以生产出世界上独具特色的农产品。因此，"一带一路"共建国家可以通过加强农产品生产、提高质量和推广品牌，更好地满足国内和国际市场的需求。

最后，"一带一路"倡议促进了区域间的贸易便利化和互惠互利的贸易关系。通过打破贸易壁垒、减少贸易摩擦、推动贸易便利化举措的实施，"一带一路"共建国家之间的贸易活动将得到进一步促进。这将为农产品和食品的进口和出口提供更多机会，推动更多的合作和实现共赢。

总之，"一带一路"共建国家作为人口和经济规模庞大的地区，拥有巨大的农产品贸易潜力。借助"一带一路"倡议的推动，共建国家可以进一步加强合作，发掘和开发农产品贸易的机会。对于农产品出口国家来说，这是一个扩大市场、提高产品价值和增加经济收益的良机。对于进口国家来说，"一带一路"共建国家提供多样优质的农产品和食品选择，为满足国内市场需求提供更多的选择。因此，持续加强和发展与"一带一路"共建国家的农产品贸易，对于推动经济增长、促进共同发展具有重要意义。

（二）拓展我国与"一带一路"共建国家的农产品贸易具有巨大的战略意义

历史上，农产品贸易一直是古代陆上和海上丝绸之路的主要合作内容。随着中国提出"一带一路"倡议，农产品贸易再次成为合作的重要领域。党的十九大报告明确指出，要以"一带一路"建设为重点，并坚持农业农村优先发展的方针。而党的二十大报告更进一步提出了全面推进乡村振兴、加快建设农业强国、全方位夯实粮食安全根基等重要决策部署，习近平总书记在报告中强调了加快建设农业强国的重要性。作为农产品需求和贸易大国，我国的农产品贸易能力是评判农业国际竞争力的重要指标之一。在全球经济发展过程中，促进我国与"一带一路"共建国家的农产品贸易高质量发展，成为每个农业贸易工作者肩负的使命和责任。

在当前逆全球化趋势日益明显、全球经济持续低迷、全球农业格局深度调整、农产品国际市场的不确定性不断增加的背景下，加快推进我国与"一带一路"共建国家的农产品贸易具有重大的战略意义。这一举措不仅有助于减少我国在特定农产品市场上的依赖，满足国内消费者对多样化农产品的需求，同时也有助于分享中国农业经济的成果，并促进共建国家的农业互利共赢发展。当前，全球的贸易环境面临着诸多挑战，跨国贸易保护主义抬头，贸易摩擦和关税壁垒不断加剧。在这种形势下，加强我国与"一带一路"共建国家的农产品贸易合作可以缓解我国在特定市场上的依赖，降低贸易风险。同时，共建国家对农产品的需求量巨大，满足它们的需求可以扩大我国农产品的出口规模，提升我国在国际农产品市场上的竞争力。

此外，我国经济发展已经取得了显著成就，农业领域也有了长足进步。推进与"一带一路"共建国家的农产品贸易，可以将我国的农业经验和技术成果分享给这些国家，共同推动农业互利共赢发展。这将有助于提升我国农产品的附加值，加强品牌建设，进一步提高我国农产品在国际市场上的认可度和竞争力。

我国农业供给侧改革仍面临着供给过剩的问题（黄祖辉等，2017），而"一带一路"共建的许多国家却面临着粮食供给不足和饥饿等问题，因此，我国与共建国家在农产品贸易领域具有巨大的潜力。由于"一带一路"共建国家众多，地缘环境复杂，民族文化多样，宗教多元，社会制度迥异，再加上西方媒体不断炒作的"中国威胁论"，给我国与共建国家的农产品贸易拓展带来了许多障碍。中国正以开放包容的态度，稳妥处理与共建国家的竞合关系（王亚军，2017）。同时，具有社会主义元素的世界治理的中国方案也逐渐被更多人所接受（张文木，2017）。那么，我国与"一带一路"共建国家在农产品贸易中面临哪些障碍？贸易潜力有多大？

我国能否继续在共建国家的农产品贸易中发挥领导作用？这些都是当下亟须研究的重要科学问题。

二、研究意义

（一）学术价值

鉴于目前中国与"一带一路"共建国家农产品贸易的障碍因素诊断非常缺乏，本书将综合运用经济地理学、演化经济学、生态经济学、区域经济学、博弈论、农业供给理论等学科理论成果：

第一，利用社会网络分析方法分析我国在共建国家农产品贸易网络中的地位和作用，并借助多个分析指标厘清我国与共建国家农产品贸易的竞争与互补关系。

第二，利用扩展型贸易引力模型诊断我国与共建国家农产品贸易拓展的障碍因素，可以丰富和拓展农产品贸易研究视角，弥补相关研究的不足。

第三，分析我国与共建国家农产品贸易潜力，可以补充我国农业供给侧改革的纵向深入研究的理论和实证支持，从而具有较强的学术价值。

（二）应用价值

本书系统研究了中国与共建国家农产品贸易拓展的障碍因素，挖掘贸易潜力，得出较为科学、系统的结论和可操作的建议，可以实现：

第一，诊断我国与共建国家农产品贸易拓展的主要障碍因素，寻求我国与共建国家农产品贸易契合点和最大公约数，为新常态下我国实施农业供给侧改革、农业外向型经济的结构调整和转型升级提供科学依据和发展思路，为相关部门制订中国与共建国家农产品贸易发展规划提供可操作的政策建议。

第二，探索我国与共建国家农产品贸易与前景，贡献中国智慧，分享中国成果，带动区域农业的互利共赢发展。

第三，通过辐射与推广我国与共建国家农产品贸易和农业合作经验，最终推动形成全球农产品贸易和农业国际合作新格局，从而具有极强的应用价值。

第二节　国内外研究现状述评

一、对"一带一路"倡议的相关研究

目前，关于中国与共建国家的研究主要集中在内涵界定、空间范畴以及中国的地位和作用三个方面。尽管对内涵的分析比较丰富，但目前尚无统一的定义。关于中国的地位和作用，相关研究都肯定了中国在共建国家间的重要地位和作用，并主张中国应在大国外交的框架下，稳妥地处理与共建国家的竞争与合作关系，做好互动。具体的观点和主要文献如表1-1所示。

表1-1　　　　　对"一带一路"倡议的相关研究

研究内容	代表性文献	相应研究总结性评述
倡议内涵	邹向阳，2013；卫玲，2014；王习农，2014；孙壮志，2014；王志远，2014；陈晓艳，2014；韩永辉，2014；Raffaello Pantucci，2013；金玲，2015；刘卫东，2015；Mark & Ken，2017；宋长青，2018	多角度分析倡议，认为该倡议具有全方位多角度合作的特点和丰富的国际内涵，尚无一致定义
空间范畴	胡鞍钢，2014；白永秀等，2014；叶兴平，2014；卫玲等，2014；王习农等，2014；杨保军，2015；赵阳，2016；Schulz & John D.，2016	大多把中国和中亚国家作为首要位置，通过延伸带动整个经济带发展

续表

研究内容	代表性文献	相应研究总结性评述
中国的地位和作用的发挥	Knutton & Mike, 2003；Wusiman, 2015；Wilson & Jeanne L., 2016；Lianlei Bai, 2016；安虎森, 2016；张文木, 2017；冯永琦等, 2017；张雨佳等, 2017；黄先海等, 2017；王亚军, 2017；李敬等, 2017；唐晓彬、崔茂生, 2020；李翠霞、苏甜甜, 2022；Pradhan & Ramakkrushna, 2017；Aguinaldo & Jennifer, 2017；Guluzian & Christine R., 2017；Leverett & Flynt, 2017；Afon Asyeva & Alina, 2017	具有社会主义元素的中国方案被更多人所接受，中国需要与共建国家做好策略互动，以提升国际分工地位，这些研究给了本书良好的借鉴

（一）对倡议内涵的分析

国内外学者普遍认为，"一带一路"倡议的本质是一种特定的区域空间结构，旨在建立区域经济一体化组织（邹向阳，2013；卫玲、戴江伟，2014；Raffaello Pantucci，2013）。这一倡议需要从静态和动态两个方面来分析其内涵，其中包括全方位及多角度的合作（王习农、陈涛，2014；王志远，2014），具备非常丰富的国际倡议内涵（申蕾，2014；刘卫东，2015；Mark & Ken，2017），但是与马歇尔计划有根本性的差异（金玲，2015）。此外，也有学者从地缘关系的角度来分析"一带一路"倡议的行动路径，认为该倡议是人类历史上最伟大的全球治理工程，开创了政治地理学研究的新纪元，为地缘关系研究提供了广阔的研究领域（宋长青等，2018）。

值得强调的是，"一带一路"倡议的本质并非简单的经济合作，而是涉及多方面的合作，包括经济、政治、人文等多领域的合作。它旨在推动区域内国家之间的合作与发展，为各国经济的互补性提供机遇，促进共同繁荣。同时，该倡议意味着中国愿意以更加积极的姿态参与全球治理，成为全球合作与发展的重要力量。在实施"一带一路"倡议的过程中，需要深入研究具体的行动路径和策略，充分理解并解析其中的地缘关系和国际倡议内涵。通过深入研究，可以更好地把握"一带一路"倡议的意义和影响，为其顺利实施提供理论和实践的支持。"一带一路"倡议的实施不仅对共建国家的发展具有重要意义，也对全球经济和政治秩序的塑造与重构产生着深远的影响。

(二) 对空间范畴的分析

目前，对"一带一路"倡议的空间范畴进行分析的方法主要有以下几个角度：近期、中期和远期的角度（王习农等，2014）；核心、重要和拓展的角度（胡鞍钢，2014；白永秀等，2014）；广义、中义和狭义的角度（叶兴平，2014；卫玲等，2014；Schulz & John D.，2016）。这些研究大多倾向于将中国和中亚国家视为该倡议的首要位置，在此基础上通过延伸和推动整个经济带的全面发展。

从近期、中期和远期的角度来看，"一带一路"倡议的空间范畴可涵盖当前阶段已经实施的重点项目，以及未来可能涉及更广泛的区域和国家。这种分析方法着重强调时间的维度，对于推动项目实施和政策制定具有指导意义。

核心、重要和拓展的角度则关注于区域内不同地区的重要性和发展潜力。将中国和中亚国家视为"一带一路"倡议的核心位置，符合中国与中亚国家在地理、经济和政治方面的紧密联系，体现了这些地区在共同发展和务实合作方面的潜力。同时，其他地区也被视为倡议的重要地区，通过推动与这些地区的合作，可以拓展倡议的影响和覆盖范围。

广义、中义和狭义的角度则着眼于"一带一路"倡议的内涵和范围的不同层次。广义意义上的"一带一路"倡议包括广泛的区域合作，涵盖欧亚大陆和非洲等地区。而中义和狭义的"一带一路"倡议则更加强调欧亚大陆的地理连通性和中国与中亚国家的合作。

综上所述，目前对于"一带一路"倡议的空间范畴主要从不同的时间维度、地区重要性和内涵分析角度展开研究。这些研究方法有助于理解倡议的战略布局和在区域内的发展影响，为推动该倡议的实施和规划提供了理论支持。同时，这些研究也呼应了"一带一路"倡议的目标，即通过推动区域间的合作与联通,实现共同发展和互利共赢。

(三) 中国的地位及作用发挥

国内学者普遍认为,通过重塑国内外经济地理,中国的"一带一路"倡议为我国的供给侧改革提供了顺利实施的条件(Wusiman Wumuer,2015;安虎森,2016)。此外,中国提供的具有社会主义元素的世界治理方案也在日益得到更多国家的认同和接受(张文木,2017)。根据研究,东南亚国家和蒙古国对中国市场具有较高的依赖度,而中东欧国家的依赖程度较低(冯永琦等,2017;张雨佳等,2017)。从新型分工体系的角度来看,"一带一路"倡议将通过环节专精、链条广延和网络纵深的方式提升中国在该倡议中的国际分工地位(黄先海、余骁,2017)。在实施"一带一路"倡议过程中,中国应在大国外交框架下,稳妥地处理与共建国家的竞争与合作关系,做好互动(王亚军,2017;陈澍等,2017;唐晓彬、崔茂生,2020;Pradhan & Ramak Krushna,2017;Aguinaldo & Jennifer,2017;Guluzian & Christine R.,2017;Leverett & Flynt,2017;李翠霞、苏甜甜,2022)。这一观点强调了中国在"一带一路"倡议中的主动地位和作用,以及中国应承担的责任和挑战。

综上所述,中国在"一带一路"倡议中的地位和作用被广泛认可,并且有学者提出相关的战略思考和操作建议。中国作为世界第二大经济体,应在推进该倡议的过程中发挥积极引领和推动的作用,为共建国家的共同繁荣和地区合作提供稳定和持久的动力。同时,中国需要在处理与共建国家的关系时,保持稳妥和灵活的策略,并以大国外交的视野谋划和实施相关合作,以推动"一带一路"倡议取得更多实质性成果。

二、对农产品贸易影响因素的相关研究

通过检索中国期刊网和 EBSCO,发现关于农产品贸易障碍因素诊断的相关文献相对较少,其中一些代表性的文献研究值得关注。

钟等利用QAP方法分析"一带一路"共建国家的贸易网络，得出结论认为文化差异、空间接近度、经济距离、贸易协定和贸易便利化对这些国家的贸易发展产生了影响（Chong et al.，2019）。另一项研究由李光泗等进行，他们利用连续六年的粮食贸易相关数据，基于核心边缘结构区分了贸易板块，并利用QAP方法分析了"一带一路"共建国家的农产品贸易网络结构。研究发现，文化交流水平、汇率、经济差异和淡水资源等因素在较大程度上影响了这些国家的粮食贸易网络演变（李光泗等，2020）。佩特里迪斯等通过图论分析废弃电子电气设备的贸易网络时发现，毗连、距离、殖民关系、CO_2排放水平、共同货币和共同语言等因素影响着WEEE的贸易网络结构（Petridis et al.，2020）。此外，蒋小荣等利用MATLAB、ArcGIS和Ucinet等工具，研究了不同贸易网络的特征。他们的研究表明禀赋差异和贸易自由度趋于弱化且影响不明显，而首都距离、国内生产总值和语言文化相似度等因素对贸易网络的解释力较强（蒋小荣等，2021）。康建东和武金爽研究文化产品贸易的整体网络，并考察地理、文化、经济和制度等影响因素。他们研究发现，人口规模差异会促进文化产品贸易，而信息技术差异则起到反作用（康建东、武金爽，2023）。以上这些研究为了解农产品贸易障碍因素提供了有价值的线索，但需要进一步深入研究和探索。

综合来看，目前障碍因素诊断理论在资源环境管理研究中得到广泛应用，并主要集中在三个方面：首先，障碍因素诊断理论在资源环境管理研究中被用于分析和评估政策、规划和管理措施对环境可持续发展的影响。通过识别和评估制约因素，研究者能了解政策和管理措施在实际推行过程中面临的挑战和限制，从而优化相关决策和措施的设计和实施。其次，障碍因素诊断理论应用于资源环境管理研究中的另一个重要方面是评估政策和措施对社会经济发展的影响。通过分析不同制约因素对经济增长、就业和社会福利等方面的影响，研究者能为政策制定者提供重要的参考和建议，以实现资源环境和经济社会的协调发展。最后，障碍因素诊断理论还被应用于资源环境管理研究中的政策评价和决策支持。研究者可通过分析各种制约因素对政策实施的影响程度和效果，为政策评价和决策提供科学依据。同时，障碍因素诊断理论还可以帮助评估不同政策选择的可行性和可持续性，以支持决策者作出明智的决策。

综上所述，障碍因素诊断理论在资源环境管理研究中具有重要的应用价值。通过识别和分析各种制约因素，研究者可以深入理解资源环境管理过程中的挑战和限制，为政策制定和决策支持提供科学依据，促进资源环境和经济社会的可持续发展。然而，仍有需要进一步研究和探索的问题，以进一步完善和拓展障碍因素诊断理论在资源环境管理领域的应用。

（一）对土地资源冲突的影响因素进行研究取得了一定的进展

研究发现，我国土地利用生态压力和冲突影响呈逐渐增大的趋势，但增加的生态地面积和环保响应在一定程度上缓解了冲突（于伯华、吕昌河，2006；谭术魁，2008；徐建春等，2015；曾昉、魏媛，2016）。人口密度、国内生产总值、城市化率和城市生活垃圾总量的增加直接推动了土地利用生态冲突指数的上升。然而，随着林地面积比重的增加和退耕还林支出的增加，土地利用生态冲突在一定程度上得到了缓解（于伯华、吕昌河，2006；谭术魁，2008；徐建春等，2015；曾昉、魏媛，2016）。近年来，个别学者对农区土地利用冲突强度的影响因素进行了诊断。杨永芳等（2012）和曾理学等（2022）的研究对农区土地利用冲突强度的影响因素进行了详细分析和诊断。然而，在对土地资源冲突影响因素研究的同时，仍存在一些需要进一步深入研究的问题。首先，虽然已经有研究表明人口密度、国内生产总值、城市化率和城市生活垃圾总量的增加对土地利用生态冲突的推动作用，但需要更深入地探讨这些因素与冲突之间的具体关联机制和作用方式。其次，对林地面积比重和退耕还林支出对土地利用冲突的缓解作用，需要进一步研究其具体影响机制和效果评估。此外，对农区土地利用冲突强度的影响因素的研究仍然较为有限，需要进一步扩大研究范围和深化研究方法。

综上所述，对土地资源冲突的影响因素的研究已经取得了一定的成果，但仍存在一些需要进一步研究和探索的问题。通过深入研究和诊断不同因素对冲突的影响机制，可以为科学地制定土地资源管理政策和措施提供重要参考和指导，促进土地利用的可持续发展。

（二）对土地资源集约利用障碍因素的诊断取得了较好的研究成果

研究表明，我国土地集约利用程度稳步上升，但仍存在一些障碍因素集中在土地的经济效益、社会效益、生态建设和科研投入等方面（Wu R. & Webster C., 1998；Bell K., 2000；Geoghegan J., 2002；曹建海，2005；吴郁玲等，2007；陈仪，2007；杨树海，2007；黄木易等，2008；姜海等，2008；王家庭、赵亮，2009；聂艳等，2009；胡雁娟，2013；李仕川等，2015；陈莹、谢媛媛，2015；Liu & Tsai，2022；李优树、冉丹，2021；祝孔超等，2023）。

进一步的研究表明，土地的经济效益方面存在一些制约因素。这可能涉及土地流转机制、农田水利建设的滞后、土地等级评定标准不够细化以及土地资源配置的不合理等问题。在社会效益方面，土地集约利用受到农村土地承包经营制度的影响，土地流转和利益分配机制存在不足。在生态建设方面，土地集约利用受到生态环境保护意识不强、土地利用规划和土地利用转型不顺利等因素制约。此外，科研投入方面缺乏有效的政策和资金支持，限制了土地集约利用的推进。

综上所述，我国土地资源集约利用面临着一系列的障碍因素。识别和诊断这些障碍因素对于改善土地利用的效益和可持续性具有重要意义。进一步的研究应深入探讨各个因素之间的相互关系以及具体的影响机制，为制定相应的政策和措施提供科学依据，以促进土地资源的集约利用和可持续发展。

（三）对生态发展环境如低碳经济和生态承载能力的研究在不断发展

研究表明，生态系统压力呈现波动减小的趋势，而生态支持力则呈上升趋势，生态承载能力不断提高（Walker B.，2002；Yu D. L. & Mao H. Y.，2002；杨志峰等，2005；王亚文，2006；顾康康等，2008；赵晟等，2009；张杰等，2010；张祥义，2013；李爱梅等，2013；李娜等，2013；张勇等，2014；王国璞，2015；朱士鹏等，2017；Li et al.，2022）。具体来说，生态系统压力的波动减小可以归因于一系列的生态保护政策和措施的实施，包括减少污染排放、节约能源资源、推广清洁生产技术等。这些措施有助于减缓生态系统的损耗和破坏，有利于生态环境的恢复和改善。与此同时，生态支持力的上升主要受益于经济发展模式的改变和资源利用的优化。低碳经济的推动、技术创新的加速以及环境保护意识的提高等因素都为生态系统提供了更好的支持和保障。这些因素不仅有助于减少对生态系统的压力，还促进了生态承载能力的提升。

综上所述，研究表明我国的生态发展环境正在逐步改善。通过实施生态保护政策、推动低碳经济发展和加强资源利用的优化，生态系统的压力呈波动减小趋势，而生态支持力和生态承载能力不断增强。但仍然需要进一步深入研究，探索如何更有效地提升生态系统的支持力和增强其承载能力，以实现可持续的生态发展。

以上研究为本书提供了有益的借鉴，并同时表明因素诊断理论已经相当成熟，可在农产品贸易领域有所借鉴。

三、对农产品比较优势的相关研究

许多学者普遍认同，比较优势指标是评估中国农业国际竞争力的重要指标之一。在实践中，显性比较优势指数（RCA）和贸易竞争指数（trade competition，TC）被广泛采用。

迪尔多夫（Deardorff，1979）提出，在特定条件下，比较优势法在实际充满各种商品的世界中仍然有效，不仅适用于两种商品，而是适用于所有商品。为支持这一观点，他引入了著名的比较优势链（the chain of comparative advantage）的概念。按照商品的生产要素密集度进行排列，列出了一个国家所有出口大于进口的商品，并运用等成本线分析方法，证明比较优势法适用于所有最终产品，而不仅限于两个国家和两种商品的范围。因此，迪尔多夫的理论进一步推动了对农产品比较优势的研究和分析。迪尔多夫的研究在全面理解比较优势与农产品贸易的关系上有着重要的贡献。它强调了比较优势法的普适性，不仅为理论界对农产品贸易进行了深入分析，也为实际中的农产品贸易决策提供了重要的指导。然而，我国仍需进一步探究比较优势链中的各个环节，以更好地理解农产品贸易的竞争优势和潜在发展机遇。

安德尔森·凯姆（Anderson Kym，1990）运用比较优势指数对中国在食品和纺织品市场上的竞争力进行了研究。而卡特和李（Colin A. Carter & Xianghong Li，1999）运用比较优势指数和其他指标对中国在1980~1996年的农产品贸易及其变化进行测定。他们把中国的所有产品分成三类，并指出农产品贸易相对于其他两类产品有着相对稳健的增长，中国的经济改革与贸易结构的变化密不可分。这些研究为作者深入理解中国农产品贸易的竞争力和发展趋势提供了重要参考。通过运用比较优势指数等指标，这些研究不仅揭示了中国在食品、纺织品和农产品贸易方面的竞争优势，还帮助大家认识到中国经济改革对于贸易结构的重要作用。随着时间的推移，中国的农产品贸易环境可能会面临新的挑战和机遇。为更准确地评估中国农产品贸易的竞争力，需要关注更多的因素，例如市场需求变化、国际贸易政策和农业生产能力提升等。这将有助于进一步优化中国农产品的贸易布局，提高农产品贸易的竞争力和可持续性发展。因此，对于中国农产品贸易的研究仍然需要不断深化和完善。

吕为为（1993）用出口实绩比率测算法，评价了1981~1992年中国主要农业制成品的比较优势情况。他认为，在农业制成品中，中国的茶叶、蔬菜、水果制品、大米、饲料、羊毛等农产品具有比较优势和竞争力；而动物油脂、咖啡及代用品、小麦粉、乳制品等产品具有比较劣势。牛宝俊、姚长春、刘克刚（1996）运用显性比较优势指标方法分析了1980~1991年中国主要农产品的比较优势，认为中国农产品比较优势总体上呈下降趋势。周孝昧（1996）在《农产品国际竞争力研究》一书中，采用灰色层次分析法，对农产品国际竞争力进行了分析与评价，在国内首次将农产品国际竞争力分解为价格、质量、品牌、销售、包装设计竞争力及其评价指标几个层次，并将技术竞争力作为总体竞争力函数的变量导入分析，这样的分析理论上是可行的，但评价指标数据的较难获取可能使该方法的推广造成困难。

卡尔·艾格纳（Karl Aiginger，1997）以国际贸易标准分类（SITC）三位数为基础，对德国与日本、美国、欧盟和瑞士之间的双边贸易进行进出口数量和金额的计算，并得出了进出口单位价值。他根据进出口单位价值差和净贸易流量构建了质量价格分析矩阵，以评估德国农业产业在不同出口市场上的竞争力和竞争类型。同样，格尔哈和皮克（Mark J. Gehlhar & Daniel H. Pick，2000）也采用了类似的方法对德国进行类似的研究。这些研究为作者深入了解德国农业产业在国际市场上的竞争地位提供了重要的洞察力。通过计算进出口单位价值和利用质量价格分析矩阵，研究者能够评估不同市场上的质量水平和价格差异，并判断德国农业产业在这些市场上的竞争力类型。

《世界贸易组织框架下我国农业发展对策研究》课题组（1997）从价格优势分析角度对我国农业比较优势格局作出了结论："在 WTO 框架下，我国粮食、棉花、羊毛、奶类已不具备竞争优势，油料、糖料、水果、水产品、肉类具有贸易竞争优势。"[①] 陈武（1997）在《比较优势与中国农业经济国际化》一书中，用显性比较优势指数对中国经济比较优势进行了

---

① 世界贸易组织框架下我国农业发作对策研究课题组（1997）. 世界贸易组织框架下我国农业发展对策研究，1997.

分析，发现中国经济结构中，农业（资源密集型产业）比较优势在下降，并由净出口国变成净进口国。个别农产品，例如豆类、食糖、菜籽油、蓖麻油、鱼和渔类产品的比较优势上升，天然蜂蜜、肉及肉制品、脱脂羊毛、鲜肉冷冻肉等畜牧产品也具有比较优势。《中国国际竞争力发展报告》显示我国农业产业国际竞争力中等偏下，主张提高具有比较优势的畜牧业的比重以提高农业国际竞争力。

我国台湾学者陈希煌（1989）采用DRC方法对台湾地区10种农产品，即大豆、玉米、稻米、蔗糖、香蕉、唐菖蒲、菊花、柑、柳橙和猪肉的国际竞争力进行了分析。他认为，20世纪70年代初台湾地区的香蕉、唐菖蒲、菊花、柑、柳橙和猪肉具有比较优势，而大豆、玉米、稻米、蔗糖则不具有比较优势。

王福军（1999）利用贸易竞争指数对包括食品在内的8大类贸易农产品的国际竞争力进行了分析，认为中国大部分农产品正在丧失比较优势与价格竞争力。

厉为民（1999）在《我国农业的国际竞争力》一文中，通过显性比较优势指数进行国际比较表明，我国农业的国际竞争力呈下降趋势，然而畜牧业有一定的比较优势；同时指出，人口密集的欧洲之所以成为农产品的净出口国，很大程度上是由于高比重的畜牧业的支撑。

北京大学中国经济研究中心卢锋教授（1997，2001，2003，2010）在对中国农产品的贸易结构进行分析时，中国农产品进出口贸易结构的变动符合中国资源禀赋的特点，认为我国部分农产品，例如肉类、水产品、水果等的国际竞争力在高工业化时期得到加强。因此，我国农产品贸易模式的变化及其经济合理性，为我国的食物政策提供了所谓的"第三种选择"。

大卫·雷什曼（David Leishman，1999）运用显性比较优势指数对阿根廷、澳大利亚、新西兰、南非、英国和乌拉圭6个主要羊毛出口国的牧羊业的国际竞争力进行评价，认为澳大利亚与新西兰牧羊业的国际竞争力相对较强。在他的研究中，还选择了资源条件上近似的牛奶业产量和适宜干旱半干旱地区种植的小麦的产量作为绵羊养殖的机会成本，用工业增加值代表工业化水平,对 6 国羊毛的贸易绩效指标进行回归分析。其得到的结论是,机会成本影响生产决策,并由此产生国际竞争力。

中国农科院农产品国际贸易中心的程国强(1999,2001)较好地研究了中国农产品的国际竞争力。他是从进出口表现和国内资源成本两条曲线来分析中国农产品的竞争力的。其研究表明,在贸易表现方面,我国农产品外汇收入的 90% 以上来自非粮食产品,其中包括经济作物产品、园艺产品和畜牧产品。中国农产品的主要出口市场是亚洲和欧洲,占总出口值的 80% 以上;主要进口市场是北美和亚洲,占总进口值的 50% 以上,出口市场的集中程度比进口高。中国农产品国际贸易最大的顺差来自亚洲,虽然这个市场近年来有萎缩的迹象,最大的逆差来自北美。农产品当中最具有出口优势的是中间产品和消费者导向产品,两者都是劳动密集型的;进口最多的依次是大宗农产品(占进口的 48%,为土地密集型农产品),消费者导向农产品(占 30%)和中间产品(占 20%)。

李建平等(2000)运用显性比较优势指数对中国猪肉生产的比较优势进行了测算。顾国达、张磊(2001)利用显性比较优势对我国 6 大类共 10 种出口畜产品进行研究后发现,我国畜产品的比较优势处于下降趋势。除了活猪和蜂蜜具有较明显的出口优势外,其他几种畜产品并没有优势或者处于优势逐步丧失的境地。

王(Wang Dewen,2002)研究了中国三个省份,即浙江、江苏和广东的粮食市场改革,认为这三个省份是中国粮食改革最好的省份,其粮食的竞争力最强。罗泽尔和萨姆内(Scott D. Rozelle & Daniel A. Sumner,2003)较为系统地研究了中国的农产品贸易与政策,认为中国加入世界贸易组织会进一步促进其农产品贸易的发展。陈(Kevin Z. Chen,2000)用中国农产品进出口量值的时间序列来反映贸易模式的变化,对改革开放以来中国农产品国际贸易与要素禀赋特征之间的联系进行了研究。其研究表明:随着中国改革开放以来市场日趋开放与自由,中国农产品国际贸易模式的变化越来越符合中国的要素禀赋特征。即中国主要出口劳动密集型农产品，主要进口土地密集型农产品，且这种趋势越来越明显①。罗森、罗泽尔和黄（Dan Rosen, Scott Rozelle & Jikun Huang, 2004）分析了中国农业的竞争力及其来源。其分析表明，中国农业并不像许多人认为的那样是中国经济增长的负担，因为中国正在使其农业成为具有竞争力的部门。中国的农民也正在向新型农民发展，将提供最好的农产品。

孙立新、秦富、白人朴（2002, 2003, 2011）研究了中国主要农产品的比较优势，认为中国的大豆生产相对具有比较优势，而其他许多土地密集型农产品如粮食等则正在丧失比较优势。相对来说，中国的劳动密集型农产品依然具有比较优势，是中国较有竞争力的农产品。

张淑荣等（2007）借助相关指标，例如贸易竞争指数、国际市场占有率、显性比较优势指数，基于收集到的美国、阿根廷和巴西大豆产业的产量、进口量和出口量等数据，对以上三个国家的大豆产业进行了国际竞争力的对比分析。

李海燕、吴杰（2009）根据 FAOSTAT 和中国统计年鉴等提供的最新数据，在运用市场占有率、显示性对称比较优势分析和综合竞争力分析的基础上，综合测算和分析了我国蜂蜜贸易竞争力的变化。结果表明，2002年后我国蜂蜜的竞争力不降反升。已超越加拿大，但比阿根廷低。原因在于 2002 年以来，我国蜂蜜质量的整体提高和蜂蜜营销能力的增强，直接导致国际竞争力得到提高。因此，要提高我国蜂蜜的国际竞争力就要转变长期依靠价格竞争的方式，着重蜂产品质量和企业营销能力两个方向的提高，变贸易劣势为优势。最后，提出了增强我国蜂蜜国际竞争力的 6 条建议。

王永德（2009）构建了农产品国际竞争力绩效、竞争力潜力和竞争力实现三个层次的概念框架和相应的评估指标——竞争力绩效的主导评估指

---

① Kevin Z. Chen. The changing pattern of China's agricultural trade [J]. Current Agriculture, Food & Resources Issues, 2000: 36 – 45.
Kevin Z. Chen, Lian Xu, Yufeng Duan. Ex-post competitiveness of China's export in agri-food products: 1980 – 1996 [J]. Agribusiness, 2000, 16 (3): 281 – 294.

标为市场份额和盈利性，效率作为盈利性的参照指标，竞争力潜力的主导评估指标为成本和质量指标。采用恒定市场份额模型（CMS），对中美农产品国际竞争力对各自农产品出口贡献进行分析。结果表明，中美农产品国际竞争力变动的趋势相反，对各自农产品出口的贡献也截然相反。中国农产品竞争力的提升为中国农产品出口作出积极的贡献，而美国农产品国际竞争力的下降则给其农产品出口带来了负面影响。

林大燕等（2014）将季节要素加入 H–O 模型，构建扩展的 AIDS 模型，并将新模型应用于中国大豆进口结构的理论检验，得出的结论是季节要素在较大程度上影响了中国大豆市场的进口结构。刘馨阳、韩昕儒、王晶晶（2014）采用比较优势度、国内资源成本系数（DRCC）、社会净效益（net social profit，NSP）、有效保护率（effective rate of protection，ERP）等指数对中国主要农产品的比较优势和地区优势进行了分析，认为中国在糖料、园艺产品、畜产品、烤烟、大米等产品上具有比较优势，而油菜籽、棉花、小麦、玉米则不具备国际竞争力。

佟光霁、石磊（2016）构建了基于显性比较优势指数（RCA）、标准显性比较优势指数（NRCA）、产品互补指数（CI）以及贸易互补性指数（TCI）的指标体系，利用中俄农产品进口和出口的相关数据，分析两国之间农产品贸易的比较优势变化情况以及贸易互补性现状。其实证分析表明，我国农产品的比较优势呈现总体下降的势头，俄罗斯则呈现总体上升态势。从具体农产品来看，我国在俄罗斯市场依然存在较强比较优势的农产品为烟草及饮料、水产品、园艺产品，我国与俄罗斯互补性较强的农产品为水产品、动物产品和园艺产品。

付明辉、祁春节（2016）采用 GL 指数和 RCA 指数，研究了 2000~2014 年中国与"一带一路"共建国家和地区农产品贸易的产品结构、区域结构、产业内贸易和比较优势等问题。研究结果表明，中国与"一带一路"共建国家和地区农产品贸易迅速增长，但不稳定；农产品出口结构优化速度较为滞缓，进口结构高度集中；中国对蒙、俄和东盟依赖程度较大；中国与共建国家和地区农产品产业内贸易水平不高；双边农产品贸易的发展空间和潜力巨大,但这种发展空间是非对称性的。

斯特鲁本霍夫(Heinz - W. Strubenhoff,2017)分析了俄罗斯在2016年农业和农产品的竞争力及未来的发展前景,认为俄罗斯需要进行纵向的农业结构调整,而且国内政策不应扭曲农产品贸易,俄罗斯应该发展农产品期货市场及增强农村金融机构对农业的支持力度。

韩敬敬、魏凤(2017)采用显示性比较优势指数、贸易互补性指数和经常市场份额模型,分析1995~2015年中国与哈萨克斯坦农产品贸易。两人研究发现中哈两国具有出口比较优势的农产品类别相互交叉,存在较大差异性。中哈农产品贸易增长中既有市场扩大效应,又有竞争力提升效应,双边贸易增长潜力大。苏钟萍(2018)通过运用显性比较优势指数和竞争力指数,分析中美两国谷物类农产品的贸易互补性和竞争性,并为两国充分发挥农产品贸易优势,调整农产品贸易政策提供建议,以实现互利共赢。此外,程国强(1999,2005)、厉为民(1999)、柯炳生(2001)、卢锋(2003)、黄季琨(2003)、孙林(2008)、王晶(2010)等实证分析了中国农产品的比较优势。

徐艳(2018)和武凯(2023)等研究人员对中国与"丝绸之路经济带"共建国家的农产品贸易格局、结构和比较优势的演化进行了分析。研究结果显示,中国与共建国家的农产品贸易规模不断扩大,总的农产品进口额超过了农产品出口额,长期处于贸易逆差的局面。该研究发现,中国对共建国家的农产品出口主要集中在第0类农产品(即原料类农产品),其次是第2类农产品(即初加工产品)。值得注意的是,中国与共建国家在不同地区的农产品贸易比较优势存在明显差异,主要比较优势集中在亚欧经济带。这意味着中国与共建国家在该地区的农产品贸易能够充分发挥各自的优势,实现互利共赢。

四、对农产品贸易潜力的相关研究

学者们多数采用传统的引力模型来分析农产品的贸易潜力,应用随机前沿引力模型的依然较少，而对中国与"一带一路"共建的 64 个国家的农产品贸易潜力进行的系统研究则更为少见。具体观点与主要文献如表 1-2 所示。

表 1-2　　　　　　　　对农产品贸易潜力的相关研究

研究视角	代表性文献	相应研究总结性评述
传统引力模型	Jason & Dayton, 2005; Claudio Paiva, 2005; Armstrong S, 2007; Abdoulkarim Fateme, 2011; 顾海英等, 2005; 庄丽娟等, 2007; 孙林, 2008; 胡求光, 2008; 赵雨霖等, 2008; 张海森等, 2008; 帅传敏, 2009; 夏咏, 2009; 董桂才, 2009; 李豫新等, 2010; 王瑞、王丽萍, 2012; 汤碧, 2012; 张新颖等, 2012; 宫同瑶, 2012; 蔡鑫, 2013; 王云凤, 2013; 付秀梅等, 2014; 龚新蜀等, 2014; Interfax, 2014; 吴殿廷等, 2014; 马惠兰等, 2014; 马天平, 2015; 杨逢珉等, 2016; 谭晶荣等, 2016; 付明辉、祁春节, 2016; 廖泽芳等, 2017; 谢涛, 2017; 许广灵等, 2017; 胡艺等, 2022	采用传统引力模型分析我国农产品贸易流量和潜力的文献较丰富，但把"一带一路"共建国家作为一个整体，系统研究中国对其农产品贸易潜力的文献极少
随机前沿引力模型	李树明等, 2011; 李豫新、杨萍, 2015; 王丝丝, 2015; 蔡燕林, 2015; 王瑞, 2015; 吾斯曼·吾木尔, 2016; 李浩学, 2016; 陈辉, 2023	部分学者采用随机前沿引力模型，但文献较少

（一）传统引力模型视角

大量国内外学者采用传统引力模型对我国与他国农产品贸易潜力及影响因素进行实证研究，认为区域贸易组织促进了农产品贸易（Jason & Dayton, 2005; 夏咏, 2009; 宫同瑶, 2012）；发达国家农业补贴导致其实际农产品出口额大于理论预期值，而进口则相反（Claudio Paiva, 2005）；学者们还研究了我国蔬菜、水产品或全部农产品（顾海英等, 2005; 胡求光, 2008; 孙林, 2008; 王瑞等, 2012; 付明辉、祁春节, 2016; 谢涛, 2017）、中国与东盟（庄丽娟等, 2007; 赵雨霖等, 2008; 张海森等, 2008）、中国与拉美（蔡鑫, 2013）、中国与中亚（李豫新等, 2010; 王云凤, 2013; 龚新蜀等, 2014; 马惠兰等, 2014; 马天平,

2015；谭晶荣等，2016；许广灵等，2017）、中国与金砖国家（汤碧，2012；吴殿廷等，2014）、中国与 RCEP 成员（付秀梅等，2014）、中国与俄罗斯联邦（张新颖等，2012；Interfax，2014；杨逢珉等，2016）、中国与南亚（胡艺等，2022）农产品贸易潜力。冯宗宪、蒋伟杰等研究我国与"一带一路"共建国家的产业内贸易水平，通过收集整理 2007~2014 年的相关数据，发现我国与"一带一路"共建国家产业内贸易水平非常低，因此他们建议发展中国家积极打造合作平台，以提高其相互之间的产业内贸易程度（冯宗宪、蒋伟杰，2017）。这类文献较丰富，但多数只分析了出口潜力，把"一带一路"共建国家作为整体，系统研究中国对其农产品贸易潜力的文献极少。

（二）随机前沿引力模型视角

国内学者开始使用该模型分析出口农产品的生产技术效率（李树明等，2011）；新疆对周边国家农产品贸易潜力（李豫新等，2015）、我国与丝绸之路国家农产品贸易潜力（王丝丝，2015；蔡燕林，2015；王瑞，2015；吾斯曼·吾木尔，2016；李浩学，2016；陈辉，2023），但这类文献尚不多见。

五、简要评述

目前，相关研究主要集中在"一带一路"倡议、障碍因素诊断和农产品贸易潜力三个方面，为本书提供了有价值的借鉴。然而，现有研究成果多着眼于中国与其他国家或地区的农产品贸易，或是关于中国与"一带一路"中某些国家或地区的农产品贸易的研究。这些研究将"一带一路"共建国家视为一个整体，对中国与各国农产品贸易拓展的障碍因素进行诊断并分析贸易潜力的研究相对较少，不足以为我国与共建国家的农产品贸易实践提供明确指导。

因此，本书旨在改进上述不足，着眼于研究我国与共建国家农产品贸易的障碍因素和发展潜力问题,为我国扩展对共建国家的农产品贸易提供更有创新性的理论依据和政策建议。通过深入研究我国与共建国家之间农产品贸易的具体情况和面临的挑战,可以更全面地了解相关障碍因素并提出解决方案。同时,对农产品贸易潜力的分析可以帮助我国发现新的合作机会和市场前景,为我国扩大农产品出口提供战略指导。作者希望通过本书能够为我国与共建国家的农产品贸易扩展提供具体的策略和政策建议,推动贸易合作的深入发展,并促进"一带一路"农产品贸易的可持续发展。

第三节 研究方法与主要框架

一、研究方法

本书坚持理论与实证研究相结合,定性和定量分析相结合,具体如下:

(一) 跨学科研究方法

综合运用经济地理学、生态经济学、演化经济学、国际经济学、区域经济学、博弈论、供给理论等成果,通过国内外文献分析,为整体理论框架设计、各专题研究的理论分析和实证研究提供支持。

(二) 社会网络分析方法

本书把"一带一路"共建的65个国家之间所形成的农产品贸易关系网络看成一个社会网络,网络中的社会行动者,即网络中的节点为我国与其他共建国家。社会网络分析方法通过研究共建国家之间农产品贸易社会网络中的关系数据,从而达到既能反映网络中主体特性又能反映主体间关系与网络格局的目的。因此，运用该分析方法，通过贸易网络密度分析、贸易中心性分析、贸易网络的"核心—边缘"分析、贸易网络的块模型分析可以较好地凸显中国在共建国家农产品贸易网络中的地位和作用。

（三）计量研究方法

（1）运用网络密度、节点数、关系数和平均近邻度等公式来衡量我国在共建国家农产品贸易网络中的地位。

（2）运用贸易竞争指数、产品相似度指数来分析我国与共建国家农产品贸易的竞争关系。

（3）运用贸易互补指数、相对贸易优势指数来分析我国与共建国家农产品贸易的互补关系。

（4）建立随机前沿引力模型，来诊断我国与"一带一路"共建国家农产品贸易拓展的主要障碍因素，并分析我国与共建国家农产品贸易潜力。

（四）博弈分析方法

农产品贸易中，国与国之间、出口企业和竞争企业、互补企业，贸易企业与金融机构、政府、中介机构之间的互动和决策对其他主体产生影响，本书将运用博弈理论来研究各主体的互动问题。

二、研究框架

（一）研究对象

本书以促进我国与"一带一路"共建国家农产品贸易为目标，以我国与共建国家农产品贸易拓展障碍因素诊断为研究对象，剖析我国在共建国家农产品贸易网络中的地位，诊断我国与共建国家农产品贸易拓展的障碍因素，测度贸易潜力，进而形成相应结构调整目标。根据我国在共建国家农产品贸易网络中的地位—贸易竞争与互补关系—贸易障碍因素诊断—贸易潜力测度四者的内在逻辑框架,进行较为严密的理论和实证分析,在此基础上提出我国对共建国家农产品贸易结构调整和政策优化的对策建议。

(二) 总体框架与具体研究内容

研究的总体框架如图1-1所示。

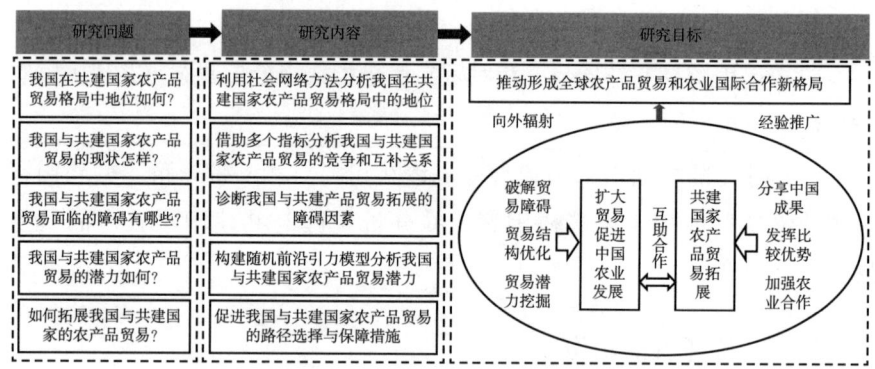

图1-1 本书研究的总体框架

研究内容主要包括:(1)运用社会网络分析方法研究我国在共建国家农产品贸易格局中的地位。(2)利用多个指标,厘清我国与共建国家农产品贸易的竞争与互补关系,筛选出有竞争优势的重点农产品。(3)构建随机前沿引力模型,诊断我国与共建国家农产品贸易拓展的障碍因素,并分析我国与"一带一路"共建农产品贸易拓展存在的主要问题。(4)测度我国与共建国家农产品贸易潜力。(5)提出我国对共建国家农产品贸易结构调整和政策优化的建议,在促进"一带一路"共建农产品贸易可持续发展和农业竞争力提升的同时,通过向外辐射和经验推广推动形成全球农产品贸易和农业国际合作新格局。

三、可能的创新点

(一) 研究视角较为独特

从障碍因素诊断的角度研究我国与"一带一路"共建国家农产品贸易拓展问题。构建随机前沿引力模型来诊断我国与"一带一路"共建国家农产品贸易拓展的障碍因素,为推动农业供给侧改革的纵深研究提供新的路径,弥补当前相关理论研究的不足。

(二) 学术观点存在创新

我国与"一带一路"共建国家的农产品贸易具有较大的空间和潜力,但也面临着诸多障碍。因此,障碍因素诊断可以使我国有针对性地与共建国家做好策略互动,在拓展贸易的同时,也让共建国家分享中国成果,带动区域农业的共同发展。

(三) 研究方法多元化

研究方法上体现多样性,本书除了惯常的定性研究外,注重采用数理统计方法、社会网络分析方法、随机前沿引力模型、博弈论等多种方法来研究我国与共建国家的农产品贸易问题。

第二章 我国与"一带一路"共建国家农产品贸易研究的理论基础

第一节 相关理论

一、比较优势理论

大卫·李嘉图的比较优势理论是基于亚当·斯密的绝对优势理论的基础上发展而来的。在18世纪70年代，英国的古典政治经济学家亚当·斯密发表了他的重要著作《国富论》，其中提出了以"看不见的手"和"放任自流"为核心的绝对优势理论，对重商主义进行有力的批判。斯密认为，一个国家应专注于生产在某种产品上具有绝对优势的能力，并通过与其他国家交换这些产品来获得国内生产不具备绝对优势的产品，以积累财富。尽管斯密的绝对优势理论在推动英国生产力发展方面起到了重要作用，但它不能解释不同经济发展水平国家之间的国际分工和贸易是否存在的问题。因此，1817年，大卫·李嘉图发表了《政治经济学及赋税原理》，提出了比较优势理论（也被称为比较利益理论）。

大卫·李嘉图的比较优势理论弥补了斯密理论的不足，主张一个国家应该专注于生产其在相对优势方面具有较大优势的产品，而不仅是绝对优势。理论的核心是比较两个国家在生产某种产品上的相对成本，从而确定各自的比较优势。根据比较优势，国家之间可以进行互利的贸易，以最大程度地发挥各自的专长和效率，从而实现经济的发展和财富的积累。比较优势理论为国际贸易的解释提供了更加全面和深刻的视角。它帮助人们理解为什么即使某个国家在所有领域都具有绝对优势，也可以通过贸易获得利益；同时，它也指导着国家在全球经济中的定位和战略选择。通过比较优势理论，大卫·李嘉图为经济学和国际贸易理论的发展作出了重要贡献。

大卫·李嘉图的比较优势理论指出，即使经济发展水平差异较大的国家之间也可能进行贸易，前提是它们在生产技术上存在相对差别。具有绝对优势的国家应选择生产和出口其优势程度最高的产品，同时进口其优势程度较低的产品。相反，具有绝对劣势的国家则应选择生产和出口其劣势程度最低的产品，同时进口其劣势程度较高的产品。通过这种国际分工和贸易的方式，这两个国家都能获得好处。大卫·李嘉图的比较优势理论可以用一句话概括，即"两优取其重，两劣择其轻"。这一理论为相对落后的国家参与国际分工和国际贸易提供了理论依据。根据比较优势，相对落后的国家可以选择生产和出口其相对优势程度较高的产品，从而通过与其他国家的贸易获得发展机会。这种方法使各国能够充分发挥各自的比较优势，实现资源的最佳配置和经济效益的最大化。通过参与国际分工和贸易，相对落后的国家可以利用其他国家的专长和资源，促进本国经济发展。

比较优势理论对于国际贸易的解释具有深远的意义。它帮助大家理解为什么即使一个国家在所有领域都不具备绝对优势，仍然可以通过贸易实现双赢局面。比较优势理论强调根据相对优势进行生产和贸易的重要性，从而实现资源的最优配置和提高整体经济效率的目标。然而，比较优势理论并不意味着贸易一定是无条件的。国家在参与贸易时，仍然需要考虑自身的竞争力和利益保护。例如，相对落后的国家可能面临技术和竞争能力的挑战，需要采取适当的政策措施来提升自身竞争力，并确保贸易带来的利益最大化。

总之，大卫·李嘉图的比较优势理论为国际贸易提供了重要的理论基础。它强调了根据相对优势进行生产和贸易的重要性,帮助相对落后的国家实现经济发展和提高整体资源配置效率。然而,理解和应用比较优势理论需要注意国家自身的竞争力和利益保护,以实现贸易的可持续发展和利益最大化。

第二次世界大战后,经济学家们对古典比较优势理论进行进一步的发展和完善,从动态的角度进行了探讨。新发展主要体现在三个方面:动态比较成本理论、技术差距论和内生比较优势理论。

首先,动态比较成本理论强调时间因素在比较优势形成中的作用。传统的比较优势理论主要关注一段特定时期内的比较优势,而动态比较成本理论则将时间因素纳入考虑。它认为,国家在长期内可以通过技术革新和资源配置的不断调整,改变其相对比较优势。因此,相对落后的国家有机会通过发展自身的创新能力和技术水平,逐渐获得新的比较优势位置。其次,技术差距论强调了技术差距对比较优势的影响。传统的比较优势理论往往假设国家之间的技术水平是相等的,而技术差距论则认为技术水平的差异是导致比较优势的重要原因。它指出,技术先进的国家可能在某些领域具有较大的比较优势,而技术相对落后的国家则可能在其他领域具有相对优势。通过技术的引进、吸收和创新,国家可以逐步缩小技术差距,实现贸易的互惠和共赢。最后,内生比较优势理论关注国家内部力量和资源配置对比较优势的塑造。它认为,国家产业结构的形成和调整取决于国内各种因素的相互作用,而不仅是外部比较优势的决定。国家的人力资本、产业政策、市场机制以及社会文化等方面的内部因素,对于比较优势的形成和发展具有重要影响。此理论强调了国家政府在引导经济发展和拥抱比较优势方面的积极作用。

综上所述,第二次世界大战以后,经济学家们对古典比较优势理论进行了动态的发展和完善。动态比较成本理论、技术差距论和内生比较优势理论的提出,使我们更好地理解比较优势的形成和演变过程,为国际贸易的研究和实践提供了更加全面和深入的视角。

动态比较优势理论是由日本经济学家筱原三代平于1995年提出的。

第二章 我国与"一带一路"共建国家农产品贸易研究的理论基础

该理论的主要观点是将传统的比较优势理论进行动态化,将生产要素的供求关系、政府政策以及各种可利用资源的引进和开放等因素综合考虑在贸易理论中。这一理论认为,一个国家的经济发展不仅取决于资源的丰裕程度,还取决于政府的支持和政策的引导。通过对幼稚产业的扶持,国家可以将相对劣势转化为比较优势。在动态比较优势理论中,经济发展被视作一场动态的过程,而不仅是静态的比较优势。除了考虑资源的丰裕度之外,该理论还强调了政府的角色和政策的重要性。根据动态比较优势理论,政府可以通过采取积极的产业政策来促进幼稚产业的发展。幼稚产业通常是相对落后和不具备比较优势的产业,但通过政府的支持和扶持,可以逐步培育和发展为具有比较优势的产业。政府的支持可以包括提供资金支持、减免税费、降低进出口限制等措施,以帮助幼稚产业在国内外市场上获得竞争力。这种幼稚产业扶持政策的目的是通过技术创新、生产规模扩大和效率提高,逐步与其他国家的竞争对手形成比较优势,并最终实现经济的可持续发展。

动态比较优势理论的重要意义在于它提醒了国家政府在经济发展中发挥的重要作用。通过积极的产业政策和幼稚产业的扶持,国家可以跳过传统的发展路径,加速实现经济转型和升级。这对于发展中国家来说尤为重要,因为它们通常处于相对落后的发展阶段,需要通过政府的引导来改变自身的竞争力和发展潜力。总之,动态比较优势理论强调了资源丰裕度以外的因素对经济发展的影响,特别强调了政府的角色和政策的重要性。通过对幼稚产业的扶持和发展,国家可以转变相对劣势为比较优势,加速实现经济转型和升级。这一理论对发展中国家特别有启示意义,为其提供了实现经济发展的新思路和方向。

技术差距论是由美国经济学家波斯纳于1959年提出的理论。它认为技术作为一个独立的生产要素,改变了土地、劳动和资本三者在生产中的相互比例关系,提高了它们之间的劳动生产率。因此,技术的进展决定了一个国家的生产要素禀赋状况以及在国际贸易中的比较利益。技术差距论可以看作是对俄林赫克歇尔学说的补充和扩展。它与传统比较优势理论的主要区别在于它更加强调技术扩展对国际贸易比较优势的影响。在这一理论中，技术的发展和应用被认为是决定国家比较优势的关键因素。通过引进、创新和拥有先进技术，一个国家可以提高其产业的竞争力，获得更多的比较优势地位。实际上，技术差距论强调了研究与开发这一要素的重要性。它认为，只有通过不断的研究和开发，国家才能拥有具有竞争力的先进技术。这些技术的应用和推广，将直接影响到一个国家在国际贸易中的比较优势地位。

总的来说，技术差距论是对俄林赫克歇尔学说的补充和扩展。它强调技术进展对国际贸易比较优势的作用，并突出了研究与开发要素的重要性。通过引进和应用先进技术，国家可以提高产业竞争力，获得更好的比较优势地位，从而实现经济的持续发展。

内生比较优势理论是由澳大利亚华人经济学家杨小凯等在20世纪90年代提出的。该理论强调比较优势的内生性和动态性，即通过后天的专业化学习、技术创新和人为积累来创造比较优势。这一理论特别强调技术进步对比较优势的转换作用。内生比较优势理论认为，比较优势并非仅基于天生的禀赋和资源分配，而可以通过后天的努力和学习获得。个体和国家可以通过专业化的学习和技能的培养，逐渐发展出特定领域的比较优势。同时，通过技术创新和持续的积累，一个国家通过不断提高自身的竞争力，实现比较优势的转换。内生比较优势理论的重要观点是，比较优势并非静态的，而是一个动态过程。它强调技术进步对比较优势的产生和转换的重要作用。通过不断的研究和创新，国家可以引入新的技术并积累经验，从而在特定领域实现比较优势。

总的来说，内生比较优势理论强调了比较优势具有内生性和动态性的特点。它强调了后天的专业化学习、技术创新和积累对于创造和转换比较优势的重要性。这一理论对于个体和国家发展比较优势提供了重要的思路和指导，强调了技术进步和持续学习的重要性。

从总体上看，比较优势是国际分工的重要基础。在"一带一路"共建国家中，农业是具有极强的区域特性的行业。因此，比较优势理论对于分析这些国家的农产品贸易结构和贸易潜力具有重要的作用。在"一带一路"共建国家,由于地理、气候和资源条件的不同,不同国家具有不同的农业特色和优势。比较优势理论可以帮助我们理解为什么有些国家在某些农产品上具有竞争优势,而其他国家则相对较弱。通过比较优势理论,可以分析不同国家的农产品生产成本、技术水平、劳动力素质等因素以及国际市场需求和竞争状况。这样就可以确定每个国家在特定农产品上的相对优势,从而帮助它们更好地分工合作、开展贸易,提升农产品贸易规模和效益。此外,比较优势理论也能够揭示"一带一路"共建国家农产品贸易的潜力。通过了解每个国家的比较优势产业,并进行合理的资源配置和市场布局,可以实现更好的互补和合作。这将促进农产品贸易的增长和扩大市场份额,为国家经济发展和农民增收提供更多机会。

综上所述,比较优势理论是分析"一带一路"共建国家农产品贸易结构和贸易潜力的重要工具。它帮助我们理解农业的地区特性和国家之间的分工合作,以优化资源配置和扩大贸易规模,从而推动农产品贸易的可持续发展。

二、要素禀赋理论

在 20 世纪 30 年代初,瑞典经济学家赫克歇尔(Heckscher E. F.)及其学生俄林(Ohlin B. C.)基于大卫·李嘉图(Ricardo D)的比较优势理论的启示,提出要素禀赋理论,用以解释国际贸易发生的主要原因。要素禀赋理论认为,国际贸易的产生是由于不同国家之间要素禀赋(包括劳动力、资本和土地)的差异。根据该理论,一个国家如果相对拥有劳动力丰富而资本相对稀缺,而另一个国家则相反,两国之间存在着互补的要素禀赋差异。因此,它们之间就会发生贸易,以实现利益的最大化。

要素禀赋理论通过解释不同国家的资源分配和生产结构,可预测和解释国际贸易的模式和方向。例如,劳动力丰富的国家可能更有竞争力地生产劳动密集型产品,而资本密集型的国家则更擅长生产资本密集型产品。

这种基于要素禀赋差异的专业化和分工将促进国际贸易的发展。

总之，要素禀赋理论是基于比较优势理论的发展和拓展，用以解释国际贸易的主要原因。它强调不同国家之间的要素禀赋差异，并通过专业化和分工来实现国际贸易的互补和合作。这一理论对解释贸易模式和方向具有重要意义，并对各国的经济政策和发展提供了启示。

赫克歇尔和俄林的研究指出，与大卫·李嘉图的理论不同，国际贸易的发生是因为各贸易伙伴在生产要素禀赋上存在较大差异，而不是由于贸易伙伴的生产技术差异。不同的商品生产所需要的生产要素比例存在差异。而各国拥有的生产要素比例是不同的。当一个国家倾向于使用相对丰富和相对便宜的生产要素来生产商品时，该商品就会具有比较成本优势。在要素禀赋理论中，国际贸易的动力源于不同国家资源分配的不平衡。每个国家相对丰富的生产要素将成为其拥有比较优势的商品生产的基础。通过比较每个国家的生产要素禀赋和成本，我们可以确定比较优势产业，并为国际贸易的分工和专业化提供依据。

要素禀赋理论的一个重要结论是，国际贸易并非仅仅基于技术差异，而是更多地取决于各国资源禀赋的差异。因此，国家可以通过合理利用自身的资源禀赋，选择适合的商品和产业，在全球市场中寻求竞争优势。这种基于要素禀赋的比较优势使国际贸易具有更大的潜力和机会。通过充分利用各国资源禀赋的差异，国家可以实现资源的最优配置，提高自身的经济效益和生产力。同时，这也促进了国际贸易的互补和合作，加强各国之间的经济联系和依存程度。

随后俄林对生产要素的范畴进行了扩展，将其从劳动力扩展到技术、资金和土地。他认为在这几种生产要素中，资本和劳动力可以自由流动，而土地因其特殊性质而无法自由流动。因此，深入研究生产要素的不均衡分布就成为必然。这种生产要素的不均衡分布是由于不同地区或国家的自然资源、自然条件、经济社会安定程度、交通运输条件和生产要素的禀赋差异所导致的。各地区或国家所拥有的生产要素禀赋的差异会导致其相对价格的差异，而这些相对价格的差异又会影响到使用不同生产要素所生产的商品的价格。此外，其他因素如汇率、政府调控等也会对商品价格产生影响。综合这些因素，不同地区和国家所生产的相同商品将存在价格差异。一般来说，一个地区或国家倾向于使用其拥有相对充裕和成本较低的生产要素来生产商品，并将这些商品出口。而它们会从其他地区或国家进口那些使用自己相对匮乏且成本较高的生产要素所生产的商品。要素禀赋理论可以解释为什么在国际贸易中存在着不同商品的价格差异，它揭示了生产要素禀赋差异对商品价格以及国际贸易发生的影响。在"一带一路"共建国家的农产品贸易中，要素禀赋理论也有助于理解不同国家之间在农产品贸易中的角色和竞争优势，从而优化资源配置、推动贸易增长和区域合作。

虽然要素禀赋理论经常被用来解释国际贸易产生的原因，但其核心原理同样适用于因要素禀赋差异而引起的地域分工现象。特别适用于"一带一路"共建国家的农业和农产品产业，这些产业对自然条件和自然资源有着强烈的依赖。在"一带一路"共建国家中，各个国家由于地理位置和自然条件的不同，导致了明显的要素禀赋差异。这种差异将会显著影响农产品的分工、格局和贸易往来。要素禀赋差异使某些国家更适合发展特定类型的农业，并在特定的农产品上具有竞争优势。例如，一些国家由于拥有丰富的土地资源和适宜的气候条件，更适合种植水稻、小麦等谷物作物；而另一些国家则可能因为更适合养殖和渔业发展而具有竞争优势。要素禀赋差异不仅会影响到国内农业的结构和发展，也会引起不同国家之间的农产品贸易。通过充分发挥各个国家的要素禀赋优势，可以实现农产品贸易的互补和合作。例如，资源禀赋较为丰富的国家可以通过出口其相对优势的农产品来获得更多的贸易收益，而其他国家可以通过进口这些农产品来满足国内需求和提升消费者福利。

总之，要素禀赋理论对分析"一带一路"共建国家农产品的分工、格局和贸易往来具有重要的影响。要素禀赋理论的应用还可以帮助"一带一路"共建国家实现优化农业资源配置和推动农产品贸易的发展。通过充分利用各国要素禀赋的优势，可以实现资源的高效利用和最大化的经济效益。在农产品贸易中,不同国家根据其要素禀赋的差异性发展特定的农业产品,从而形成互补的生产体系。一些国家可能在某种农产品的生产上具有比较优势,而其他国家则在其他农产品上具有相对优势。这种互补性的产生,能够促使各国通过贸易中的专业化和分工,实现资源效率的提高和贸易收益的最大化。同时,要素禀赋理论还有助于加强农产品贸易的区域合作和互利共赢。通过区域合作,共建国家可以进一步拓展市场,提高农产品贸易的规模和协同效应。同时,通过合作与互利共赢,各国可以分享农产品的知识与技术,加强农业创新和提升农产品质量与竞争力。不过,在实际推动农产品贸易中,还需要考虑其他的因素,例如贸易壁垒、运输成本、市场需求等。这些因素会对农产品贸易的发展产生一定的影响。因此,在推进"一带一路"共建国家农产品贸易的过程中,需要综合考虑各种因素的复杂性,通过政策和机制的支持,促进农产品贸易的有序发展和合作共赢。

综上所述,要素禀赋理论的运用可以帮助我们更好地理解和推动"一带一路"共建国家农产品贸易的发展。通过充分利用各国要素禀赋的差异,实现资源的优化配置和互补生产,可以推动农产品贸易的增长和区域合作的深化,为共建国家带来经济发展的机遇和共同繁荣的未来。

三、产业内贸易理论

产业内贸易,顾名思义,指的是一个国家既进口又出口同一类产品的贸易现象,也被称为双向贸易或重叠贸易。为解释这一现象,加拿大学者格鲁贝尔(Grubel)和澳大利亚学者劳埃德(Lloyd)在1975年出版《产业内贸易:差别化产品国际贸易的理论与度量》。在这本书中,两位学者系统地提出了产业内贸易理论。该理论跳出了传统国际贸易理论的假设,如完全竞争市场结构和规模报酬不变,而是基于产品差异和规模经济等现实机制,解释了"二战"后国际贸易中产业内贸易逐渐成为主导的现象,并为异质产品和同质产品的产业内贸易实践提供了理论基础。

自 20 世纪 70 年代末至 80 年代初，许多学者提出了各种产业内贸易模型，如布兰德模型、新张伯伦模型、克鲁格曼模型和兰卡斯特模型，进一步丰富和发展了产业内贸易理论。这些模型主要从不同角度研究产业内贸易的动因和效应。布兰德模型关注产品差异和消费者偏好的影响，新张伯伦模型关注生产要素差异的作用，克鲁格曼模型将规模经济和产品差异结合在一起解释产业内贸易，而兰卡斯特模型则强调市场结构对产业内贸易的影响。这些新理论提供了更加具有实践性和现实性的视角，帮助我们更好地理解国际贸易模式的变化和产业内贸易的重要性。在实际应用中，我们可以通过深入研究产品差异、规模经济、消费者偏好和市场结构等因素，推动产业内贸易的发展，实现国家和企业的共同利益。

在第二次世界大战后全球化的背景下，消费者不再满足于简单的商品替代，而是更加注重产品的质量、品牌和特性。产业内贸易的产生正是为了满足消费者对多样化产品的需求，以及享受更高品质和附加值的产品。在"一带一路"的农产品贸易中，各国可以通过提供有差别化特色的农产品，满足不同国家和地区消费者对不同农产品的需求。因此，产业内贸易理论的指导对于这些国家合理选择贸易伙伴、优化农产品贸易结构具有重要意义。虽然要素禀赋仍然是决定国际贸易的一个重要因素，但产业内贸易理论强调了产品差异和消费者需求对贸易的推动作用。在农产品贸易中，通过提供有特色和高品质的农产品，各国可以实现产品多样化、优化供应链，并满足畅销的市场需求。这种基于产品差异和消费者偏好的产业内贸易模式有助于各国实现贸易互利和共同繁荣。因此，基于产业内贸易理论的指导，在"一带一路"共建国家间发展农产品贸易时，需要注重产品质量和特色的培育，以及消费者需求的准确把握。通过差异化和创新，各国可以提供多样化的农产品，满足消费者多样化的需求，实现贸易的增长和合作共赢。同时，政策制定者和企业也应根据产业内贸易的特点，加强合作，提升产品水平和品牌形象，推动"一带一路"共建国家农产品贸易的可持续发展。

四、国际竞争力理论

国际竞争力的内涵较为复杂，目前学术界尚未形成统一的认识。

根据美国《关于国际竞争能力的总统委员会报告》，国际竞争力是指在自由和良好的市场环境下，能够在国际市场上提供优质产品和服务，并同时提高本国人民生活水平的能力[①]。这一定义强调了一个国家在全球市场的竞争力与其经济繁荣和人民福祉的紧密关联。

世界经济论坛（WEF）提出了关于竞争力的定义，认为竞争力是企业在当前和未来的环境中，通过提供价格和质量更具吸引力的产品和服务，来设计、生产和销售商品的能力和机会。

在《科技、技术与竞争能力》报告中，经济合作与发展组织（OECD）指出，国家经济的国际竞争能力建立在国内从事外贸企业的竞争能力之上，但并不仅是国内企业竞争力的简单累加或平均结果[②]。

原世界经济论坛常务理事长葛瑞里教授认为，国际竞争能力是指企业和企业家设计、生产和销售产品和劳务的能力，其产品和劳务的价格和非价格的质量等特性比竞争对手具有更大的市场吸引力[③]。这种能力既产生于企业自身的管理和效率，又受国内、国外和部门与行业环境的影响。实际上，国际竞争力也就是企业和企业家在适应、协调和驾驭外部环境的过程中成功地从事经营活动的能力。

瑞士洛桑国际管理开发学院（IMD）指出，国际竞争力是指一个国家创造附加值并积累国民财富的能力，同时通过协调四个方面的关系来实现国际竞争力。这四个方面的关系包括：资产与过程的关系、引进吸收能力

---

① 国家体改委经济体制改革研究院、中国人民大学、综合开发研究院联合研究组. 中国国际竞争力发展报告（1996）（1997）（1999）[M]. 北京：中国人民大学出版社，1997，1998，1999.

② OECD (1998). Globalization of Industrial R&D: Policy Implications, Working Group on Innovation and Technology Policy, June 1998.

③ Gray M., Golob E., Markusen A.. Big firms, long arms, wide shoulder: The "Hub – and – Spoke" industrial district in the Seattle region [J]. Regional Studies, 1996, 30: 651 – 666.

与输出扩张能力的关系、全球经济活动与国内经济活动的关系、经济发展与社会发展的关系。

迈克尔·波特在他的著作《竞争战略》中指出："一个产业的竞争状况是由五种基本竞争力量决定的……这些力量的综合作用决定了该产业的最终利润潜力。"① 换句话说，产业竞争力与产业的最终利润潜力或产业利润率是相互关联的。

在《中国工业国际竞争力》一书中，中国社科院工业经济研究所的课题组认为，国际竞争力本质上是各国产业或同类企业之间生产力的比较。从特定产业参与国际市场竞争的角度来看，特定产业的国际竞争力取决于该产业与外国竞争对手相比的生产力。基于这一观点，他们将产业国际竞争力定义为："在排除贸易壁垒的自由贸易条件下，一个国家特定产业相对于其他国家具有更高的生产力，能够向国际市场提供符合消费者（包括生产性消费者）或者购买者需求的更多产品，同时持续获得盈利的能力。"②

樊纲（1998）提出，竞争力指的是一国产品在国际市场上的地位。最终，这个概念可以理解为成本，即如何以更低的成本提供同等质量的产品，或者以相同的成本提供更高质量的产品③。

迈克尔·波特是哈佛大学商学院的教授，堪称当代全球竞争战略的最高权威。他将产业经济学和企业战略管理两个研究领域结合起来，引入产业组织理论到战略管理研究中，并在《竞争战略》《竞争优势》《国际竞争优势》等著作中系统地提出竞争优势理论。波特的目标是揭示竞争优势与比较优势之间的关键区别。他批评了比较优势理论是长期以来在国际竞争分析中占主导地位的理论，并强调竞争优势才是一国财富的源泉。相对于依赖劳动力、自然资源和金融资本等物质禀赋的投入来提升竞争力，波特主张国家应该创造良好的经营环境和支持性制度，以确保投入要素能够

---

① 迈克尔·波特. 竞争战略 [M]. 北京：华夏出版社，2001.
② 中国社会科学院工业研究所. 中国工业发展报告 [M]. 北京：经济管理出版社，2002.
③ 樊纲. 论竞争力 [J]. 管理世界，1998（3）.

高效地使用和升级换代。在全球快速发展的今天，这些投入要素的作用日益减少，而创造一个有利于企业发展的环境和政策才是确保竞争力的关键。

在《竞争战略》和《竞争优势》这两本著作中，波特指出，一个产业的内部竞争状况是由五种基本竞争力量决定的（见图2-1）。这五种力量的综合作用决定了该产业的最终盈利能力。不同的产业由于这些竞争力量的不同强度，导致它们的盈利能力也不同。

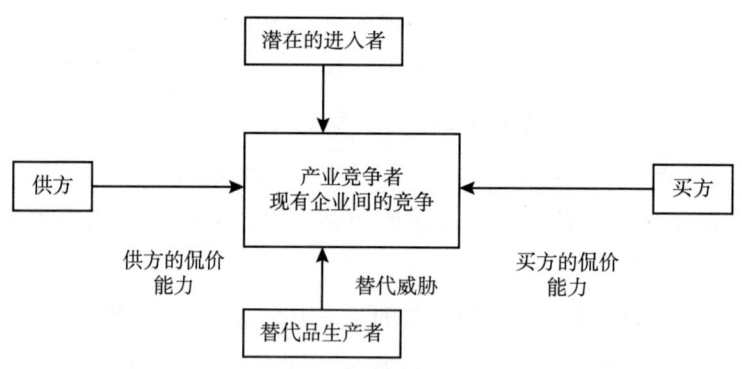

图2-1 驱动产业竞争的五种作用力

同时，波特还提出三种企业发展战略，分别是总成本领先战略、标新立异战略和目标集聚战略。他深入探讨了如何在实践中创造和保持在产业中的竞争优势。总成本领先战略强调通过降低成本提供相对低价的产品或服务，标新立异战略强调通过创新和独特性提供与竞争对手不同的产品或服务，目标集聚战略强调通过专注于特定市场细分来实现竞争优势。

1990年，波特在他的著作《国家竞争优势》中，通过对多个国家特定产业的发展历史和其参与国际竞争的研究考察，提出一个"钻石"模型来评估一个国家特定产业是否具备国际竞争力。这个模型包括四个关键因素和两个辅助因素（见图2-2）。首先，生产要素指的是劳动力、自然资源、土地和资本等用于生产的资源。其次，需求状况指的是国内市场的需求量和需求结构。国内市场的规模和消费者的需求趋势对于一个国家产业的竞争力至关重要。再次,相关与辅助产业状况,即供应链的完善程度,包括原材料供应、技术支持、科研机构等。最后,企业策略、结构与竞争者,被看作是影响国家产业竞争力的关键因素,包括企业的战略选择、组织结构和竞争对手的行为。除了这四个关键因素,波特还强调了两个辅助因素:机会和政府行为。机会指的是国际市场上的机会和趋势,而政府行为则指的是国家政府对产业发展的政策支持和干预。这个"钻石"模型通过综合考虑这六个因素,提供了一个全面的评估框架,用于衡量一个国家特定产业的国际竞争力。总之,波特的"钻石"模型为了解和评估国家特定产业的国际竞争力提供了一个系统性的方法。通过考虑生产要素、需求状况、相关与辅助产业状况、企业策略、结构与竞争者以及机会和政府行为等因素,政府和企业可以更好地制定战略,提升国家产业的国际竞争能力。在全球化竞争日益激烈的背景下,这个模型对于国家经济发展和战略规划具有重要的参考价值。

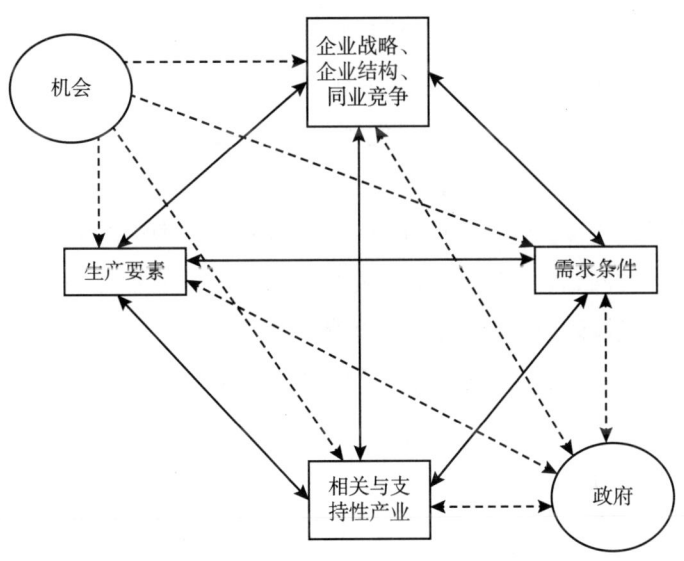

图 2-2 迈克尔·波特的"钻石"模型

资料来源:迈克尔·波特. 国家竞争优势 [M]. 北京:华夏出版社,2002:119.

波特认为,一个国家的某个产业是否具备国际竞争力或者处于优势地位,取决于由以上六个因素构成的竞争环境。这些因素之间存在相互作用,除了机会因素可以被视为外生变量外,其他因素的相互影响可以增强或削弱彼此的表现。在竞争环境中,生产要素、需求状况、相关与辅助产业状况、企业策略、结构与竞争者这些因素相互牵动着对方的表现。例如,一个国家拥有丰富的生产要素,可以提供低成本的劳动力和自然资源,这有助于降低生产成本并提高竞争力。然而,如果这个国家的需求状况不够强劲,无法提供稳定的市场需求,那么即使生产要素丰富也无法充分发挥作用。同样地,相关与辅助产业的状况也会影响到其他因素的表现。一个完善的供应链可以提供高质量的原材料和技术支持,从而帮助企业提高竞争力。反之,如果相关与辅助产业的状况不佳,企业可能面临供应链断裂或技术不足的风险,从而影响其竞争力。

综上所述,在波特的观点中,竞争环境中的各个因素相互交织,相互影响,决定了一个国家产业的国际竞争力。理解这些因素的相互作用,可以帮助政府和企业制定战略,提升竞争力,并在全球化竞争中取得优势地位。

波特在他的著作《国家竞争优势》中详细解析了国家竞争优势的发展过程,并将其分为四个阶段:要素推动阶段、投资推动阶段、创新推动阶段和财富推动阶段。这一理论弥补了其他国际贸易理论的不足,回答了长期未能解答的问题,对国际经济理论的发展作出了重要贡献。根据波特的理论,不同发展阶段的国家实现竞争优势的路径也不同。因此,各国首先必须准确评估自身的发展水平和在国际竞争中的地位,并在此基础上制定有效的发展规划。同时,各国还需要研究如何创造条件,使自身从一个较低的发展阶段过渡到更高的阶段。

对于中国在"一带一路"共建国家中发展农产品贸易具有重要的实践和指导意义。在中国积极推进"一带一路"倡议、加强与共建国家的合作的背景下,通过深入理解和运用波特的国家竞争优势理论,中国能够更好地把握国际竞争局势,发挥自身优势,提升农产品贸易的竞争力和市场地位。同时，中国还应着眼于自身发展，积极探索如何在竞争环境中创造条件，逐步提升自身的国际竞争优势。通过这些努力，中国将能够在"一带一路"倡议中为共建国家提供更可持续发展的农产品贸易合作，并推动区域经济的共同繁荣。

第二节 相关概念界定

一、"一带一路"倡议的内涵与背景

"一带一路"是指中国提出的"丝绸之路经济带"和"21世纪海上丝绸之路"战略构想的简称。该构想于2013年9月和10月由中国国家主席习近平在访问哈萨克斯坦和印度尼西亚期间提出，并受到共建国家和地区的积极响应。"丝绸之路经济带"旨在通过加强和拓展亚欧大陆的连接，促进经济合作与发展。而"21世纪海上丝绸之路"则注重加强海上合作，促进沿海国家的互联互通和经济共同发展。这两条路线共同构成了"一带一路"倡议，旨在推动地区间的贸易、投资、基础设施建设和人文交流，实现共同发展与繁荣。

自提出以来，"一带一路"倡议已经吸引了越来越多的国家和地区的积极参与。各方通过加强政策沟通、设立共享平台和加强合作项目的推进，共同努力推动区域间经济的融合与发展。这一倡议的实施不仅将为共建国家带来新的发展机遇，也为世界经济增长注入了新动力。

2023年是中国共建"一带一路"倡议提出十周年。在各方的共同努力下，共建"一带一路"倡议的务实合作持续深化和拓展，为各国的经济发展、就业增长和民生改善作出了积极贡献。这一倡议不仅为世界经济注入了新的活力，也有力地推动了中国的对外开放。中国与"一带一路"共建国家之间的经贸联系也越来越重要和密切。

党的二十大充分肯定了共建"一带一路"倡议的成就,并将其视为深受欢迎的国际公共产品和合作平台。同时,党的二十大提出了在中国全面建设社会主义现代化国家、实现第二个百年奋斗目标的新征程中,要求推动共建"一带一路"倡议高质量发展。在当前持续的俄乌冲突、中美竞争加剧、逆全球化倾向的加剧、全球供应链的重构以及经济复苏的不确定性等复杂形势下,高质量共建"一带一路"倡议正日益凸显其在对外开放和经贸合作中的极端重要性。

(一)"一带一路"倡议提出的背景

"一带一路"倡议是中国在新时代下"走出去"战略的升华,也是党中央和国务院对全球形势深刻变化和国际国内两大局势统筹考虑所作出的重大战略决策。这一倡议对于构建开放型经济新体制、全面推进中华民族伟大复兴具有极其重要的意义。

1. 全球化环境的变化需要更高层次、更高水平实施"走出去"战略

随着科技进步和信息技术的快速发展,全球经济已经进入一个高度互联互通、相互依赖的时代。国际竞争的形式也发生了深刻变化,传统的商品和服务贸易已经不再是唯一的竞争方式。对于中国企业来说,单纯依靠低成本劳动力和资源以及产品出口已不能满足当前复杂多变的市场需求。同时,全球治理架构的调整和国际关系的变化也给中国企业的海外发展带来了新的挑战和机遇。经济全球化遭遇逆流,保护主义抬头,贸易摩擦和地缘政治的不确定性加大,给中国企业在海外投资经营带来了风险。因此,我国需要更高层次的战略规划和决策,更加务实和稳健的风险管理能力,以应对这些挑战。

与此同时,中国经济已进入到高质量发展的新阶段,实现更高水平的开放和创新发展已成为必然的选择。在这个阶段,中国企业需要更多地参与全球价值链和供应链,开放市场、引进技术和管理经验,提高自身竞争力和创新能力。通过实施更高层次、更高水平的"走出去"战略,中国企业可以更好地利用国际资源和市场,实现可持续发展和战略转型。因此,

第二章 我国与"一带一路"共建国家农产品贸易研究的理论基础

我国要根据全球化环境的变化,加大对"走出去"战略的研究和布局,深入分析各国经济现状和发展趋势,明确发展目标和重点领域,加强与相关国家和地区的合作,提高企业的国际化水平和竞争力。只有这样,我国才能更好地适应全球化发展的新形势,实施更高层次、更高水平的"走出去"战略,为中国企业的海外发展创造更加有利的外部环境。

2. 构建国际新秩序的争夺激烈,主要国家加强在"丝绸之路"布局

"丝绸之路"是一条古老的贸易通道,起源于中国。1877年,德国学者李希霍芬首次提出了"丝绸之路"这一概念。在冷战结束后,随着国际政治经济格局的重构,日本、美国等国家相继提出了与"丝绸之路"相关的概念,欧盟、俄罗斯、印度等国家及地区也制定了与中亚等国家的深度合作计划。

1997年7月,时任日本首相桥本龙太郎提出了"丝绸之路外交"的构想。随后,1998年1月,日本政府正式决定在"丝绸之路"地区积极推进政治与经济交流的外交行动,并决定向这些地区提供大量的政府开发援助。对于日本来说,推进"丝绸之路外交"既是面向亚洲的外交战略,也对日本自身的发展具有重要意义。通过加强与"丝绸之路"地区的合作,日本可以扩大与这些地区的贸易往来,提高自身的国际竞争力。同时,通过向这些地区提供政府开发援助,日本还可以加强自身在国际舞台上的影响力。

2011年7月19日,时任美国国务卿希拉里·克林顿第一次提出"新丝绸之路"的概念。她在演讲中强调了加强亚洲地区的经济合作和互联互通的重要性。为进一步落实这一构想,美国国务院在2011年10月正式将美国的中亚和南亚政策统一命名为"新丝绸之路"计划。"新丝绸之路"计划旨在促进地区间的经济合作和互联互通,以实现亚洲地区的繁荣和稳定。该计划提出一系列重要举措,包括促进投资和贸易、加强基础设施建设、深化人民间交流和推动社会发展等。通过这些措施,美国希望能够进一步巩固自身在亚洲地区的地位,并推动地区的经济发展。

2000年,联合国开发计划署正式启动了第一期"丝绸之路"合作项

目,这标志着一个重要的国际合作计划的开始。随后在 2003 年,联合国发起了"丝绸之路"倡议,旨在促进"丝绸之路"共建国家的经济合作和区域互联互通。为进一步推动这一倡议,联合国开发计划署于 2006 年 6 月 1 日宣布在中国设立丝绸之路投资论坛。这一举措旨在通过投资和经济合作,推动"丝绸之路"共建地区的发展和繁荣。同时,2007 年欧盟制定了第一份中亚战略文件《欧盟与中亚:新伙伴关系战略》。这一战略目标是使中亚地区成为欧盟共同利益的可靠伙伴。通过加强与中亚国家的政治、经济和文化合作,欧盟希望能够在该地区发挥积极作用,并促进双方的共同繁荣。

在冷战结束后,印度也提出了"西进战略",旨在加强与西方国家和中亚国家的经济和政治合作。此外,俄罗斯在 2011 年 10 月提出了"欧亚经济联盟"计划,旨在加强与中亚国家的经济和政治合作,并在 2015 年实现了这一计划的建立。印度的"西进战略"强调了与中亚国家的合作,旨在拓展印度的经济合作和地缘政治影响力。通过加强与中亚国家的联系和合作,印度希望实现地区间的繁荣和稳定。俄罗斯的"欧亚经济联盟"计划旨在促进中亚地区的经济发展和区域一体化。该计划的建立使俄罗斯与中亚国家之间的经济和政治合作更加紧密,在促进地区间的经济互联互通和共同发展方面发挥了重要作用。

相较于前面提到的国家和组织的"丝绸之路"战略,中国的"一带一路"倡议可以说是较晚提出的,被视作"后发者"。中国的"一带一路"倡议于 2013 年提出,该倡议旨在促进共建国家之间的经济合作和互联互通,实现共同繁荣和发展。通过加强亚洲、欧洲、非洲等地区的合作,中国希望携手共建国家共同推动区域的经济增长和繁荣。

3. 国内经济增长放缓,经济结构调整压力加大

改革开放以来,中国的经济发展保持着年均约 10% 的高速增长。然而,2008 年的金融危机以及国内经济结构失衡等多种因素的影响,导致中国经济增长出现了下滑,中国的经济增速较上一年下降了 4.5 个百分点。自 2010 年以后,中国的经济增速持续下滑,连续跌破了 9%、8% 和 7%

的水平。中国经济进入了一个"三期"叠加阶段。所谓的"三期"包含了几个重要方面。首先,中国经济增速进入了一个换挡期,这是由经济发展的客观规律所决定的。高速增长的时期已经过去,中国需要逐渐调整经济增长速度,实现更为可持续的增长模式。其次,中国面临着结构调整的阵痛期,这是加快经济发展方式转变的主动选择。中国需要调整产业结构、提升技术创新能力、改善环境保护等,以适应经济发展的新要求。最后,中国还需要应对前期刺激政策的消化期。过去为应对金融危机等挑战,中国采取一系列刺激政策,然而这些政策所带来的一些深层次矛盾和问题需要逐渐化解。

在这样的背景下,党中央在十八大之后提出了改革开放再出发、深化改革、扩大开放的新方略,重新定义了经济发展的"新常态"。这个新常态的目的是基于经济可持续发展和适度增长的目标,通过统筹国内和国际两大市场,不断寻找新的经济增长点,实现国民经济从高速增长到平稳发展的"软着陆"。

4. 能源资源供需矛盾突出,能源安全形势严峻

能源资源是国民经济发展的重要支撑,而能源资源安全直接影响到国家的安全、可持续发展以及社会稳定。进入21世纪以来,随着中国工业化和城镇化进程的加快,对能源资源的需求大幅度上升,国内面临着储量不足、环境容量不足等问题,对外依存度不断攀升。据统计,2022年中国能源资源进口总额占全球能源资源进口总量的比例已超过23%,其中原油对外依存度高达72%,天然气对外依存度则达到了45%。由于较为深刻地受到国际政治的影响,国际能源资源市场的稳定发展和安全性受到了极为严峻的挑战。面对这一现实,如何寻找新的能源资源供应国或供应地区,如何开通新的安全输送通道,以实现我国能源资源进口结构的多元化成为我国继续解决的重要战略问题。

5. 世界经济格局出现新变化

2008年全球金融危机以后,全球经济进入了大调整、大变革和大转型的时代。发达国家普遍面临结构性失衡、经济增长乏力的问题,全球经济

增速不断回落,对世界经济增长的贡献显著减弱。与此同时,新兴经济体崛起成为世界经济的重要力量。在经济全球化遇到阻力的背景下,区域经济一体化成为国际经济新格局的重要趋势。在这样的背景下,中国急需调整其对外开放格局,优化贸易伙伴结构,不能只依靠西方发达经济体。应该注意的是,我国周边的许多发展中国家和地区,例如中亚、东盟、南亚等,正在依靠区域经济一体化发展的良机而获得了经济的快速进步,这些国家普遍拥有丰裕的生产要素和资产资源,且正在寻求对外合作,中国正好可以利用这一机遇优化外贸发展格局。

为适应新的经济格局和推动区域经济一体化,中国正在改变对外开放的战略方向,加强与周边国家和地区的合作。中国积极推动亚洲基础设施投资银行(AIIB)等多边机构的设立,以促进区域基础设施建设和互联互通。中国还积极探索和推动"一带一路"倡议,通过加强与共建国家和地区的贸易、投资和人文交流,实现互利共赢和共同发展。同时,中国在产能合作、技术转移和人员培训等方面提供支持,帮助周边国家和地区实现经济转型和升级。通过加强与周边国家和地区的合作,中国旨在共同构建开放、包容、合作、共赢的经济环境,推动区域经济一体化的进程,并为中国自身的发展提供新的增长动力。在新的经济格局下,中国将继续积极参与国际经济合作和多边机制,推动经济全球化朝着更加开放、包容和公正的方向发展,为构建人类命运共同体作出积极贡献。

(二)"一带一路"倡议的重大意义

共建"一带一路"顺应了时代发展潮流,符合各国特别是广大发展中国家促进和平与共同发展的愿望,也符合全球治理体系变革的内在需求。它展示了中国积极推动与共建国家经济合作伙伴关系的态度,旨在建立政治互信、经济融合和文化包容的利益共同体、命运共同体和责任共同体。同时,它为完善全球治理体系变革提供了新的思路和方案。"一带一路"的本质是一个涉及多个国家共同合作的平台,它是中国向国际社会提供的公共产品。该倡议强调共商、共建、共享的原则,倡导建立新型国际关系准则以及推动 21 世纪地区合作的新模式。

1. 共建"一带一路"倡议有利于构建开放型经济体系，促进中国企业"走出去"开展产能合作

"一带一路"倡议为中国企业提供了广阔的发展机遇。通过建设连接亚洲、欧洲和非洲的陆上和海上交通网络，促进了贸易和投资的畅通，为中国企业拓展海外市场提供了更便捷的通道。同时，"一带一路"还鼓励中国企业与共建国家开展产能合作，通过投资建设基础设施、工业园区等项目，促进产业转移和技术转让，提升企业的国际竞争力。通过参与"一带一路"，中国企业能够融入全球价值链，并与共建国家发展紧密合作，实现共同繁荣。同时，中国企业的"走出去"也有助于提升企业国际化水平和品牌影响力，为中国的合作伙伴提供高品质的产品和服务。

中国政府积极支持企业参与"一带一路"建设，提供政策支持和风险保障，鼓励企业积极参与国际合作。此外，中国还设立了"一带一路"基金，为企业提供融资支持，推动项目顺利实施。在共建"一带一路"倡议的过程中，中国企业不仅获得市场拓展和利润增长的机会，还能够与共建国家共同实现互利共赢。通过产能合作和技术转让，中国企业可以帮助共建国家提升基础设施建设、工业化进程和人力资源培养，助力共建"一带一路"的目标实现。

总之，共建"一带一路"为中国企业提供了广阔的发展平台，促进了企业的国际化进程和参与全球经济合作的能力。通过开展产能合作和"走出去"，中国企业能够实现互利共赢，并为共建国家的经济发展作出积极贡献。

2. 共建"一带一路"有利于实现我国区域经济平衡发展

我国对外开放主要集中在沿海地区，内陆和沿边地区的对外开放程度则相对滞后。虽然中国政府实施的西部大开发战略和中部崛起战略有力地推动了西部和中部一些省份经济的快速增长，但中西部地区与东部沿海地区的经济不平衡问题依然存在。以 2013 年为例，中西部的宁夏、青海、甘肃、贵州、新疆、云南和重庆七个省市的 GDP 总和远低于山东省的

GDP。积极推动"一带一路"建设可以促进中国开放空间从沿海、沿江向内陆、沿边延伸，形成陆海内外联动、东西双向互济的开放新格局。这将使中西部地区由对外开放的末梢转变为前沿，因此可以有效地激活其发展潜力，加速其对外开放进程，并扩大开放的区域。通过利用全球市场为中国创造的机会，全面实施"引进来"和"走出去"相结合的对外开放战略，可以推动中西部地区实现快速发展，缓解各区域之间经济发展的不平衡，为我国整体经济发展提供更为广阔的空间。

共建"一带一路"不仅能带动共建地区与中国的经济交流合作，而且将成为进一步推动内陆和沿边地区对外开放的重要机遇。通过加强基础设施建设、贸易和投资便利化，可以有效降低中西部地区的开放壁垒，提升其竞争力和吸引力。同时，共建"一带一路"也将促进中西部地区的产业升级，不但可以促进其传统产业转型升级，也可以在新兴科技产业和现代服务业领域给中西部地区带来更多的发展机会。

3. 共建"一带一路"有利于应对全球政治经济格局的新变化

自2008年全球金融危机以来，国际秩序正经历着深刻的调整，新兴经济体在全球治理中扮演的角色不断增强。到2013年，中国已成为全球第一大货物贸易大国，并成为世界上120多个国家的最大贸易伙伴。中国的经济利益已经延伸到亚洲、非洲、欧洲、美洲和大洋洲等全球各大区域。在维护和拓展自身利益方面，开展全方位的对外开放已成为中国面临的紧迫任务。"一带一路"倡议成为中国新时代对外开放的重要战略基础。通过与广大发展中国家展开经济合作，密切相互之间的经济联系，形成相互依赖的利益纽带，为中国提升在全球事务中的话语权和主导权创造了条件，并进一步确立和巩固了中国在世界经济合作新格局中的地位。

通过推动"一带一路"，中国可以与共建国家加强经济合作，深化贸易往来，促进投资合作，推动基础设施建设与互联互通，以实现经济互利共赢和共同发展。这将进一步扩大中国的市场影响力和开放程度，为中国企业提供更广阔的发展空间和更多的机会。同时，"一带一路"倡议也将为中国塑造全球经济形势发挥重要作用。通过与共建国家建立紧密的经济联系和合作伙伴关系，中国将在全球经济舞台上发挥更重要的角色，并为国际经济秩序的构建和重塑作出更大的贡献。

4. 共建"一带一路"有利于应对全球区域经济一体化的新趋势

自 2008 年全球金融危机以来，世界上逆全球化思潮日益抬头，国际贸易摩擦不断加剧，贸易壁垒也从关税壁垒转变为非关税壁垒的形式。根据世界贸易组织（WTO）的数据，自金融危机以来，各国对中国的贸易调查不断增加，涉及反补贴、反倾销、技术性壁垒、卫生与动植物检疫措施、保障措施、特殊保障措施和数量限制等，连续多年居全球首位。与此同时，区域经济一体化进程加快，欧盟与美国正筹备启动自由贸易协定谈判，而美国计划以跨太平洋伙伴关系协定（TPP）和跨大西洋贸易与投资伙伴关系（TTIP）为基础，形成由其主导的横跨西太平洋和大西洋的两大自由贸易区。同时，欧盟与日本也希望开启自由贸易协定谈判。与世界贸易组织框架相比，TPP 和 TTIP 具有更高的标准，覆盖领域更广，包括货物贸易、服务贸易、跨国投资、知识产权保护和政府采购等。然而，欧亚地区许多国家是发展中国家或新兴经济体，受限于地缘因素和发展水平，难以加入到如此高水平的区域经济合作之中。

与此同时，这些国家迫切希望参与区域经济合作，激发内在发展动力，快速提升经济发展水平。"一带一路"倡议以中国扩大开放为契机，不仅可以推动中国自身经济发展，也可以促进我国与"一带一路"共建国家建立更加紧密的经济联系，为共建各国发展创造新机遇，并为它们广泛参与区域经济合作搭建了新平台。

5. 共建"一带一路"有利于维护国家能源安全

能源安全是与国家经济社会发展密切相关的全局性、战略性问题，对于国家的繁荣富强、人民的生活改善以及社会的长治久安至关重要。在这一背景下，共建"一带一路"倡议为国际能源合作提供更加有效的对话平台，营造更加良好的国际合作环境，有助于开启更加包容的全球能源治理新模式。

共建"一带一路"倡议的推动，促使共建国家加强合作，共同应对能源安全挑战。通过积极开展能源互联互通和合作，各国可以共享能源资源、优势互补，实现共赢发展。此外，借助"一带一路"倡议所建立的多边合作机制和平台，各方可以进行深入对话、共同制定能源合作规则和标准，推动全球能源治理的改革和进步。

二、"一带一路"共建国家的界定

自2013年提出以来，"一带一路"倡议包括"丝绸之路经济带"和"21世纪海上丝绸之路"，已得到151个国家和32个国际组织的积极响应。截至2023年1月，已签署了超过200份共建"一带一路"合作文件，涵盖贸易、投资、社会、金融、民生、科技、人文等多个领域。

需要说明的是，"一带一路"倡议并没有明确的官方界定涉及的共建国家范围。本书参考了中国"一带一路"官方网站和相关学者的研究，确定了研究涉及的64个国家①，并将它们划分为六个区域，具体如表2-1所示。这些国家跨越亚洲、欧洲、非洲和大洋洲，涵盖了地域广阔，人口众多，经济多样的国家集团。

表2-1 "一带一路"共建64个国家的范围界定及区域划分

蒙俄	蒙古国、俄罗斯联邦
中亚5国	哈萨克斯坦、土库曼斯坦、乌兹别克斯坦、吉尔吉斯斯坦、塔吉克斯坦
西亚、中东及北非19国	伊朗伊斯兰共和国、以色列、土耳其、阿拉伯埃及共和国、沙特阿拉伯、科威特、阿曼、阿拉伯联合酋长国、伊拉克、卡塔尔、黎巴嫩、约旦、巴林、也门共和国、阿塞拜疆、叙利亚、巴勒斯坦、格鲁吉亚、亚美尼亚
中东欧19国	乌克兰、摩尔多瓦、白俄罗斯、波兰、捷克共和国、罗马尼亚、斯洛伐克共和国、保加利亚、匈牙利、拉脱维亚、立陶宛、爱沙尼亚、斯洛文尼亚、克罗地亚、阿尔巴尼亚、塞尔维亚、北马其顿共和国、波斯尼亚和黑塞哥维那、黑山

---

① 中国也是"一带一路"共建国家，但是本书为了研究中国与"一带一路"共建国家的关系，所以这里的界定没有包括中国，特此说明。

续表

东南亚 11 国	越南、菲律宾、新加坡、缅甸、文莱、柬埔寨、老挝、泰国、马来西亚、东帝汶、印度尼西亚
南亚 8 国	印度、孟加拉国、巴基斯坦、尼泊尔、斯里兰卡、不丹、阿富汗、马尔代夫

三、农产品范围的确定

根据目前的理论研究，广义上的农产品包括农业生产和加工的所有成果。然而，在国际贸易中，为了统计和分类的需要，需要对农产品进行特殊界定。常用的国际贸易统计体系包括联合国的"国际贸易标准分类"（Standard International Trade Classification，SITC）和国际"海关合作理事会"（The Customs Cooperation Council，CCC）颁发的"协调商品名称和编码体系"（The Harmonized Commodity Description and Coding System，HS）。然而，这两个系统在对农产品的界定上存在一些重复和交叉的情况。为了更好地进行研究，作者对这两个体系所涉及的农产品进行了整理，具体情况如表 2-2 所示。

表 2-2　　　HS 系统和 SITC 系统对农产品范围的确定

HS 系统（统计号与产品名称）	SITC 系统（统计号与产品名称）
01 章 活动物	00 章 主要供食用的活动物
02 章 肉及食用杂碎	01 章 肉及肉制品
03 章 鱼、甲壳动物、软体动物及其他水生无脊椎动物	02 章 乳制品及禽蛋
04 章 乳品；蛋品；天然蜂蜜；其他食用动物产品	03 章 鱼、甲壳及软体类动物及制品
05 章 其他动物产品	04 章 谷类及其制品
06 章 活树及其他活植物；鳞茎、根及类似品；插花及装饰用簇叶	05 章 蔬菜及水果
	06 章 糖、糖制品及蜂蜜

续表

HS 系统（统计号与产品名称）	SITC 系统（统计号与产品名称）
07 章 食用蔬菜、根及块茎	07 章 咖啡、茶、可可、调味品及制品
08 章 食用水果及坚果；甜瓜或柑橘属水果的果皮	08 章 饲料
09 章 咖啡、茶、马黛茶及调味香料	09 章 杂项制品
10 章 谷物	11 章 饮料
11 章 制粉工业产品；麦芽；淀粉；菊粉；面筋	12 章 烟草及其制品
12 章 含油子仁及果实；杂项子仁及果实；工业用或药用植物；稻草、秸秆及饲料	22 章 油籽及含油果实
	29 章 动、植物原料
13 章 虫胶；树胶；树脂及其他植物液、汁	41 章 动物油、脂
14 章 编制用植物材料；其他植物产品	42 章 植物油
15 章 动、植物油、脂及其分解产品；精制的食用油脂；动、植物蜡	43 章 动、植物油、脂及蜡
	5921 淀粉、菊粉、面筋
16 章 肉、鱼、甲壳动物、软体动物及其他水生无脊椎动物的制品	93201 饲养业及食品加工业加工进口的原材料及出口产品
17 章 糖及糖食	9410 未列名活动物
18 章 可可及可可制品	
19 章 谷物、粮食粉、淀粉及乳的制品；糕饼点心	
20 章 蔬菜、水果、坚果或植物其他部分的制品	
21 章 杂项制品	
22 章 饮料、酒及醋	
23 章 食品工业的残渣及废料；配制的动物饲料	
24 章 烟草、烟草及烟草代用品的制品	
2905.43 甘露糖醇	512192 甘露糖醇
2905.44 己二烯酸剂	没有统计
33.01 精炼油类	5513 精油

续表

HS 系统（统计号与产品名称）	SITC 系统（统计号与产品名称）
35.01—35.05 类蛋白物质；改性淀粉，胶类物质	59221—59225 类蛋白物质、改性淀粉、胶类物质
3809.10 润饰剂	没有统计
3823.60 己二烯酸剂	没有统计
41.01—41.03 生革及皮 43.01　　　生毛皮	21 章 生皮及未硝毛皮
50.01—50.03 生丝及废丝	261 丝
51.01—51.03 羊毛及动物毛	2681—2686 生毛皮
52.01—52.03 原棉，废棉，精梳棉	263 棉花
53.01　　　原亚麻	26511—26513 亚麻
53.02　　　原大麻	2652 大麻

根据 GATT（关贸总协定）的观点，农产品的范围应该是除去 HS 系统中 01—24 章的商品（不包括鱼类产品）[①] 以及某些小类产品。然而，本书认为农产品显然应该包括鱼类产品。因此，作者认为按照 HS 体系的定义，农产品的范围应该包括 WTO 对农产品的定义以及鱼类产品，即 HS 系统中四个大类中的 01—24 章的所有商品再加上 51 类、52 类。

在进行国际比较时，常使用 SITC 体系，因为不同的农产品范围定义会导致统计数据的差异。SITC 分类方法是按照生产口径进行编码，对于经济分析非常有利。此外，SITC 编码分类下的农产品范围更能与农业生产相对应，更能反映产品和产业的特征。因此，为方便研究和统一数据，本书最终决定采用 SITC 体系的农产品范围，包括第 0 类、第 1 类、第 4 类产品以及第 2 类的大部分产品。具体相关信息详见表 2-3，选用的是 Rev.3 版本（第三次修改）。

---

① 因为 GATT 和 WTO 组织内有专门的工作机构管理鱼类产品的贸易问题，所以其对农产品的界定没有包含鱼类产品。

表 2-3　　　　　本书界定的农产品范围（SITC 体系）

代码	农产品	代码	农产品
00	活动物	12	烟草及烟草制品
01	肉及肉制品	21	生皮及皮革
02	奶产品和禽类	22	含油种子及油质水果
03	鱼及鱼制品	23	天然橡胶
04	谷物及谷物制品	24	软木及木材
05	蔬菜与水果	25	纸浆及废纸
06	糖、糖制品及蜂蜜	26	纺织纤维
07	咖啡、茶、可可粉及香料	29	未加工动植物原料
08	动物饲料	41	动物油脂
09	混合及油质水果	42	固态植物油脂
11	饮料	43	加工后动植物油脂类

第三章 "一带一路"共建国家农产品贸易网络分析

第一节 共建国家农产品贸易网络构建及数据说明

一、我国在共建国家农产品贸易中所处的地位

近年来，全球农业经历了快速发展与变革。多方面因素，如科技进步、政策支持和市场需求的推动，使农业成为全球经济的重要支柱之一。然而，必须注意的是，在全球贸易自由化的过程中，农产品贸易自由化的进展相对缓慢。1950~2000年，全球农产品的关税水平仍然保持在45%左右，市场局部化现象严重，农产品贸易在国际货物贸易中所占比重呈下降趋势。然而，进入21世纪以来，随着全球化进程的加速，农产品贸易增长速度有所上升。全球经济一体化的深入发展使农产品贸易自由化成为大势所趋。各国纷纷降低农产品贸易壁垒，推动国际农产品市场的融合，这也带来了市场竞争的加剧。全球农产品市场面临着来自其他国家的激烈竞争，价格波动、供求关系变化等因素都可能对一个国家的农业产生影响。

我国拥有悠久的农产品种植历史，早在明清时期就已经开始棉花等农

产品的生产活动。自改革开放以来，我国一直秉持农业"走出去"的战略，致力于农业外向型经济的发展，不断加强与共建国家的经贸合作。就全球贸易来看，中国既是全球农产品的主要进口国，又是主要出口国。根据世界贸易组织的数据，自2000年以来，中国的农产品进口和出口金额一直稳居全球前十名。在2015~2020年，中国的农产品进口金额一直位居全球前两名，而出口金额则稳居第五名。观察中国的农产品进口和出口金额的变化趋势，根据中国海关的数据显示，2021~2022年，中国的农产品进口和出口金额呈逐年增长的趋势，且贸易逆差进一步扩大。其中，进口金额的增幅远大于出口金额的增幅。截至2023年上半年，中国的农产品进口金额达到1 240.5亿美元，相比2022年上半年增长了8.3%；出口金额为477.1亿美元，相比2022年上半年增长了1.7%；贸易逆差为763.4亿美元，相比2022年上半年增长了12.9%。总体上，中国的农产品贸易保持了正增长的态势，2023年中国的农产品进口和出口金额的排名与2020年保持一致。

因此，随着农产品贸易格局的演变，以及周边贸易条件的恶化，我国的农产品贸易正面临着巨大的压力，迫切需要开拓新市场，尤其是需要进一步扩大进口规模。正值2013年提出的"一带一路"倡议为农产品贸易创造了新的契机。

由图3-1显示，自2005年以来，中国对"一带一路"国家的农产品出口贸易额占该地区进口贸易总额的比重呈现持续上升的趋势。从最近十几年的数据来看，占比在12%左右波动，平均占比为11.5%。尤其是自"一带一路"倡议实施以来，中国在该地区的农产品出口贸易占比平均达到了13.1%。尽管在2020年受到全球疫情的影响，该比例有所下降，但整体趋势仍处于稳定上升的状态。

数据显示，中国对"一带一路"国家的农产品出口贸易占比在不同年份有所波动。最高点出现在2019年，达到了14.61%的比重。然而，在2008年和2020年，这一比例出现了短暂的下降。2008年发生这一情况的原因主要是由于中国加入世界贸易组织（WTO）后，农产品出口国家增多。这一下降是短期的，并不影响整体趋势的稳步上升。而 2020 年出现较大幅度的下降，主要是受全球新冠疫情的影响。疫情导致国际贸易受到了严重的冲击，中国对共建国家的农产品出口受到了限制和减少，因此占比出现下降。

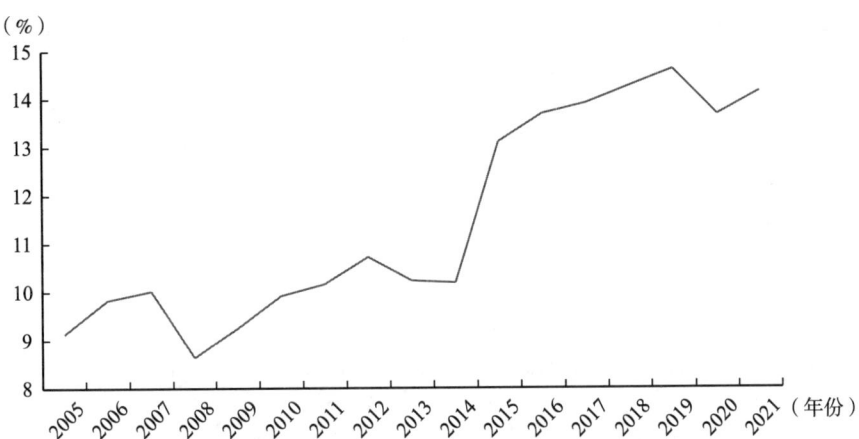

图 3-1　2005~2021 年中国在"一带一路"共建国家农产品贸易网络所占贸易额比重

资料来源：根据联合国 UN Comtrade 数据库相关数据整理而得。

在"一带一路"倡议中，东盟地区被视为中国的重要贸易伙伴，它不仅是中国的政治近邻，还具有地缘上的重要地位。由于东盟与中国在环境、资源和农产品产业方面存在着差异性，双方的农产品贸易具有很强的互补性，这为双方合作提供了巨大的潜力。

由图 3-2 的数据，可以看出在 2005~2021 年的时间段内，中国在"一带一路"共建国家的农产品贸易网络中的表现。在这段时间内，中国农产品贸易额占东盟 10 个国家总贸易额的比例呈现出不断攀升的趋势，除了在 2008 年、2010 年和 2020 年出现下降外。平均来看，中国在该贸易网络中的占比为 26.65%。自"一带一路"倡议实施以来，中国的平均占比为 31.32%。除了 2020 年由于新冠疫情对全球贸易造成严重影响导致中国占比出现一定程度的下降外，中国的农产品贸易占比一直呈现出稳步上升的趋势。而在 2021 年，中国在"一带一路"农产品贸易网络中的占比达到了最高点（36.78%）。综上所述，通过图3-2的数据可以看出，在"一带一路"共建国家农产品贸易网络中，中国的农产品贸易占比持续增长，显示出中国在该地区的重要地位和贸易地位的稳定上升趋势。

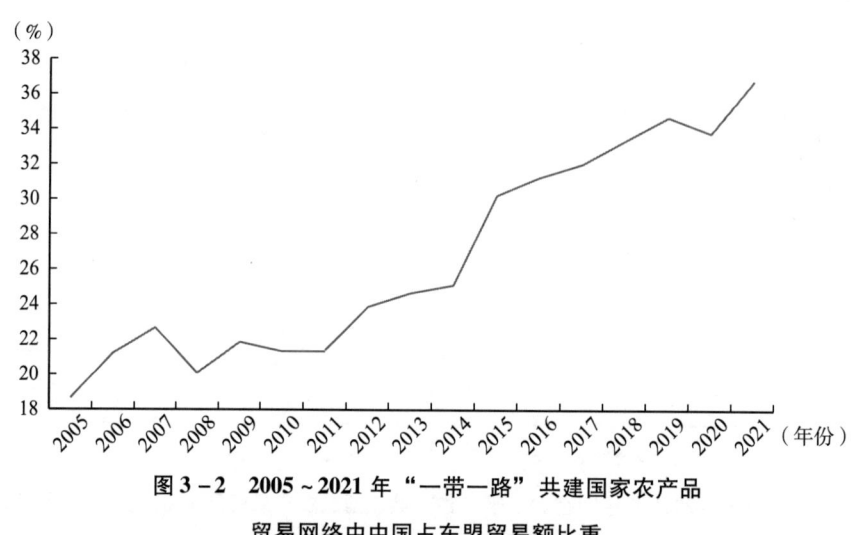

图3-2　2005~2021年"一带一路"共建国家农产品
贸易网络中中国占东盟贸易额比重

资料来源：根据联合国UN Comtrade数据库相关数据整理而得。

根据表3-1的数据，可以观察到2013~2021年，在"一带一路"国家范围内，中国农产品贸易额占东盟各国贸易额的比重。可以看出，除2020年受新冠疫情影响而下降外，中国在东盟各国的贸易中的占比呈现出稳步上升的趋势。特别是在2021年，中国对泰国、越南和老挝三个国家的贸易额占比较大，均超过40%。其中，占泰国贸易额比重最高，达到50.88%。柬埔寨、马来西亚和菲律宾次之，占比均超过30%。而印度尼西亚、新加坡、文莱和缅甸则位于第三层级。即使是在比例最低的缅甸，中国在2021年对其贸易额的占比也达到了16.08%。这些数据反映了中国在东盟各国农产品贸易中的重要地位和日益增长的影响力。通过加强与东盟国家的经贸合作，中国在这一地区的农产品贸易份额持续增加。值得注意的是，2020年的农产品贸易比例下降可能是由于全球新冠疫情的影响所致。但在 2021 年，中国对东盟各国的农产品贸易份额重新上升，显示出中国在该地区的重要性和稳固的经贸关系。

表 3-1　　2013~2021 年"一带一路"农产品网络中
中国占东盟各国贸易额比重　　单位：%

国家	2013 年	2014 年	2015 年	2016 年	2017 年	2018 年	2019 年	2020 年	2021 年
文莱	4.33	4.85	12.89	13.22	14.45	15.84	15.56	14.41	16.37
柬埔寨	6.71	10.45	28.64	29.45	29.88	30.66	30.75	29.64	31.56
缅甸	13.79	11.29	12.36	14.45	14.85	15.18	15.83	15.36	16.08
新加坡	15.67	15.62	18.91	19.71	20.19	21.51	21.42	20.37	21.33
印度尼西亚	21.25	22.84	25.06	26.87	26.22	27.08	27.17	26.45	26.98
菲律宾	23.05	23.66	26.07	27.35	27.75	28.83	29.92	29.34	30.32
马来西亚	24.51	23.08	23.28	24.09	25.31	26.19	28.32	28.17	30.51
老挝	26.18	26.94	40.34	41.11	42.67	42.59	43.68	42.53	43.35
越南	26.32	26.91	43.97	44.78	45.91	46.68	47.96	46.71	47.74
泰国	35.89	37.57	47.53	48.34	49.67	50.35	51.22	50.07	50.88

资料来源：根据联合国 UN Comtrade 数据库相关数据整理而得。

综上所述，根据表 3-1 的数据，可以看到"一带一路"国家范围内中国农产品贸易额占东盟各国贸易额的比重。这些数据的上升趋势展示了中国在该地区的农产品贸易地位逐渐提升的情况。"一带一路"倡议为中国农产品贸易开辟了新的机遇和前景。通过与共建其他国家的合作，中国在农产品贸易方面具有巨大的合作潜力。

二、共建国家农产品贸易网络构建及数据说明

本书选取了 2005~2021 年中国与 64 个"一带一路"共建国家的数据作为研究"一带一路"农产品网络拓扑结构的基础。在这些数据中，各国的农产品贸易额是通过对第二章中定义的各类农产品贸易额进行汇总计算

得出的。数据的来源是联合国商品贸易统计数据库（UN Comtrade Database）中的 SITC Version 3。

复杂网络的描述方法是将"一带一路"农产品贸易网络中的各个国家抽象为 V_i（$i=1, 2, \cdots, n$），n 为网络中的节点数，邻接矩阵 $A_{(k)} = [a_{ij}]_k$（$i, j = 1, 2, \cdots, n$；下标 k 表示年份）是表示网络中各个节点之间联系的矩阵。当国家 V_i 向国家 V_j 存在出（进）口关系时 $a_{i,j} = 1$（$i, j = 1, 2, \cdots, n$），否则为 0。在无向网络中 $a_{ij} = a_{ji}$（$i, j = 1, 2, \cdots, n$）且 $a_{ij} = \max\{a_{ij}, a_{ji}\}$，有向网中两者不相等。有权网络中，权赋矩阵 $W = [w_{ij}]$（$i, j = 1, 2, \cdots, n$），表示两国进出口的贸易额，本书中 $w_{ij} = \frac{1}{2}(w_{ij}^e, w_{ij}^m)$（$i, j = 1, 2, \cdots, n$），$w_{ij}^e(w_{ij}^m)$ 表示国家 V_i 出（进）口国家 V_j 的贸易额。

为更准确地描述"一带一路"共建国家农产品贸易网络的拓扑结构以及各国之间的贸易关系、贸易关系的强度和演化过程等，本书使用了无权无向和有权有向这两个不同的维度对"一带一路"共建国家农产品贸易网络进行了分析，主要选择了节点、密度、聚集系数等指标。

第二节 共建国家农产品贸易的网络拓扑结构特征

一、共建国家农产品贸易无权网络的拓扑结构

（一）节点数、关系数和密度

在分析贸易的无权网络时，常用的指标有网络密度。网络密度和网络的节点数和关系数有关。其中，节点数能代表贸易网络的规模，关系数通

常用来表示各个贸易伙伴在网络中往来的次数。在"一带一路"共建国家农产品贸易的无权无向网络中,如果我们假设节点数为 n,网络中真实发生的贸易往来次数为 m,那么我们可以通过式(3-1)计算得出该贸易网络的密度。

$$density = \frac{2m}{n(n-1)} \quad (3-1)$$

为了对 2005～2021 年的"一带一路"共建国家农产品贸易网络进行分析,本书使用了 UCINET6 软件对原始贸易往来矩阵进行了二值化和对称处理,从而得到了无权无向网络。在此基础上,作者计算了网络的密度以揭示贸易关系的复杂程度。为了更好地对比和分析节点数、关系数和密度等指标,作者以关系数为主坐标轴,节点数为次坐标轴来绘制了 2005～2021 年共建国家农产品贸易网络的节点数和关系数情况,该图形化结果展示在图 3-3 中。与此同时,网络的密度情况则体现在图 3-4 中。

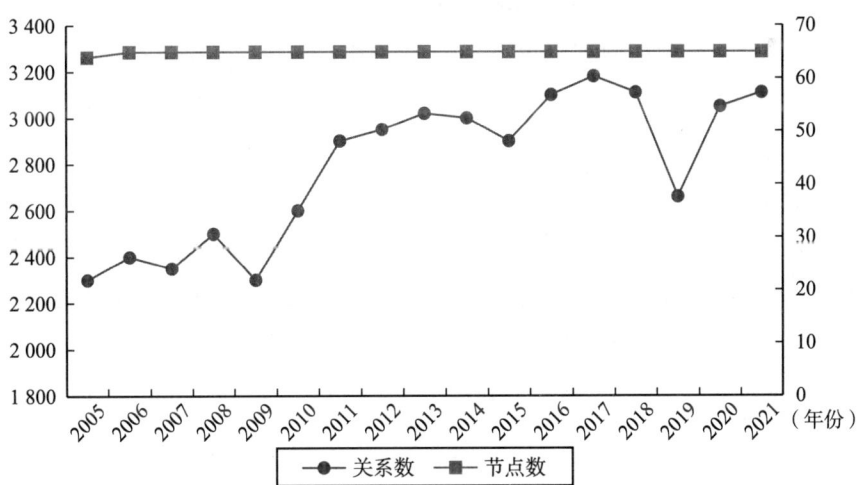

图 3-3　2005～2021 年"一带一路"共建国家农产品贸易网络的节点数和关系数

资料来源:根据 CEPII 和 WTO 数据库相关数据计算而来。

图 3-4　2005~2021 年"一带一路"共建国家农产品贸易网络的密度

资料来源：根据 CEPII 和 WTO 数据库相关数据计算而来。

通过图 3-3 和图 3-4 可以发现，在 2005~2021 年的时间段内，"一带一路"共建国家的农产品贸易网络的节点数总体呈上升趋势。值得注意的是，2005~2006 年，整个网络的规模达到了一个高峰，并且一直持续到现在。这说明在当前的"一带一路"共建国家农产品贸易网络中，已经没有孤立的国家存在，所有的共建国家都参与其中。图中的数据还显示，2005 年相较于 2006 年，相互往来的节点数较少。这是因为土库曼斯坦和缅甸分别在 2005 年和 2006 年加入了"一带一路"共建国家农产品贸易网络。结果表明，"一带一路"共建国家在农产品贸易方面的合作不断加强，形成了一个更加紧密的贸易网络。这种网络的扩大和深化为共建国家之间的农产品贸易带来了更多机会和潜力。

综合看来，"一带一路"共建国家农产品贸易网络在 2005~2021 年的关系数和密度均呈现出螺旋式上升趋势，但在 2007 年出现了明显的下降。这很可能是在经济和政治因素的影响下，才出现了农产品贸易网络密度和关系数的下降，其中最可能的因素是 2004 年的伊拉克战争对该网络造成的冲击。2009 年开始，该网络的密度慢慢增长，并在 2012 年达到第一个顶峰。后又从 2013 年开始下降，并在 2015 年出现快速下跌，这主要是

2008年的东亚金融危机对"一带一路"共建国家农产品贸易网络带来的负面冲击的持续影响所致,使贸易网络中各国的贸易关系减弱。此外,该时间段内全球经济衰退也可能给该贸易网络造成了较大的不利影响。2019年,"一带一路"共建国家农产品贸易网络的密度和关系数达到最高值。然后,2020年受全球新冠疫情影响,这两个指标略微下降,但降幅较小。2021年开始又出现缓慢上升的趋势。需要特别指出的是,2020年这两个指标的下降幅度相对较小,表明"一带一路"共建国家农产品贸易网络比以前更加稳定,其抵御冲击的能力大大增强。

(二) 聚集系数

我们还可以用聚集系数这个指标来分析"一带一路"共建国家农产品的无向无权贸易网络中各个节点间的紧密强度。在该无向无权网络中,聚集系数用来反映连接某个节点的两个其他节点创建关系的可能性,而且该系数的大小可以表示该节点与连接该节点的他节点建立联系的程度。具体而言,节点的聚集系数越大,表示与它连接的贸易伙伴之间的连通性越好。

在无向无权的"一带一路"共建国家农产品的复杂网络中,节点V_i的聚集系数可以表示与它任意两个贸易伙伴之间发生贸易的可能性。如果该系数C_i越大,则表明该节点与V_i发生贸易的各个国家间的连通性越好。m则表示与V_i发生贸易的节点间的关系数量,d_i为贸易网络中节点V_i的点度数。聚集系数C_i的计算公式如下:

$$C_i = \frac{2m}{d_i(d_i-1)} \qquad (3-2)$$

图3-5展示了2005～2021年"一带一路"共建国家农产品贸易网络的聚集系数曲线。通过观察可以发现,该曲线总体呈上升趋势,虽然存在一些波动,但整体趋势是增长的,这说明"一带一路"共建国家在农产品贸易方面的联系日益紧密。

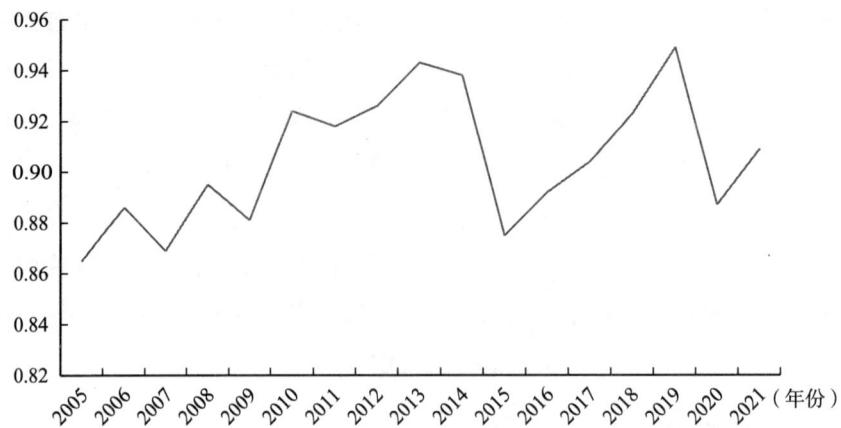

图 3-5　2005~2021 年"一带一路"共建国家农产品贸易网络的聚集系数
资料来源：根据 CEPII 和 WTO 数据库相关数据计算而来。

2005~2012 年，图 3-5 中的聚集系数总体呈现出在波动中上升的态势，这种上升趋势主要是得益于各贸易伙伴为了促进农产品贸易而进行的协调与商谈。这些看起来并不强大的谈判还是起到了较好的作用，在一定程度上缓和了各种壁垒对农产品贸易的不利影响。与此同时，快速增长的人口数量和经济的发展增加了对农产品的需求，因而扩张了各国之间农产品贸易。至于集聚系数在 2013~2015 年快速下降的原因，则可能是受到世界经济低迷的影响，导致需求量萎缩，减少了各国之间的贸易连通度。

综合观察 2005~2021 年的数据，可以发现"一带一路"共建国家农产品贸易网络的聚集系数在 0.865~0.949 波动。在这 17 年的时间跨度中，聚集系数的平均值为 0.905，波动幅度较小。与此同时，根据陈银飞（2011）的研究，所有产品总贸易网络的聚集系数范围在 0.891~0.952；而肖荣营（2014）构建的全球汽车贸易网络的聚集系数集中在 0.5~0.65。综合对比来看，"一带一路"共建国家农产品贸易网络中各国之间的贸易往来连通性相对较高。

（三）平均近邻度

根据图 3-6 中的数据，可以观察到 2005~2021 年"一带一路"共建国家农产品贸易网络的平均近邻度呈逐步上升的趋势,这意味着各国之间的农产品贸易伙伴数量增加。然而也存在一些波折现象,其中2009年、2015年和2020年的降幅较为明显。2009年的降幅与全球金融危机有关,这一事件对贸易网络造成了一定的冲击。随着时间的推移,贸易网络逐步恢复平稳。2015年的降幅较为显著,表明"一带一路"共建国家农产品贸易网络中各国之间的贸易伙伴数量出现了明显减少。这可能是由于全球经济不稳定和地缘政治因素等外部因素的影响,导致某些国家之间的贸易联系减弱。而2020年的降幅则是由于全球新冠疫情的暴发,给各国农产品贸易带来了重大挑战。贸易网络的近邻度受到了严重影响,但从2021年开始逐步恢复。

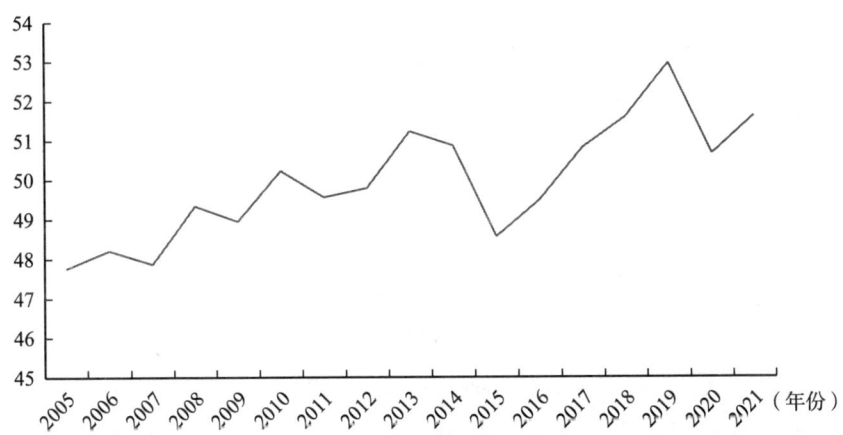

图3-6 2005~2021年"一带一路"共建国家农产品贸易网络的平均近邻度

资料来源：根据CEPII和WTO数据库相关数据计算而来。

二、共建国家农产品贸易有权网络的拓扑结构

为了对"一带一路"共建国家农产品贸易网络进行有权网络拓扑结构分析,作者选择加权平均近邻度和平均近邻强度作为评估指标。加权平均近邻度是衡量网络中节点与其邻居节点之间连接的亲密程度的指标。通过

计算每个节点的平均近邻度，可以了解"一带一路"共建国家之间的农产品贸易伙伴数量以及彼此的联系密切程度。平均近邻强度则是衡量网络中节点与其邻居节点之间连接强度的指标。这个指标不仅考虑了节点间的连接数量，还考虑了节点之间连接的权重。权重可以反映农产品贸易的规模、价值或重要性。通过计算每个节点的平均近邻强度，可以了解"一带一路"共建国家之间农产品贸易的规模和重要性。

加权平均近邻度加入了一个重要的权重，那就是贸易量。因此，加权平均近邻度是通过计算与该国有农产品贸易关系的各贸易伙伴的贸易额的加权平均而得到的。具体来说，可以通过式（3-3）计算得到加权平均近邻度。

$$WANND_i = \frac{1}{s_i} \sum_j W_{ij} d_j \qquad (3-3)$$

平均近邻强度是对平均近邻度的拓展，它是通过计算与该国发生实际农产品贸易的贸易伙伴的点强度的平均值得到。可以通过式（3-4）得到平均近邻强度。

$$ANNS_i = \frac{1}{d_i} \sum_j a_{ij} s_j \qquad (3-4)$$

图3-7展示了2005~2021年"一带一路"共建国家农产品贸易网络的加权平均近邻度。它提供了一个更全面的视角，帮助我们了解贸易网络中节点和其贸易伙伴之间连接的强度和密切程度。

根据图3-7的数据显示，从2005~2021年，加权平均近邻度呈现逐渐增加的趋势。在这个趋势中，可以观察到2008年、2009年和2020年加权平均近邻度略有下降。结合关系系数和强度的分析，可以解释这种趋势变化。具体来说，2008年和2009年的下降可以归因于全球金融危机的影响。这一危机首先削弱了各国之间的农产品贸易联系，进而导致各国贸易额的减少。最终导致了2009年"一带一路"农产品贸易网络关系的稀疏化和整体贸易量的下降。换句话说，金融危机的影响导致了贸易伙伴之间的贸易联系减弱。而2020年的下降则是由于全球新冠疫情的暴发和严重影响。这一疫情对国际贸易造成了巨大冲击，限制了出口和进口活动，从而导致了贸易网络的关系稀疏化。然而，鼓舞人心的是2021年的加权平均近邻度开始缓慢回升，这表明贸易网络关系正在逐渐恢复。

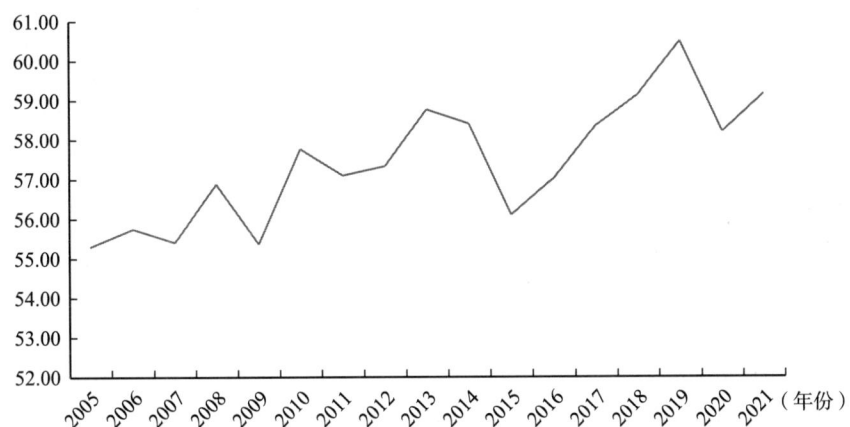

图3-7 2005~2021年"一带一路"共建国家农产品贸易网络的加权平均近邻度

资料来源：根据CEPII和WTO数据库相关数据计算而来。

同时，通过对图3-7和图3-6进行比较，可以发现在同一年份，加权平均近邻度均高于平均近邻度。这说明贸易量较大的国家更倾向于与贸易伙伴较多的国家建立贸易往来。这意味着农产品贸易量较大的国家倾向于与多个国家进行广泛的贸易合作。

根据图3-8的数据显示，2005~2021年"一带一路"共建国家农产品贸易网络的平均近邻强度呈现出几个明显的阶段性波动。首先，在2005年，平均近邻强度达到了最高点，随后在2005~2007年经历了一个下降阶段。这意味着当时贸易伙伴之间的贸易强度相对较高，然而在以后几年中逐渐减弱。在2006~2014年，平均近邻强度逐渐上升，但增长速度相对缓慢。这表示这段时间内贸易伙伴之间的贸易强度在持续增强，但增长较为稳定。然而，在2015年，平均近邻强度经历了一个剧烈的下降，在2016~2019年迅速上升。这表明贸易伙伴之间的贸易强度在这一时期发生了显著的变化，贸易关系变得更加紧密和密切。但是，2020年平均近邻强度再次出现下降,这可以归因于全球新冠疫情对贸易活动的限制。不过,从数据中可以看出,2021年平均近邻强度开始回升,这显示着贸易网络关系正在逐渐复苏。

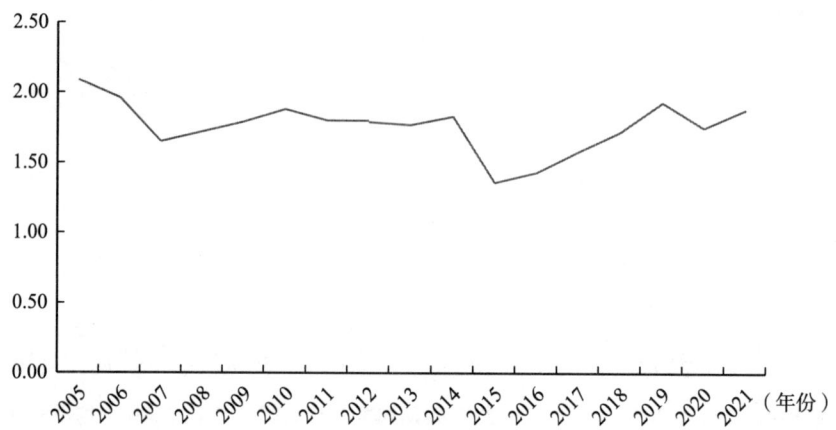

图 3-8　2005~2021 年"一带一路"共建国家农产品贸易网络的平均近邻强度

资料来源:根据 CEPII 和 WTO 数据库相关数据计算而来。

除此之外,该曲线还显示出三个明显的下降点,分别位于 2007 年、2015 年和 2020 年。这些下降点的出现可能是由于几个重大事件对"一带一路"国家农产品贸易网络产生了较大的冲击。首先,2007 年的下降可能与美国对伊拉克的战争有关。战争导致了地区的不稳定和贸易壁垒的增加,对贸易网络产生了负面影响。这直接影响了一些国家的农产品贸易强度,从而拉低了整个网络的平均近邻强度。其次,2015 年的下降可以归因于 2008 年的世界金融危机所带来的连锁反应。金融危机导致全球经济衰退,使各国经济活动和贸易活动出现了萎缩,进而影响了农产品贸易网络的运行。这一时期,许多国家的农产品贸易强度减弱,从而导致了平均近邻强度的下降。最后,2020 年的下降则可以归咎于全球新冠疫情的暴发。疫情迅速蔓延,导致各国采取措施限制贸易活动,包括关闭边境和限制出口。这使贸易伙伴之间的农产品贸易强度下降,进而影响了整个网络的平均近邻强度。

第三节 共建国家农产品贸易网络核心—边缘分析

一、核心—边缘模型构建

核心—边缘模型是一种描述网络中节点相互联系的紧密簇拥和周边稀疏结构的分析方法。在该模型中，某些节点之间的连接频繁，从而表现出较大的相互关联程度，我们可以把它们称为核心区域。这些节点相应地被称为网络中的核心节点，它们的度值也较高。相反地，还有一些节点被称为网络的边缘节点，因为它们之间的相互关联程度不高。根据定性数据建立的核心—边缘模型被称为离散的核心—边缘模型，而根据定量数据建立的核心—边缘模型则被称为连续的核心—边缘模型。

由于本书研究的数据都属于定量数据，所以这里选择了连续的核心—边缘模型。早在 20 世纪 70 年代，悉德和基克（Snyder & Kick，1979）就提出了核心—半边缘—边缘的整体结构模型，认为整个世界可以划分为核心区域、半边缘区域和边缘区域。之后，波加蒂和埃弗雷特（Borgatti & Everett，1999）等学者进一步完善了这一模型，先后提出了连续的核心、半边缘和边缘等概念，从而出现了所谓的连续核心—边缘模型。

为了界定理想结构矩阵，我们可以给处于连续核心—边缘模型中的每个节点赋予一定的"核心度"，则理想结构矩阵可以表示如下：

$$\delta_{ij} = c_i c_j \tag{3-5}$$

式（3-5）中，c 表示一个非负向量，而且这个理想结构矩阵有如下三个特征：（1）如果一个节点的核心度较高，那么它在该理想结构矩阵中的值也变得比较高；（2）如果有两个节点，一个核心度比较高，而另外一个的核心度较低,那么这两个节点在该理想结构矩阵中的值处于中等水平;(3)如果有两个节点的核心度都比较低,那么它们在该理想结构矩阵中的值也都不高。

同时,c 也可以表示理想结构矩阵中各个节点的核心度,同时这个核心度 c 还必须达到式(3-6)中的最大化条件:

$$Max\rho = \sum a_{ij}\delta_{ij} \qquad (3-6)$$

式(3-6)中,a_{ij} 代表邻接矩阵。如果 ρ 取最大值时,该农产品贸易网络就形成了我们所说的核心—边缘结构。这时,网络中各个节点的核心度就可以通过 c 来表示。与前面的方法相一致,我们也使用 UCINET 软件来计算农产品贸易网络的核心—边缘模型。

二、共建国家农产品贸易网络的核心—边缘分析

针对 2005~2021 年的"一带一路"共建国家农产品贸易网络,本书采用了连续的核心—边缘模型进行了分析,并在表 3-2 中展示了相关结果。研究结果表明该贸易网络呈现出明显的核心—边缘结构。此外,作者还利用 UCINET 软件计算每个"一带一路"共建国家的核心度。根据计算结果,作者将核心度大于 0.1 的国家划分为核心国家,核心度在 0.01~0.1 的国家划分为半边缘国家,核心度低于 0.01 的国家归为边缘国家(陈银飞,2011)。

表 3-2　2005~2021 年"一带一路"共建国家农产品贸易网络的核心、半边缘、边缘国家

年份	核心国	半边缘国	边缘国	核心国家名单
2005	8	28	28	中国、马来西亚、印度尼西亚、俄罗斯、泰国、印度、新加坡、越南
2006	8	27	30	中国、马来西亚、印度尼西亚、印度、俄罗斯、泰国、新加坡、越南

续表

年份	核心国	半边缘国	边缘国	核心国家名单
2007	8	26	31	中国、马来西亚、印度尼西亚、印度、俄罗斯、泰国、新加坡、越南
2008	8	27	30	中国、马来西亚、印度尼西亚、印度、俄罗斯、泰国、新加坡、越南
2009	8	26	31	中国、马来西亚、印度尼西亚、印度、泰国、俄罗斯、新加坡、越南
2010	9	22	35	中国、印度尼西亚、马来西亚、印度、泰国、俄罗斯、新加坡、越南、乌克兰
2011	9	19	37	中国、印度尼西亚、马来西亚、印度、泰国、俄罗斯、越南、新加坡、土耳其
2012	9	20	36	中国、印度尼西亚、马来西亚、印度、泰国、越南、俄罗斯、新加坡、乌克兰
2013	9	24	32	中国、印度尼西亚、印度、马来西亚、泰国、俄罗斯、越南、新加坡、波兰
2014	10	25	30	中国、印度尼西亚、马来西亚、印度、泰国、俄罗斯、越南、新加坡、波兰、土耳其
2015	10	18	37	中国、泰国、马来西亚、印度尼西亚、印度、俄罗斯、新加坡、越南、土耳其、斯里兰卡
2016	10	18	37	中国、印度尼西亚、泰国、马来西亚、印度、越南、新加坡、波兰、乌克兰、俄罗斯
2017	10	19	36	中国、泰国、印度尼西亚、马来西亚、俄罗斯、印度、越南、新加坡、波兰、乌克兰
2018	10	19	36	中国、印度尼西亚、马来西亚、泰国、印度、越南、新加坡、俄罗斯、波兰、土耳其
2019	10	18	37	中国、泰国、印度尼西亚、印度、越南、马来西亚、新加坡、波兰、俄罗斯、乌克兰
2020	10	19	36	中国、印度尼西亚、马来西亚、泰国、印度、越南、新加坡、波兰、乌克兰、俄罗斯

续表

年份	核心国	半边缘国	边缘国	核心国家名单
2021	10	18	37	中国、印度尼西亚、泰国、马来西亚、印度、越南、新加坡、波兰、捷克、斯里兰卡

从核心国数量的角度来看，对于 2005~2021 年的"一带一路"共建国家农产品贸易网络，核心国数量呈现出逐渐增加的趋势，并在 2014 年达到最高点，之后一直保持稳定。在这 17 年的时间内，中国、马来西亚、印度尼西亚、印度、俄罗斯、泰国、新加坡和越南 8 个国家一直处于核心地位。此现象主要是因为东南亚地区位于热带地带，气候温暖，非常适宜热带经济作物的生长。因此，东南亚成为"一带一路"倡议中农产品出口额最大的地区之一。与此同时，东盟作为"一带一路"倡议的重要组成部分，其核心成员国马来西亚、新加坡、泰国和印度尼西亚在农业方面非常发达，在过去的 10 年中农产品出口呈明显增长趋势。特别是马来西亚，其农产品已经成为该国第三大出口商品。这些数据揭示了在"一带一路"共建国家农产品贸易网络中，东南亚地区的核心国具有重要的地位和影响力。这不仅与地理因素有关，还与地区农业发展、贸易关系和经济活动密切相关。了解这些核心国的地位和特征非常重要，可以帮助大家更好地理解管理"一带一路"共建国家之间的农产品贸易网络的重要性。

根据核心国家的排名来看，在 2005 年及之后，中国一直稳居核心国家名单第一位，且持续至今，说明中国在"一带一路"共建国家农产品贸易网络中的核心度最高也最稳定。这主要得益于 2001 年我国正式加入 WTO 后对农业工作和农产品贸易的重视，同时我国大量进口了来自"一带一路"共建国家的农产品，并加强了与它们的贸易往来。这些因素共同推动了中国在"一带一路"共建国家农产品贸易网络中的核心地位的确立。中国在贸易网络中的强大地位不仅反映了其经济实力和贸易政策的积极影响，还揭示了中国与周边国家之间在农产品贸易方面的互补性和合作潜力。深入理解这些背后的原因和趋势，对于大家更全面地了解"一带一路"共建国家之间的农产品贸易网络,以及为未来的决策和战略制定提供有价值的参考和指导都至关重要。

核心国家的空间分布也呈现出一定的特点,经常出现在核心国家的国家中,印度属于南亚地区,马来西亚、泰国、新加坡、印度尼西亚和越南来自东南亚地区,而俄罗斯和乌克兰则接近东北亚地区。众所周知,南亚地区、东南亚地区拥有适应农作物生长的较为优越的气候和自然条件,因此农业较为发达,从而农产品贸易也较为顺畅。这些数据反映了"一带一路"共建国家中核心国家的农产品贸易情况的多样性和动态变化。各个地区都面临不同的挑战和机遇,例如自然灾害、人口增长、资源禀赋等因素都在不同程度上影响着农产品贸易的平衡和发展。了解这些背景和趋势,对大家更全面地分析和把握"一带一路"共建国家之间的农产品贸易网络至关重要。

总之,自2014年以来,核心国家的数量一直保持稳定,一直保持在10个左右。与此同时,边缘国家的数量多于半边缘国家,并且超过了核心国家的数量。在这些国家中,中国的核心度始终远远超过其他国家,排名第一,处于农产品贸易网络中最为核心的位置。总体来看,中国的核心度在逐年增长。从2005年的0.452增长到2021年的0.831,这表明中国在"一带一路"共建国家农产品贸易网络中的核心地位不断增强。这一趋势的背后反映了中国农产品的出口和贸易政策的成功,以及中国经济的崛起。中国作为一个农业大国和全球最大的农产品市场,具有丰富的资源和强大的生产能力,这使中国在"一带一路"共建国家之间的农产品贸易网络中具备了较高的影响力和主导地位。需要指出的是,农产品贸易网络是一个复杂而多样化的系统,各国的地理位置、资源禀赋、市场需求以及贸易政策等都会对其形成影响。因此,深入了解并不断调整农产品贸易策略,加强与各个国家之间的合作与交流,是进一步加强"一带一路"共建国家农产品贸易网络中的核心地位的关键。

第四章 我国与"一带一路"共建国家农产品贸易现状分析

本章通过对联合国 Comtrade 数据库中我国与"一带一路"共建 64 个国家的农产品贸易数据进行整理,对我国与共建国家的农产品贸易进行综合分析。该分析涵盖了整体贸易情况、产品贸易结构以及区域贸易结构等方面。同时,还通过 RCA 指数、TCI 指数、TII 指数和 GL 指数等对我国与"一带一路"共建国家的农产品贸易的竞争性和互补性进行了评估。

第一节 研究范围、数据来源与指标选取

一、研究范围

本章的研究范围涵盖了中国与其他 64 个"一带一路"共建国家的农产品贸易。在这项研究中,作者关注的农产品范围包括水产品以及其他各类农产品,以全面了解中国与这些国家之间的农产品贸易情况。作者通过对这些国家的农产品贸易数据进行整理和分析,以揭示双边贸易的趋势、结构和模式,进一步洞察农产品贸易的规模和特点。

二、数据来源

本章的研究数据主要来源于联合国商品贸易数据库,即 UN Comtrade

Database。这个数据库是一个广泛收集和整理国际贸易数据的权威来源，它提供了全球范围内的贸易统计数据，可用于深入分析和研究各个国家之间的贸易关系和趋势。作者特别选取了2005~2021年的数据，以涵盖一个相对长的时间跨度，更好地理解和把握中国与64个"一带一路"共建国家之间农产品贸易的变化和趋势。通过对这些年份的出口和进口数据进行分析，作者能够揭示出贸易的规模、增长率以及产品结构等方面的变化，进一步认识到中国与这些国家之间农产品贸易的动态和特点。

三、指标选择

一般而言，比较优势理论以完全竞争和规模报酬不变作为基础，可以解释产业间的分工现象。而竞争优势理论则基于不完全竞争和规模经济条件，可以解释产业内的国际分工。在国内理论界，关于比较优势和竞争优势之间关系的讨论一直存在，林毅夫等曾指出，对比较优势与竞争优势之间关系的错误理解可能对国家（或地区）经济发展路径的选择产生潜在的危害性。同时，在农产品竞争性与互补性的分析中，有时会将这两者割裂开来，甚至有一些观点试图用竞争优势来取代比较优势的论述。然而，从实际情况来看，比较优势和竞争优势并非完全相互排斥的概念。在全球化和国际贸易的背景下，国家或地区的经济发展往往需要综合考虑两者。比较优势理论强调的是资源禀赋和相对成本优势，而竞争优势理论则强调的是市场结构和创新能力。实际上，这两种优势是相互关联和相互促进的。比较优势为国家或地区提供了切入点和发展基础，而竞争优势则在比较优势的基础上进一步巩固和拓展经济竞争力。

总体而言，为了更加客观地评估我国与"一带一路"共建国家之间农产品贸易的竞争性和互补性，本书将基于比较优势如何深入研究和全面地评估我国与"一带一路"共建国家之间农产品贸易的竞争性和互补性。为了解决单一指标的局限性，本书将选择多个指标，结合比较优势理论和国际竞争力理论进行分析。具体来说，选取了以下指标。

(一) RCA 指数

在本书中,作者选择显性比较优势(revealed comparative advantage, RCA)指数作为衡量我国与"一带一路"共建国家农产品竞争性的第一个指标。该指数最初由巴拉萨(Balassa)于1965年提出,可用式(4-1)表示:

$$RCA = \frac{X_i / X_{it}}{X_w / X_{wt}} \qquad (4-1)$$

其中,RCA 表示我国对第 i 个共建国家农产品的 Balassa 显性比较优势指数,X_i 表示 i 国某种农产品的出口额,X_{it} 表示 i 国的总出口额,X_w 表示世界上该农产品的总出口额,X_{wt} 表示世界上所有国家所有产品的出口额。所以,该指数是用一个国家某种农产品的出口额在其出口总额中所占的比重,与世界上该农产品的出口额在世界出口总额中所占的比重作对比。如果该指数大于1,则表明我国该农产品在出口到 i 国时具有显性比较优势,反之我国对 i 国出口宗农产品时具有显性比较劣势。

根据式(4-1)计算的指数有两种标准用于分析比较优势。第一种标准是简单地以"1"为分界点,指数大于1表示具有比较优势,反之表示没有比较优势。第二种标准更为精细,具体如下:当 $RCA > 2.5$ 时,认为该国在该类产品上具有极强的竞争优势;当 $1.25 < RCA < 2.5$ 时,认为具有较强的比较优势;当 $0.8 < RCA < 1.25$ 时,具有中等比较优势;$RCA < 0.8$ 时,表示比较优势较弱。在本书中,我们对"一带一路"共建国家农产品贸易的比较优势分析采用了综合以上两种标准的方法。根据第一种标准,可以简单地判断哪些农产品具有比较优势,而根据第二种标准,可以更精确地评估不同农产品领域内的比较优势的强度。

(二) TCI 指数

小岛(Kojima, 1958)在显性比较优势(RCA)指数的基础上提出了贸易互补性指数(TCI),TCI 指标通常被用来反映两个贸易伙伴出口结构

和进口结构的吻合程度,可以较好地测度这两个国家在某种产品上的互补程度。TCI 指数可以由式(4-2)计算得到:

$$TCI_{ij}^k = RCA_{xi}^k \cdot RCA_{mj}^k \quad (4-2)$$

$$RCA_{xi}^k = \frac{EX_i^k / \sum_{k=1}^{n} EX_i^k}{EX_w^k / \sum_{k=1}^{n} EX_w^k}, \quad RCA_{mj}^k = \frac{IM_j^k / \sum_{k=1}^{n} IM_j^k}{EX_w^k / \sum_{k=1}^{n} EX_w^k} \quad (4-3)$$

其中,TCI_{ij}^k 表示 i、j 两国在 k 产品上的 TCI 指数,RCA_{xi}^k 表示 i 国出口 k 产品的 RCA 指数,RCA_{mj}^k 表示用 j 国进口 k 产品的 RCA 指数。

(三) TII 指数

贸易结合度指数(trade integration index,TII)是一个综合性指标,用于衡量两个国家在贸易方面的相互依存程度。TII 指数的计算公式如下:

$$TII_{ij} = \frac{EX_{ij}/EX_i}{IM_j/IM_w} \quad (4-4)$$

其中,TII_{ij} 表示 i、j 两国的农产品 TII 指数,EX_{ij}、EX_i 分别表示 i 国出口 j 国的农产品贸易额和 i 国出口世界的农产品贸易额,IM_j、IM_w 分别表示 j 国对世界的农产品进口额和世界对世界的农产品进口额。

(四) IIT 指数

IIT 指数(index of intra-industry trade,IIT),也被称为产业内贸易指数,是由格鲁贝和洛伊德(Grubel & Lloyd,1975)提出的。它用来衡量同一产业内同时存在出口和进口的程度,以反映国家之间产业内贸易的规模和比例关系。IIT 指数的计算公式如下:

$$IIT = 1 - \frac{|X_i - M_i|}{X_i + M_i} \quad (4-5)$$

其中,IIT 表示我国与某共建国家在农产品 i 上的产业内贸易指数;X_i 表示我国对某共建国家出口农产品 i 的金额,M_i 表示我国从某共建国家进口农产品 i 的金额。IIT 在 0~1 之间变动,其数值越接近于 1,表明该农产品的产业内贸易程度越高,该农产品越不具有竞争力;数值越接近于0,则该农产品越具有竞争力。

第二节 我国与共建国家农产品贸易现状分析

一、贸易总额情况

从表4-1的数据可以看到,在2005~2022年时期内,中国与"一带一路"共建国家之间的农产品贸易总额整体呈现增长趋势,尽管个别年份可能会出现下降情况。贸易总额从2005年的196.41亿美元增长到2022年的1 399.77亿美元,年均增长率为13.48%。具体而言,出口贸易额从2005年的57.80亿美元增长到2022年的450.36亿美元,年均增长率为14.59%。进口贸易额则从2005年的138.61亿美元增长到2022年的949.41亿美元,年均增长率为11.72%。这些数据显示出中国与"一带一路"共建国家之间农产品贸易的持续增长。这种增长反映了双方之间农产品贸易需求的增加以及合作关系的深化。

表4-1　　2005~2022年中国与"一带一路"共建国家
农产品贸易总体概况　　　　　　　　单位:亿美元

年份	出口贸易额	进口贸易额	贸易总额	贸易逆差
2005	57.80	138.61	196.41	80.81
2006	66.12	178.65	244.77	112.53
2007	88.80	213.84	302.64	125.04
2008	99.82	241.15	340.97	141.33
2009	103.93	198.61	302.54	94.68
2010	156.51	328.98	485.49	172.47

续表

年份	出口贸易额	进口贸易额	贸易总额	贸易逆差
2011	178.01	410.12	588.13	232.11
2012	170.89	384.68	555.57	213.79
2013	185.92	367.59	553.51	181.67
2014	202.78	365.49	568.27	162.71
2015	206.98	344.46	551.44	137.48
2016	237.01	337.63	574.64	100.62
2017	246.96	457.28	704.24	210.32
2018	278.32	485.03	763.35	206.71
2019	302.63	503.28	805.91	200.65
2020	293.82	515.58	809.40	221.76
2021	346.57	738.71	1 085.28	392.14
2022	450.36	949.41	1 399.77	499.05

资料来源：2005~2021 年数据根据联合国 UN Comtrade 数据库相关数据整理而得，2022 年数据来自国家统计局。

中国作为世界最大的农产品进口国和主要农产品出口国之一，与"一带一路"共建国家之间的农产品贸易持续蓬勃发展。然而，需要注意的是，虽然贸易总额和出口贸易额呈现增长趋势，但进口贸易额的增长速度略低。这可能是由供需因素、市场竞争和政策调整等多种因素所致。因此，在进一步促进农产品贸易发展的过程中，还需关注进口方面的增长潜力，并通过政策和合作措施来实现更加平衡和互利的贸易关系。

由表 4-1 可知，2005~2008 年，中国与"一带一路"共建国家的农产品贸易总额呈持续增长态势。由于受全球金融危机的影响，2009 年的贸易总额从 2008 年的 340.97 亿美元下降到 302.54 亿美元。在此之后，中国对"一带一路"共建国家的农产品贸易总额出现了快速增长。这主要受到国家政策等相关因素的影响。2010 年和 2011 年，贸易总额快速增长，从 2009 年的 302.54 亿美元增长到 2010 年的 485.49 亿美元，再增长到 2011

年的 588.13 亿美元。这两年的年均增长率达到了 65.51%。从 2012~2016 年，中国与"一带一路"共建国家的农产品贸易总额相对稳定，基本保持在 560 亿美元左右，并且年均下降仅为 0.96%，变化幅度较小。自 2017 年开始，中国对"一带一路"共建国家的农产品贸易总额再次迎来快速增长。从 2016 年的 574.64 亿美元增长到 2022 年的 1 399.77 亿美元。值得一提的是，即使在 2020 年新冠疫情肆虐的情况下，中国与"一带一路"共建国家的农产品贸易总额也小幅增长，保持在 800 亿美元以上的水平。

这些数据显示了中国与"一带一路"共建国家之间农产品贸易的持续增长趋势，表明双方的贸易合作关系不断加深。中国对"一带一路"共建国家的农产品贸易具有稳定性和增长性，为双方经济发展和合作提供了有力支持。在未来，继续推动双方之间农产品贸易的不断发展和增加，将进一步促进地区经济的繁荣和互利共赢。

从 2005~2022 年，中国与"一带一路"共建国家的农产品贸易一直处于逆差状态。在这段时间里，贸易逆差呈现出一定的波动和变化。具体来说，2005~2011 年，除了 2009 年逆差减少以外，其余年份的贸易逆差呈现上升的趋势。其中，2011 年的贸易逆差高达 232.11 亿美元。而 2012~2016 年，贸易逆差呈下降趋势，逆差金额逐渐减少。到了 2016 年，逆差已降至 100.62 亿元。从 2017~2020 年，贸易逆差的变化幅度相对较小，基本稳定在 210 亿美元左右的水平。然而，最近两年（2021 年和 2022 年）逆差开始呈现扩大的趋势，2021 年的贸易逆差为 392.14 亿美元，2022 年更是达到了 499.05 亿美元（见表 4-1）。这些数据反映了中国与"一带一路"共建国家之间农产品贸易存在一定的不平衡，中国自 2005 年开始的农产品贸易逆差持续时间较长。尽管在某些年份出现了逆差降低的趋势，但整体上逆差规模仍然比较大。

根据表 4-2 的数据，我们可以观察到从 2005~2022 年，我国对世界全部农产品贸易总额呈现出良好的发展势头。2005 年，贸易总额为 563.4 亿美元，2022 年达到了 3 343.2 亿美元，18 年间增长了 4.93 倍，年均增长率达到了 13.24%。同期我国与"一带一路"共建国家的农产品贸易总额也存在类似的增长历程，年均增长率达到了12.05%。2005年的农产品贸易总额为196.41亿美元，2022年则高达1 399.77亿美元，18年间增长了6.13倍，增长的倍速高于同期中国对世界的农产品贸易水平。从这些数据中可以看出，中国农产品贸易的规模在过去十多年里取得了显著的增长。中国作为全球最大的农产品消费和生产国之一，其对世界农产品市场的需求持续增加，也为"一带一路"共建国家提供了巨大的贸易机会。这些数据进一步证实了中国与"一带一路"共建国家之间农产品贸易的互利共赢的趋势。中国市场的持续扩大与"一带一路"共建国家丰富的农产品资源和竞争力相结合，为双方的农产品贸易提供了良好的基础。

表4-2　2005~2022年中国与"一带一路"共建国家农产品贸易占比情况

年份	中国与"一带一路"共建国家农产品贸易总额（亿美元）	中国对世界农产品贸易总额（亿美元）	中国与"一带一路"共建国家农产品贸易占比（%）
2005	196.41	563.4	34.86
2006	244.77	635.5	38.52
2007	302.64	781.8	38.71
2008	340.97	992.4	34.36
2009	302.54	1 004.5	30.12
2010	485.49	1 219.3	39.82
2011	588.13	1 555.9	37.80
2012	555.57	1 757.3	31.61
2013	553.51	1 866.9	29.65
2014	568.27	1 945	29.22
2015	551.44	1 875.6	29.40
2016	574.64	1 845.6	31.14
2017	704.24	2 013.9	34.97
2018	763.35	2 168.1	35.21
2019	805.91	2 300.7	35.03
2020	809.4	2 468.3	32.79

续表

年份	中国与"一带一路"共建国家农产品贸易总额（亿美元）	中国对世界农产品贸易总额（亿美元）	中国与"一带一路"共建国家农产品贸易占比（%）
2021	1 085.28	3 041.7	35.68
2022	1 399.77	3 343.2	41.87

资料来源：2005~2021年数据根据联合国 UN Comtrade 数据库相关数据整理而得，2022年数据来自国家统计局。

根据图 4-1 中的数据，可以观察到从 2005~2021 年，中国与"一带一路"共建国家的农产品贸易总额在中国对世界的农产品贸易总额中所占的比重总体趋于稳定，平均占比为 34.21%。其中，2014 年占比最低，为 29.22%；2010 年占比最高，为 39.82%。而在 2022 年，中国与"一带一路"共建国家的农产品贸易总额占比达到了历史新高，达到了 41.87%。这表明"一带一路"共建国家已经成为中国极其重要的农产品贸易伙伴。

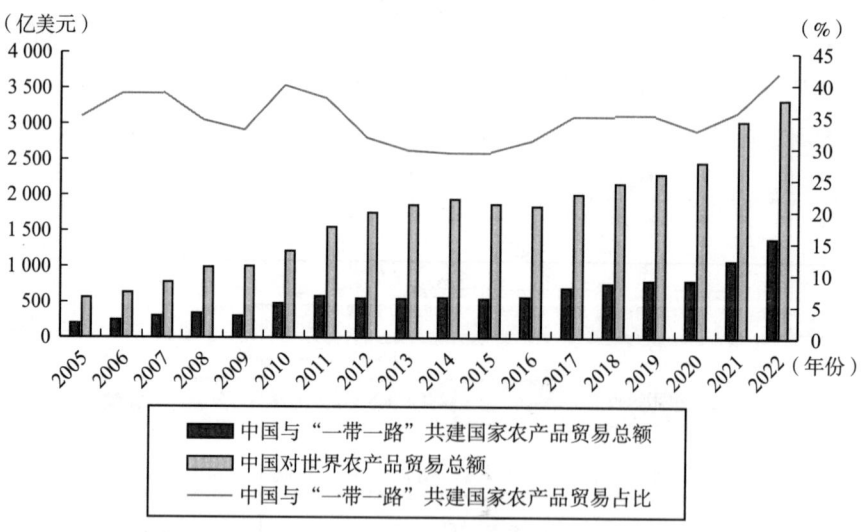

图 4-1 中国与"一带一路"共建国家农产品贸易总额占中国对世界农产品贸易总额比重

资料来源：2005~2021年数据根据联合国 UN Comtrade 数据库相关数据整理而得，2022年数据来自国家统计局。

综上所述，这些数据反映了中国与"一带一路"共建国家之间农产品贸易关系的逐渐加强和深化。随着"一带一路"倡议的推进和合作机制的不断完善，中国与这些国家之间的贸易合作达到了前所未有的高度。

二、产品结构情况

根据表4-3和图4-2的数据，可以观察到在2005~2021年，中国与"一带一路"共建国家的农产品贸易中，不同类别的产品在贸易额占比方面存在明显的差异。首先，非燃料类原料农产品和食品及活动物类农产品占据了较大的贸易额比重。这表明中国与"一带一路"共建国家之间在农产品贸易方面的重点主要集中在这两个类别上。非燃料类原料农产品包括棉花、糖和橡胶等，而食品及活动物类农产品则包括谷物、肉类和蛋类等。这些产品在双方贸易中的占比较大，反映了双方在农产品领域的广泛合作和需求。其次，动植物油脂类产品在贸易额占比方面也具有一定的重要性。这类产品包括大豆油、棕榈油和花生油等。在中国与"一带一路"共建国家的农产品贸易中，动植物油脂类产品在贸易额中所占比重较高，显示出双方在这一领域的合作与需求。然而，饮料及烟草类产品的贸易额比重相对较小。这可能是由于饮料及烟草类产品的特殊性，以及消费习惯和需求的差异所致。虽然在整体贸易中所占比重较小，但仍然反映中国与"一带一路"共建国家在这一领域的交流与合作。

根据表4-3和图4-2的数据，可以看出中国与"一带一路"共建国家的农产品贸易中，非燃料类原料农产品和食品及活动物类农产品在贸易额占比方面占据较大的份额，其次是动植物油脂类产品，而饮料及烟草类产品的贸易额比重相对较小。这些数据反映了双方在不同农产品领域的合作和需求差异，为进一步加强合作和促进贸易提供了有益参考。

在中国与"一带一路"共建国家的农产品贸易中，食品及动物类产品的贸易额比重经历了波动增长，但一直保持着持续增长的趋势。即使在

2008 年金融危机对其他类别农产品贸易额造成不同程度下降的情况下，食品及动物类产品的贸易额仍然持续增长，并且其比重也由 34.86% 增长至 43.70%，增长了 8.84 个百分点。在 2010~2013 年，该类产品的比重有所下降，稳定在 38.2% 左右。从 2013~2021 年，食品及动物类农产品贸易额和比重呈现持续增长的趋势，贸易额从 2013 年的 211.54 亿美元增长至 2021 年的 567.21 亿美元，贸易增长额超过 300 亿美元；贸易比重则从 2013 年的 38.22% 增长至 2021 年的 52.26%，平均每年增长速度为 1.7%。从 2014 年开始，食品及动物类农产品已成为中国与"一带一路"共建国家农产品贸易中占比最大的类别。自 2016 年起，食品及动物类农产品所占比重稳定在 50% 以上。这些数据反映了中国与"一带一路"共建国家农产品贸易中食品及动物类产品的重要性和增长势头。尽管遭受金融危机等外部影响，该类产品的贸易仍然保持了稳定和持续的增长。这可能表明中国与"一带一路"共建国家在食品及动物类农产品贸易上存在着相互依赖和互利共赢的关系。

表 4-3　2005~2021 年中国与"一带一路"共建国家贸易农产品结构

年份	食品及动物类贸易额（亿美元）	饮料及烟草类贸易额（亿美元）	非燃料类原料贸易额（亿美元）	动植物油脂类贸易额（亿美元）	食品及动物类占比（%）	饮料及烟草类占比（%）	非燃料类原料占比（%）	动植物油脂类占比（%）
2005	70.31	8.29	88.34	29.47	35.80	4.22	44.98	15.00
2006	88.92	13.10	107.88	34.87	36.33	5.35	44.07	14.25
2007	106.03	14.42	137.23	44.96	35.04	4.76	45.34	14.86
2008	118.87	18.06	135.81	68.23	34.86	5.30	39.83	20.01
2009	132.21	14.89	104.66	50.78	43.70	4.92	34.59	16.78
2010	186.89	26.31	199.96	72.33	38.50	5.42	41.19	14.90
2011	223.98	35.41	249.76	78.98	38.08	6.02	42.47	13.43
2012	214.28	33.82	240.04	67.43	38.57	6.09	43.21	12.14
2013	211.54	35.92	237.73	68.32	38.22	6.49	42.95	12.34
2014	243.56	36.37	223.89	64.45	42.86	6.40	39.40	11.34

续表

年份	食品及动物类贸易额（亿美元）	饮料及烟草类贸易额（亿美元）	非燃料类原料贸易额（亿美元）	动植物油脂类贸易额（亿美元）	食品及动物类占比（%）	饮料及烟草类占比（%）	非燃料类原料占比（%）	动植物油脂类占比（%）
2015	267.21	32.61	188.78	62.84	48.46	5.91	34.23	11.40
2016	290.43	28.74	195.05	60.42	50.54	5.00	33.94	10.51
2017	375.37	32.54	223.54	72.79	53.30	4.62	31.74	10.34
2018	409.88	40.62	234.59	78.26	53.69	5.32	30.73	10.25
2019	425.67	53.00	235.72	91.52	52.82	6.58	29.25	11.36
2020	433.43	50.78	234.38	90.81	53.55	6.27	28.96	11.22
2021	567.21	61.61	337.97	118.49	52.26	5.68	31.14	10.92

资料来源：根据联合国 UN Comtrade 数据库相关数据整理而得。

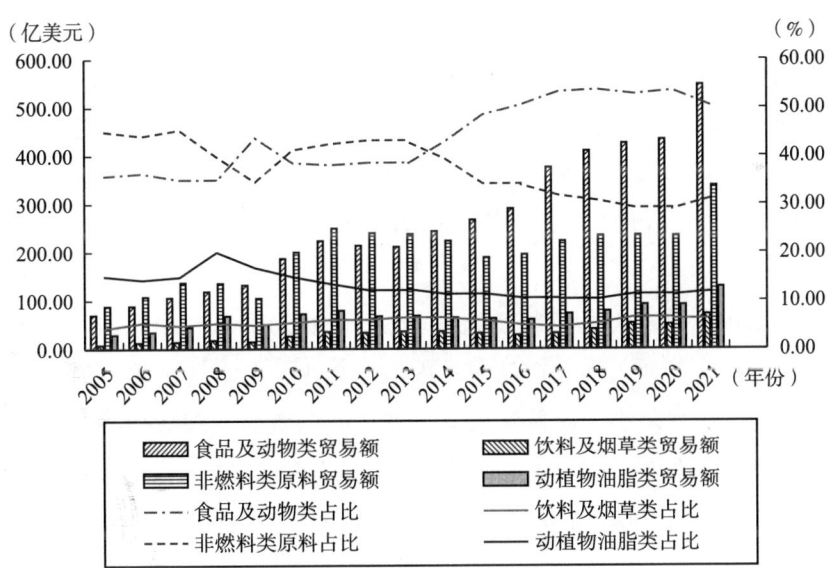

图 4-2 2005~2021 年中国与"一带一路"共建国家农产品贸易的产品结构情况

资料来源：根据联合国 UN Comtrade 数据库相关数据整理而得。

在 2005~2021 年，非燃料类原料类农产品的贸易额及其比重发生了一系列变化,其中2013年是一个重要的拐点。在2013年之前,非燃料类原料类农产品一直占据着最大的贸易比重。除了2008年和2009年,其他年份的占比都超过了41%。特别是在2007年,非燃料类原料类农产品贸易额达到了137.23亿美元,占比高达45.34%,创下历年来的最高占比。然而,2009年受金融危机的影响,非燃料类原料类农产品贸易额降至104.66亿美元,占比下降至34.59%。从2014年开始,非燃料类原料类农产品的贸易额被食品及动物类产品超越,成为占比第二大的农产品类别。近5年来,非燃料类原料类农产品在整体农产品贸易中的比重稳定在30%左右。

在2005~2021年,动植物油脂类农产品在中国与"一带一路"共建国家的农产品贸易中一直排名第三,并且其年平均占比为13%。对于动植物油脂类农产品的贸易额比重变化进行整体分析,可以发现2008年是一个重要的转折点。在2005~2008年,动植物油脂类农产品的贸易比重呈上升趋势。而在2008年,贸易额比重达到最高点,达到20.01%。然而,在2008~2021年,动植物油脂类农产品的贸易比重一直呈持续下降的趋势。从2008年的20.01%下降为2021年的10.92%,平均每年下降0.65个百分点。自2014年开始,动植物油脂类农产品所占比重稳定在11%左右。

在2005~2021年,饮料及烟草类农产品的贸易额在中国与"一带一路"共建国家的四大类农产品贸易中占比最小,年平均比重不到5.6%。然而,尽管比重较小,饮料及烟草类农产品的贸易额却呈持续增长的趋势。2005年,饮料及烟草类农产品的贸易额仅为8.29亿美元,到了2021年,贸易额达到了61.61亿美元,增长了6.5倍。贸易比重的整体变化相对较小,最低为4.22%(2005年),最高为6.58%(2019年)。虽然饮料及烟草类农产品的贸易额相对较低,但其持续增长反映出消费者对饮料和烟草的需求稳定增长的趋势。

表4-4和表4-5分别展示了2021年中国与"一带一路"共建国家农产品出口总额和进口总额排名前5的细分商品情况。

表4-4　2021年中国与"一带一路"共建国家农产品出口总额排名前5的细分商品情况

商品种类	出口金额（亿美元）	占比（%）
05章（蔬菜及水果）	97.49	28.13
03章（鱼及鱼制品）	52.54	15.16
26章（纺织纤维）	34.35	9.91
07章（咖啡、茶、可可粉及香料）	28.90	8.34
29章（未加工动植物原料）	27.45	7.92
合计	240.73	69.46

资料来源：根据联合国UN Comtrade数据库相关数据整理而得。

表4-5　2021年中国从"一带一路"共建国家农产品进口总额排名前5的细分商品情况

商品种类	进口金额（亿美元）	占比（%）
24章（软木及木材）	265.17	27.93
05章（蔬菜及水果）	140.61	14.81
23章（天然橡胶）	123.71	13.03
04章（谷物及谷物制品）	114.49	12.06
42章（固态植物油脂）	90.38	9.52
合计	734.37	77.35

资料来源：根据联合国UN Comtrade数据库相关数据整理而得。

根据联合国UN Comtrade数据库的数据，表4-4呈现了2021年中国与"一带一路"共建国家农产品出口总额排名前5的细分商品情况。这些数据提供了关于中国农产品出口的重要见解，可以观察到出口总额较高的商品类别。首先，以97.49亿美元的出口金额和28.13%的比重，排名第一的是05章（蔬菜及水果）。其次，以52.54亿美元的出口金额和15.16%的比重，排名第二的是03章（鱼及鱼制品）。第三位是26章（纺织纤维），出口金额为34.35亿美元，占比9.91%。紧随其后，以28.90亿美元的出口金额和8.34%的比重，排名第四的是07章（咖啡、茶、可可粉及香料）。最后，以27.45亿美元的出口金额和7.92%的比重，排在第五的是 29 章（未加工动植物原料）。这 5 类商品在 2021 年的出口总额为 240.73 亿美元，占中国与"一带一路"共建国家农产品出口总额的 69.46%。从数据中可以看出，中国与"一带一路"共建国家的农产品出口相对集中，这些主要商品类别占据了绝大部分的出口额。

从表 4-5 可以看到，2021 年中国与"一带一路"共建国家农产品进口总额排名前 5 的细分商品情况。这些数据提供了关于中国农产品进口中最重要的商品类别的详细信息，同时也反映了中国对这些商品的高度关注。在 2021 年，排名第一的细分商品是 24 章（软木及木材），进口金额为 265.17 亿美元，占中国与"一带一路"共建国家农产品进口总额的 27.93%。其次，以 140.61 亿美元的进口金额和 14.81% 的比重，排名第二的是 05 章（蔬菜及水果）。第三位是 23 章（天然橡胶），进口金额为 123.71 亿美元，占比 13.03%。紧随其后，以 114.49 亿美元的进口金额和 12.06% 的比重，排名第四的是 04 章（谷物及谷物制品）。最后，以 90.38 亿美元的进口金额和 9.52% 的比重，排在第五的是 42 章（固态植物油脂）。以上 5 类商品在 2021 年的进口总额为 734.37 亿美元，占中国与"一带一路"共建国家农产品进口总额的 77.35%。从数据中可以看出，中国从"一带一路"共建国家的农产品进口相对集中，这些主要商品类别占据了绝大部分的进口额。这显示了中国对于木材、蔬菜水果、天然橡胶、谷物制品和固态植物油脂等农产品的高度需求和重视。

中国与"一带一路"共建国家的进口商品结构相对来说更加集中。值得注意的是，05 章（蔬菜及水果）在中国的出口总额和进口总额中都占据着较为重要的位置，成为我国与"一带一路"共建国家的重要贸易农产品。具体来看，2021 年该商品在农产品出口金额中排名第一，在进口金额中则排名第二，这说明了该商品主要以产业内贸易为主导。此外，该数据也反映出中国市场对蔬菜和水果的持续需求，以及国内消费者对品质和多样性的追求。中国在农产品出口过程中正积极推动品牌建设和质量提升，以满足国内外市场的需求。这也是推动中国成为农产品贸易大国的重要因素之一。综上所述，蔬菜及水果类的农产品在中国与"一带一路"共建国家的贸易中占据着重要地位,且该类商品的出口和进口都具有较高的比重。这一现象表明了中国农产品贸易的高度集中性,并彰显了国内市场对蔬菜及水果的持续需求和中国产业内贸易的重要性。

三、区域结构情况

根据图4-3可以明显地观察到,中国与"一带一路"上的六大区域的农产品贸易总额呈现不断增长的趋势。然而,进一步观察可以发现,这些区域的增长速度却存在显著差异。这些数据提供了关于中国在不同区域的农产品贸易表现的洞察,可以帮助大家更好地理解中国与这些地区的经济联系和农产品贸易的发展趋势。

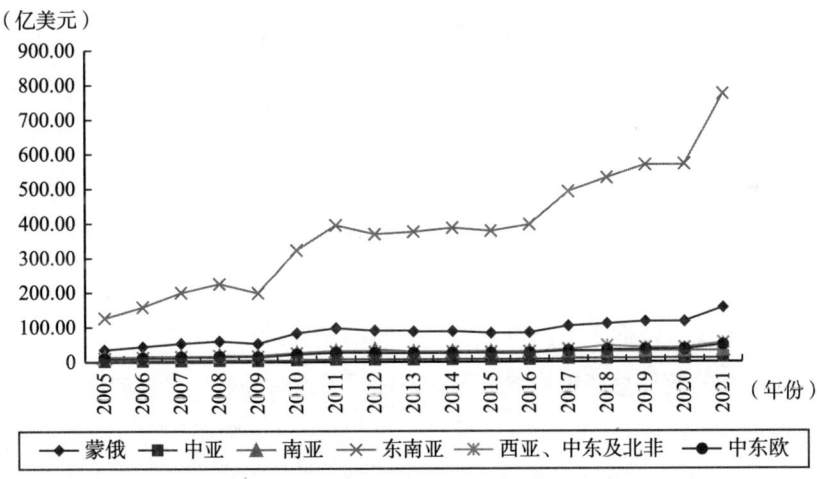

图4-3 2005~2021年中国与"一带一路"上的六大区域农产品贸易总额

资料来源:根据联合国UN Comtrade数据库相关数据整理而得。

对于中国与蒙俄地区的贸易来说,从2005年的35.16亿美元增长到2021年的156.71亿美元,呈现出持续增长的趋势,年均增长率为13.21%。中国与中亚的贸易总额从2005年的2.57亿美元增长到2021年的14.65亿美元,整体上也表现出增长态势,年均增长率为12.73%。然而，中国与南亚的贸易总额呈倒"U"形趋势，从 2005 年的 13.45 亿美元增长到 2021 年的 35.05 亿美元。尽管在 2012 年达到最高 35.5 亿美元，但年均增长率相比其他几个区域较低，仅为 11.62%。与此相反，中国与东南亚的贸易总额除了在 2009 年受到全球金融危机的影响出现下滑外，一直在持续增长。从 2005 年的 126.29 亿美元增长到 2021 年的 774.24 亿美元，年均增长率达到 14.76%，在所有区域中是最高的。

中国与西亚、中东及北非的贸易总额逐年增长，从 2005 年的 10.01 亿美元增长到 2021 年的 55.24 亿美元，年均增长率为 13.42%。而中国与中东欧的贸易总额除了在 2009 年出现下滑，其他年份都呈现不断增长的趋势。从 2005 年的 8.94 亿美元增长到 2021 年的 49.38 亿美元，年均增长率为 12.51%。

综上所述，各个区域之间在中国农产品贸易总额的增长速度上存在一定的差异，但整体上都呈现增长的趋势。东南亚地区的增长速度最快，而南亚地区的增速相对较低。这些数据提供了关于中国与"一带一路"上的六大区域农产品贸易的重要参考信息，可帮助大家更好地了解中国与这些地区之间的经济联系和合作潜力。

从整体上看，只有中国与东南亚，西亚、中东及北非的年均增长率超过了与共建国家的平均增长速度 13.27%。然而，除了中国与南亚地区的贸易总额年均增长率略低于中国对外贸易总额的增长速度 12.29% 外，中国与共建其他区域的贸易总额年均增长率均超过了中国对外贸易总额的增长速度。

由图 4-4 可知，可以明显看出，自 2005 年以来中国与"一带一路"上各区域的农产品贸易市场结构基本保持不变。东南亚仍然是中国最大的农产品贸易市场，占据了 71.34% 的市场份额，这进一步证实了中国与东南亚地区在农产品贸易方面的紧密联系和合作。与此同时，中亚仍然是中国农产品贸易中份额最小的区域，仅占 1.35%。从图 4-4 中可以清晰地看到，2021 年"一带一路"上的六大区域的市场份额从高到低依次为东南亚，蒙俄，西亚、中东及北非，中东欧，南亚和中亚，这一排序反映了不同地区在中国农产品贸易中的重要程度。

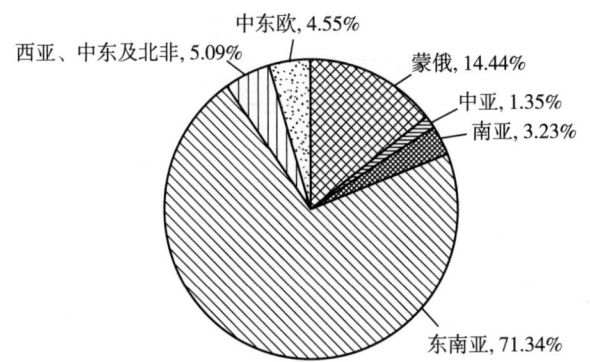

图4-4 2021年中国与"一带一路"上的各区域农产品贸易占比情况

资料来源：根据联合国 UN Comtrade 数据库相关数据整理而得。

东南亚地区的高比例表明中国与该地区在农产品贸易方面的密切联系和合作，有着显著的市场优势。蒙俄地区在中国的农产品贸易中的份额相对较高，显示了中国与这个区域之间的农产品贸易合作潜力。值得注意的是，虽然中亚地区的份额相对较小，但这并不意味着中国与该地区的农产品贸易合作没有发展空间。相反，这可能是一个潜在的增长领域，有待进一步探索和拓展。

四、贸易伙伴情况

根据表4-6的数据可以得出，2021年，中国与占比最高的前5个国家的农产品贸易额为787.53亿美元，占中国与"一带一路"共建64个国家农产品贸易总额的比重为72.57%。这表明中国与共建国家之间的农产品贸易非常活跃，并且在整体贸易中占据了较大的份额。这5个国家可能是中国农产品贸易的主要合作伙伴，这些国家很可能在满足中国市场需求方面具有重要地位。此外，中国与占比最高的前10个国家的农产品贸易额为951.42亿美元，占中国与"一带一路"共建64个国家农产品贸易总额的比重达到87.67%。这进一步显示了这些国家在中国农产品贸易中的重要性和主导地位。

表 4-6　2021 年中国与"一带一路"共建国家农产品贸易总额前 10 国情况

国家	贸易总额（亿美元）	占比（%）
泰国	230.68	21.26
印度尼西亚	167.76	15.46
俄罗斯联邦	143.83	13.25
越南	133.73	12.32
马来西亚	111.53	10.28
菲律宾	42.34	3.90
乌克兰	39.91	3.68
印度	36.93	3.40
新加坡	29.17	2.69
巴基斯坦	15.54	1.43
累计	951.42	87.67

资料来源：根据联合国 UN Comtrade 数据库相关数据整理而得。

中国与"一带一路"共建国家的农产品贸易伙伴分布相对集中，其中泰国是中国的最大贸易伙伴，两国的农产品贸易额达到 230.68 亿美元，占中国与"一带一路"共建国家 2021 年农产品贸易总额的 21.26%。其次是印度尼西亚，两国的农产品贸易额为 167.76 亿美元，占比 15.46%。俄罗斯联邦排名第三，贸易额为 143.83 亿美元，占比 13.25%。越南排名第四，贸易额为 133.73 亿美元，占比 12.32%。马来西亚排名第五，贸易额为 111.53 亿美元，占比 10.28%。值得注意的是，从第六名开始，各国的贸易额明显减少，均不足 5%。菲律宾、乌克兰、印度、新加坡、巴基斯坦 5 个国家与中国的农产品贸易总额为 163.89 亿美元，仅占中国与"一带一路"共建国家 2021 年农产品贸易总额的 15.11%。整体来看，中国与"一带一路"共建国家的农产品贸易集中在少数几个贸易伙伴上。这些数据表明，中国与共建国家之间的农产品贸易关系紧密，且占据着重要的市场份额。

根据表 4-7 的数据可以观察到，中国 2021 年在"一带一路"中最大的出口市场分别为泰国、越南、马来西亚、印度尼西亚、俄罗斯联邦、菲律宾、新加坡、印度、阿拉伯联合酋长国和巴基斯坦。具体而言，中国与前5个国家的农产品出口总额为209.64亿美元，占到了中国农产品出口共建国家总额的60.49%。同时，中国2021年与所有10个国家的农产品出口额为277.53亿美元，占中国农产品出口共建国家总额的比重高达80.08%。

表4-7　2021年中国与"一带一路"共建国家农产品出口前10国贸易额及其占比

国家	出口贸易额（亿美元）	占比（%）
泰国	58.78	16.96
越南	55.21	15.93
马来西亚	39.58	11.42
印度尼西亚	28.66	8.27
俄罗斯联邦	27.41	7.91
菲律宾	25.72	7.42
新加坡	15.21	4.39
印度	10.26	2.96
阿拉伯联合酋长国	8.49	2.45
巴基斯坦	8.21	2.37
累计	277.53	80.08

资料来源：根据联合国 UN Comtrade 数据库相关数据整理而得。

其中，我国对泰国2021年的出口贸易额为58.78亿美元，占中国农产品出口共建国家总额的比重为16.96%，所以泰国在共建农产品出口贸易伙伴中排名第一。同期我国对越南的出口贸易额为55.21亿美元，占中国农产品出口共建国家总额的比重为15.93%，因而越南成为我国在共建农产品出口贸易伙伴中第二重要的国家。马来西亚则排在第三位，2021年中国对其出口贸易额为39.58亿美元，占比为11.42%。印度尼西亚是第四大出口国,出口贸易额为 28.66 亿美元,占比为 8.27%。俄罗斯联邦位列第五,出口贸易额为 27.41 亿美元,占比为 7.91%。第六是菲律宾,出口贸易额为 25.72 亿美元,占比为 7.42%。新加坡的贸易额为 15.21 亿美元,占比为 4.39%。排名前 10 但出口额占比较低的国家依次为印度、阿拉伯联合酋长国和巴基斯坦,其出口贸易额分别为 10.26 亿美元、8.49 亿美元和 8.21 亿美元,占比均低于 3%,分别为 2.96%、2.45% 和 2.37%。

根据表 4-8 的数据显示,2021 年中国与"一带一路"共建国家的农产品进口贸易前 10 个国家分别为泰国、印度尼西亚、俄罗斯联邦、越南、马来西亚、乌克兰、印度、菲律宾、新加坡和老挝。这 10 个国家的贸易额总和占了中国与"一带一路"共建国家农产品进口贸易总额的 92.99%。

表 4-8 2021 年中国与"一带一路"共建国家农产品进口前 10 国贸易额及其占比

国家	进口贸易额(亿美元)	占比(%)
泰国	171.90	23.27
印度尼西亚	139.10	18.83
俄罗斯联邦	116.42	15.76
越南	78.52	10.63
马来西亚	71.95	9.74
乌克兰	38.56	5.22
印度	26.67	3.61
菲律宾	16.62	2.25
新加坡	13.96	1.89
老挝	13.22	1.79
累计	686.93	92.99

资料来源:根据联合国 UN Comtrade 数据库相关数据整理而得。

具体来看,泰国在中国与"一带一路"共建国家的农产品进口贸易中位居榜首，进口贸易额高达 171.90 亿美元，占比达到 23.27%。印度尼西亚紧随其后，进口贸易额为 139.10 亿美元，占比为 18.83%。俄罗斯联邦排名第三，贸易额为 116.42 亿美元，占比为 15.76%。这 3 个国家的农产品进口贸易额总和占了中国与"一带一路"共建国家农产品进口贸易额的 57.86%。除此之外，越南在中国与"一带一路"共建国家农产品进口贸易中位列第四，贸易额为 78.52 亿美元，占比为 10.63%。马来西亚位居第五，占比为 9.74%。乌克兰在这 10 个国家中排名第六，占比为 5.22%，而进口前 10 国中的其他国家贸易额占比均在 4% 以下。

目前全球已有 20 多个国家宣布对农产品实施出口限制或加强管理，其中 12 个国家均为"一带一路"共建国家，包括俄罗斯、印度、泰国、越南、哈萨克斯坦和乌克兰等。令人担忧的是，其中有 5 个国家（泰国、印度、俄罗斯、越南和乌克兰）正好是中国与"一带一路"共建农产品贸易的主要合作伙伴。这些出口限制举措将对中国的"一带一路"农产品贸易产生冲击，并对中国的粮食安全产生一定程度的影响。从这些国家实施出口限制的农产品的种类来看，不仅包括粮食产品，还包括蔬菜、油料，甚至鸡蛋等其他农产品。特别是越南、俄罗斯、哈萨克斯坦和乌克兰等国家，宣布限制或加强管理的主要是粮食出口。事实上，除了对中国的农产品贸易造成影响外，泰国、越南、印度等国还是全球主要的大米出口国，俄罗斯则是重要的小麦出口国。这些国家限制粮食出口将不可避免地对全球粮食贸易产生影响，并且会进一步传导和影响中国与其他国家之间的农产品贸易。这一发展趋势需要引起我国的高度关注，并推动中国在农产品供应和粮食安全方面采取相应的措施。中国进一步加强与"一带一路"共建国家之间的农业合作，推动农产品多元化供应，减少对单一供应来源的依赖。此外，中国还可以加强农产品进口和出口贸易的政策协调，积极参与国际农产品贸易规则的制定，并与其他国家共同应对全球农产品贸易面临的挑战。

第三节 我国与共建国家农产品贸易的竞争与互补关系分析

一、显性比较优势指数（RCA）分析

根据现有的研究理论，我们可以借鉴其思想来分析一个国家在某种产品上的相对竞争优势。当 RCA 指数高于 1 时，说明该国某种农产品具有比较优势。并且 RCA 指数越高，则这个产品的比较优势越强。如果 RCA 指数低于 1，则说明这个国家在这种农产品上没有比较优势。并且 RCA 指数越低，则这个产品的比较劣势越强。

为详细了解 2021 年中国与"一带一路"共建国家各类农产品的相对竞争优势，作者根据 RCA 指数公式进行计算，并整理了相关数据，具体情况见表 4-9。这些数据将为大家深入了解中国与共建国家之间的农产品贸易关系、评估各国在不同农产品上的竞争优势以及发现潜在的合作机会提供重要依据。

表 4-9　2021 年中国与"一带一路"共建国家各农产品的 RCA 指数

代码	中国	蒙俄	中亚	南亚	东南亚	西亚、中东及北非	中东欧
00	0.19	0.07	0.19	0.09	0.39	0.41	1.70
01	0.15	0.16	0.07	1.58	0.32	0.16	1.41
02	0.03	0.17	0.31	0.19	0.18	0.76	1.86
03	1.15	1.24	0.15	2.98	1.99	0.24	0.59
04	0.09	2.32	2.83	3.13	0.98	0.57	2.39
05	0.76	0.18	0.35	1.01	0.92	1.23	0.74
06	0.37	0.49	0.48	1.94	1.35	0.90	1.34

续表

代码	中国	蒙俄	中亚	南亚	东南亚	西亚、中东及北非	中东欧
07	0.27	0.39	0.20	2.91	1.56	0.38	0.95
08	0.28	0.55	0.30	1.13	0.63	0.18	1.29
09	0.33	0.42	0.23	0.33	1.53	1.13	1.12
11	0.16	0.20	0.15	0.14	0.71	0.27	0.77
12	0.25	0.71	0.96	1.36	1.12	1.19	3.25
21	0.03	0.74	0.10	0.02	0.15	0.14	1.28
22	0.10	0.35	1.08	0.86	0.09	0.09	1.34
23	0.18	2.58	0.01	0.43	7.38	0.10	0.66
24	0.10	4.06	0.13	0.09	1.20	0.05	2.48
25	0.03	1.17	0.05	0.06	0.88	0.08	0.50
26	0.68	0.44	1.12	4.21	0.76	0.38	0.60
29	0.67	0.14	0.18	1.53	0.43	0.37	0.57
41	0.25	0.04	0.08	0.63	0.20	0.17	0.60
42	0.04	1.38	0.38	0.69	5.63	0.37	1.51
43	0.19	0.19	0.13	1.17	6.39	0.19	0.34

资料来源：根据联合国 UN Comtrade 数据库相关数据整理而得。

根据表 4-9 的数据可以观察到中国与"一带一路"共建国家的农产品 RCA 指数存在较大的差异。具体来看，在大部分农产品种类上，中国的 RCA 指数都小于 1，只有在鱼及鱼制品这一章节中，中国的 RCA 指数为 1.15，表明中国在这一类农产品上具有比较优势。在其他农产品上，中国并不具备相对竞争优势。这一结果显示，中国可以利用自身在鱼及鱼制品领域的比较优势，与其他在这一领域具有优势的国家开展贸易合作，实现互利共赢。同时，对于那些中国在农产品中没有相对竞争优势的领域，可以寻求与那些在该领域具有优势的国家进行互补性合作。

在西亚、中东及北非地区与中国进行农产品比较时，可以观察到与中国相似的情况。具体而言，在 05 章（蔬菜及水果）、09 章（杂项制品）

和12章（烟草及其制品）这3类农产品领域，这些地区与中国在国际市场上具有相对竞争优势。在其他农产品领域，这些地区并没有明显的优势。

在中亚地区与中国进行农产品比较时，可以发现中亚在相对优势农产品方面的情况并不多。具体而言，中亚仅在谷物及谷物制品（04章）、油籽及含油果实（22章）和纺织纤维（26章）这3类农产品领域具有相对竞争优势。然而，在其他农产品领域，中亚地区并没有明显的优势。这一结果表明，在谷物及谷物制品、油籽及含油果实以及纺织纤维领域，中亚地区的农产品在国际市场上与中国存在一定的竞争关系。

与此相反，其他4个地区在多个农产品领域具有相对竞争优势。蒙俄地区依靠其丰富的土地和森林资源，在03章（鱼及鱼制品）、04章（谷物及谷物制品）、23章（天然橡胶）、24章（软木及木材）、25章（纸浆及废纸）和42章（固态植物油脂）这6类农产品领域都表现出了竞争优势，特别是在04章（谷物及谷物制品）、23章（天然橡胶）和24章（软木及木材）等领域的竞争优势非常明显。蒙俄地区凭借其广阔的农田和生态资源，在谷物及谷物制品、天然橡胶和软木及木材领域具有较强的竞争力。

南亚地区在多个农产品领域具有相对竞争优势。具体而言，在01章（肉及肉制品）、03章（鱼及鱼制品）、04章（谷物及谷物制品）、05章（蔬菜及水果）、06章（糖、糖制品及蜂蜜）、07章（咖啡、茶、可可粉及香料）、08章（饲料）、12章（烟草及其制品）、26章（纺织纤维）、29章（未加工动植物原料）和43章（加工后动植物油脂类）这11类农产品领域，南亚地区都具备竞争优势。南亚地区之所以在多个农产品领域具有竞争优势，主要是由于其气候、地理位置等条件特别适合小麦、水稻和棉花等作物的生长。这使南亚地区在谷物及谷物制品、鱼及鱼制品、咖啡、茶、可可粉及香料、纺织纤维等领域具有强大的竞争力。

东南亚地区在多个农产品领域具有竞争优势。具体而言，在03章（鱼及鱼制品）、06章（糖、糖制品及蜂蜜）、07章（咖啡、茶、可可粉及香料）、09章（杂项制品）、12章（烟草及其制品）、23章（天然橡胶）、24章（软木及木材）、42章（固态植物油脂）和43章（加工后动植物油脂类）这9类农产品领域，东南亚地区表现出竞争优势。东南亚地区之所以能够在这些农产品领域具备竞争优势，主要是由于其拥有极高的森林覆盖率、较长的海岸线以及属于热带雨林气候的自然条件。这些条件使东南亚地区在天然橡胶、固态植物油脂和加工后动植物油脂等领域具有明显的优势。

中东欧地区在农业发展方面表现良好，具备竞争优势的农产品包括：00章（主要供食用的活动物）、01章（肉及肉制品）、02章（乳制品及禽蛋）、04章（谷物及谷物制品）、06章（糖、糖制品及蜂蜜）、08章（饲料）、09章（杂项制品）、12章（烟草及其制品）、21章（生皮及皮革）、22章（油籽及含油果实）、24章（软木及木材）和42章（固态植物油脂）这12类农产品领域。中东欧地区之所以在这些农产品领域具有竞争优势，主要得益于其土地和水资源的丰富。特别是在谷物及谷物制品、烟草及其制品和软木及木材方面，中东欧地区具备相对较强的优势。

根据以上分析可以明显看出，中国与"一带一路"共建国家在各个农产品领域的比较优势存在较大的差异。特别是南亚、东南亚和中东欧地区的国家与中国在农产品方面具有很强的互补性，这为两国之间的农产品贸易合作提供了巨大的潜力。

二、贸易互补性指数（TCI）分析

根据之前的研究，可以借助 TCI 指数来评估两个国家在某个农产品上的贸易互补性。如果 TCI 指数大于1，意味着该农产品在国际市场上存在互补性，而且数值越大则表示互补性越强；相反，如果 TCI 指数小于1，则说明两国之间在该农产品上缺乏互补性。基于此，作者整理了2021年中国与"一带一路"共建国家农产品贸易互补性指数的计算结果（见表4-10）。

表4-10　2021年中国与"一带一路"共建六大区域国家农产品的TCI指数

分类	蒙俄	中亚	南亚	东南亚	西亚、中东及北非	中东欧
以中国为进口国	0.77	0.54	1.37	1.28	0.51	1.22
以中国为出口国	0.46	0.43	0.32	0.32	0.48	0.34

资料来源：根据联合国 UN Comtrade 数据库相关数据整理而得。

根据表4-10的数据，我们可以观察到一个有趣的现象：中国从"一带一路"共建国家进口的农产品在贸易互补性指数上都比中国向共建国家出口的指数要高，因此中国从共建国家的农产品进口更具互补性。

同时我们可以发现，中国与西亚、中东和北非地区的农产品出口贸易TCI指数为0.48，这意味着在某些农产品领域，中国的出口与该地区的进口具有较强的互补性。从中国进口的角度来看，我们可以观察到互补性较强的区域依次为南亚（TCI指数为1.37）、东南亚（TCI指数为1.28）和中东欧（TCI指数为1.22），且所有的TCI指数均大于1。这意味着与中国的进口相比，这些区域的农产品能够更好地与中国的农产品互补。

这一结果可以作为双方在农产品贸易合作中寻求改进和增强互补性的依据。双方可以通过加强市场调研和信息交流，寻找更多的互补性产品，如加工品和附加值较高的农产品，进一步促进农产品贸易的发展。另外，也可以通过合作共享技术和经验，提高农产品的质量和附加值，增强竞争力。

三、贸易结合度指数（TII）分析

根据目前的研究文献，可以得出以下结论：当TII指数大于1时，表示两国之间的农产品贸易联系紧密，而指数越大，表示两国之间的联系越紧密；反之，当指数小于1时，表示两国之间的农产品贸易联系较弱，而指数越小，表示联系越松散。作者通过计算和整理得到了中国与"一带一路"共建各区域国家在农产品贸易方面的结合度指数，具体数据如图4-5所示。

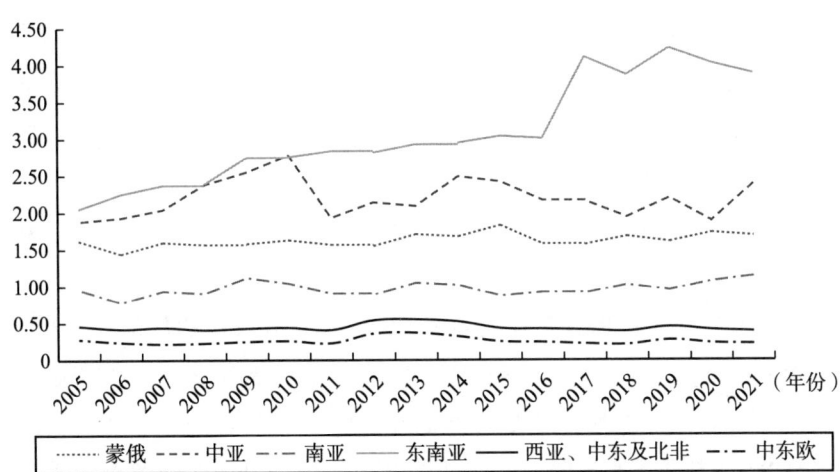

图 4-5 2005~2021 年中国与"一带一路"上的六大区域的农产品 TII 指数

资料来源：根据联合国 UN Comtrade 数据库相关数据整理而得。

由图 4-5 我们可以清楚地看到，中国与"一带一路"上的六大区域在农产品贸易方面的 TII 指数差别较大。其中，我国与东南亚、中亚和蒙俄三个地区农产品贸易的 TII 指数总体都比 1 要高，说明我国与这三个地区的农产品贸易往来较为频繁且金额较大；相反，我国与西亚、南亚和中东欧这三个地区农产品贸易的 TII 指数较低，很多年份都低于 1。具体而言，与东南亚、中亚和蒙俄三个地区相比，中国与西亚、南亚和中东欧三个地区之间的农产品贸易联系程度较低。这种差异可能受到多种因素的影响，包括地理位置、市场需求、贸易政策和资源分布等。

具体到"一带一路"共建的各个区域，可以看到中国与东南亚地区的农产品贸易联系自 2010 年中国—东盟自由贸易区正式运行以来逐渐加强，并且保持着最紧密的贸易联系。从 2015 年开始，TII 指数快速增长，超过了 3 的水平，最高时甚至达到了 4.23（2019 年），这表明中国与东南亚地区的农产品贸易联系持续增强。而与中亚地区的农产品贸易联系波动较大，但整体上保持在较紧密的状态。TII 指数在 1.8 以上，最高时达到了 2.78（2010 年），这说明中国与中亚地区的农产品贸易联系不太稳定，但总体上保持着一定的紧密程度。与蒙俄地区的农产品贸易联系相对稳定，

TII 指数维持在 1.6 左右的水平。而与南亚地区的农产品贸易联系的 TII 指数在 1 附近波动。与西亚、中东及北非和中东欧地区的农产品贸易联系一直保持在较低水平，并且相对稳定。

四、产业内贸易指数（IIT）分析

根据相关研究指出，产业内贸易指数（IIT 指数）的数值在 0~1 变动。当 IIT 指数大于 0.5 时，表明两国之间在该产品上的贸易以产业内贸易为主，而且数值越大，则表示产业内贸易水平越高，竞争性越强；反之，当 IIT 指数小于 0.5 时，表明两国之间的贸易以产业间贸易为主，而且数值越小，则表示产业间贸易水平越高，互补性越强。根据 2021 年中国与"一带一路"共建国家各种类农产品的产业内贸易指数（IIT 指数），如表 4 – 11 所示。

表 4 – 11　　2021 年中国与"一带一路"共建国家各农产品的 IIT 指数

代码	蒙俄	中亚	南亚	东南亚	西亚、中东及北非	中东欧
00	0.02	0	0	0.74	0.33	0.04
01	0.59	0	0	0	0	0.12
02	0.13	0.66	0	0.34	0.12	0
03	0.47	0.73	0.69	0.54	0.15	0.23
04	0.94	0.05	0.57	0.24	0.34	0
05	0.21	0.21	0.30	0.72	0.42	0.35
06	0.09	0.38	0.26	0.49	0.33	0.60
07	0.51	0.04	0.81	0.88	0.23	0.68
08	0.77	0.29	0.85	1.01	0.03	0.31
09	0.05	0	0.03	0.91	0.12	0.79
11	0.79	0.24	0.32	1.01	0.99	0.37
12	0.90	0	0.22	0.40	0.05	0.84

续表

代码	蒙俄	中亚	南亚	东南亚	西亚、中东及北非	中东欧
21	0	0	0	0.69	0	0
22	0.03	0.19	0.80	0.19	0	0.88
23	0.11	0	0.87	0.07	0.55	0.19
24	0	0.34	0.61	0.04	0.02	0.05
25	0	0.72	0	0.03	0.41	0.07
26	0.51	0.08	0.94	0.79	0.51	0.62
29	0.40	0.70	0.69	0.62	0.47	0.37
41	0.24	0	1.00	0.86	0	0.88
42	0.06	0	0	0.03	0.18	0.03
43	0.08	0	0.71	0.10	0.41	0.05

资料来源：根据联合国 UN Comtrade 数据库相关数据整理而得。

由表 4-11 可以得出，中国与"一带一路"共建国家的大部分农产品的产业内贸易指数（IIT 指数）都小于 0.5，表明以产业间贸易为主导，表明中国与共建国家在农产品贸易方面具有较强的互补性。这意味着双方在农产品生产和出口方面存在着明显的差异与互补关系，有着广阔的贸易发展潜力，这种互补性贸易关系可以给中国和共建国家带来许多机遇。

从具体的区域来看，中国与东南亚地区在多个农产品领域都呈现出较高的产业内贸易水平。具体来说，在农产品的各个章节中包括：00 章（活动物）、03 章（鱼及鱼制品）、05 章（蔬菜和水果）、07 章（咖啡、茶、可可粉及香料）、08 章（动物饲料）、09 章（杂项制品）、11 章（饮料）、21 章（生皮及皮革）、26 章（纺织纤维）、29 章（未加工动植物原料）、41 章（动物油脂）等 11 个类别中，中国与东南亚地区的产业内贸易占据主导地位，并表现出较高的竞争性。

在与其他地区的农产品贸易中，中国在部分农产品领域存在着一定的产业内贸易，具体如下：与蒙俄地区：在 04 章（谷物及谷物制品）、08 章（动物饲料）、12 章（烟草及其制品）中，中国与蒙俄地区显示出一定的产业内贸易。与中亚地区：在 02 章（奶产品和禽类）、03 章（鱼及鱼制品）、25 章（纸浆及废纸）中，中国与中亚地区存在一定程度的产业内贸易。与南亚地区：在 03 章（鱼及鱼制品）、07 章（咖啡、茶、可可粉及香料）、08 章（动物饲料）、23 章（天然橡胶）、26 章（纺织纤维）中，中国与南亚地区也有一定的产业内贸易。与西亚、中东及北非地区：在 11 章（饮料）、23 章（天然橡胶）中，中国与这些地区也存在一定的产业内贸易。与中东欧地区：在 07 章（咖啡、茶、可可粉及香料）、09 章（杂项制品）、12 章（烟草及其制品）、22 章（油籽及含油果实）、26 章（纺织纤维）、41 章（动物油脂）中，中国与中东欧地区呈现出一定的产业内贸易。然而，从整体来看，中国与其他地区的农产品贸易的产业内贸易水平相对较低，以产业间贸易为主，但双方在产业间的贸易具有较强的互补性。

第四节　本章小结

本章对 2005～2021 年中国与"一带一路"共建国家农产品贸易的现状和特征进行了研究，并运用相关指标进行了定量测算，以评估双方的贸易竞争性和互补性。主要结论有：

（1）中国与"一带一路"共建国家的农产品贸易强度不断提升。据统计，从 2005～2022 年，中国与"一带一路"共建国家的农产品贸易总额年均增长率为 13.48%。在中国对世界的农产品贸易总额中，中国与"一带一路"共建国家的贸易总额占比平均为 34.21%。而到了 2022 年，这个比重创下了历史新高，达到了 41.87%。这表明"一带一路"共建国家已经成为中国极其重要的农产品贸易伙伴。通过这一数据可以看出，中国与"一带一路"共建国家之间的农产品贸易规模稳步增长，双方在农产品贸易上的紧密合作是不可忽视的。

（2）中国与"一带一路"共建国家的农产品贸易一直以逆差状态为

主，并呈现出"N"形走势。在 2005~2011 年，逆差状态呈现上升趋势；而在 2012~2016 年，逆差状态则进入下降通道；在 2017~2020 年，逆差变化幅度相对较小；然而，在最近两年逆差开始扩大，到 2022 年，农产品贸易逆差已经达到了新的高点，达到 499.05 亿美元。

（3）在中国与"一带一路"共建国家的农产品贸易中，非燃料类原料类农产品和食品及活动物类农产品的比重较大，其次是动植物油脂类产品，而饮料及烟草类产品的贸易额比重最小。从 2014 年开始，食品及动物类农产品已经成为中国与"一带一路"共建国家的农产品贸易中占比最大的一类产品。在 2005~2013 年，非燃料类原料农产品一直是占比最大的农产品类别，但从 2014 年开始，其已成为占比第二的农产品类别且近年来稳定在 30% 左右。

（4）从六大区域来看，中国与各区域的贸易总额均呈现增长态势，其中东南亚仍然是最大的贸易市场。从贸易额年均增长率的角度来看，中国与六大区域的贸易增长速度存在明显差异，东南亚与中国的贸易总额增长速度最快，年均增长率高达 14.76%，其次是西亚、中东及北非，蒙俄，中亚和中东欧。与南亚相比，贸易增长速度最慢，年均增长率仅为 11.62%。从市场结构上来看，各区域市场份额的排列顺序基本保持不变，依次为东南亚，蒙俄，西亚、中东及北非，中东欧，南亚和中亚。近年来，贸易主要集中在东南亚地区，其占比已超过 65%。

（5）总体来看，中国与"一带一路"国家的农产品贸易伙伴相对集中。根据 2021 年的数据，中国与前 5 大贸易伙伴国的农产品贸易额占中国与"一带一路" 64 个国家的农产品总额的比重达到 72.57%，与前 10 个贸易伙伴国的贸易比重更是高达 87.67%。2021 年，中国与"一带一路"共建国家农产品贸易的前 10 大出口国包括泰国、越南、马来西亚、印度尼西亚、俄罗斯联邦、菲律宾、新加坡、印度、阿拉伯联合酋长国和巴基斯坦，出口贸易市场相对较为集中。而中国与"一带一路"共建国家农产品进口贸易的前 10 大国家分别为泰国、印度尼西亚、俄罗斯联邦、越南、马来西亚、乌克兰、印度、菲律宾、新加坡和老挝。这前 10 大贸易伙伴国的贸易总额占中国与"一带一路"共建国家农产品进口贸易总额的比重高达92.99%。

（6）中国与"一带一路"共建国家的农产品比较优势存在明显差异，贸易关系更倾向于互补性而非竞争性。从各个区域来看，中国与"一带一路"共建国家的农产品相对竞争力指数（RCA指数）存在明显差异，特别是在南亚、东南亚和中东欧地区，双方存在着很强的互补性。此外，从各类农产品来看，大多数的农产品产业内贸易的贸易强度指数（IIT指数）显示，占主导地位的是产业间贸易而不是产业内贸易，这表明中国与"一带一路"共建国家在大部分农产品上呈现互补性而非竞争性。具体来看，目前我国与东南亚、中亚和蒙俄地区的农产品贸易联系更为紧密，与西亚、中东及北非，以及南亚和中东欧地区的贸易联系则相对偏弱。同时，与中国的出口与共建国家的进口相比，中国的进口与共建国家的出口更具互补性。综上所述，中国与"一带一路"共建国家在农产品贸易上的比较优势存在着明显的差异，贸易关系更倾向于互补性而非竞争性。

第五章 我国与"一带一路"共建国家农产品贸易拓展的障碍因素与存在的主要问题

第一节 我国与共建国家农产品贸易拓展的障碍因素分析

一、研究范围

本章的研究范围涵盖了中国与"一带一路"共建的59个国家。其中,考虑到中亚地区土库曼斯坦以及西亚、中东北非地区的以色列、科威特、巴林和叙利亚数据的严重缺失,作者在研究中排除了这5个国家,将重点放在了其他59个共建国家上。本章研究对象农产品的具体界定详见第二章。

二、研究模型构建

(一)引力模型及其应用

引力模型是源自万有引力定律的概念,它认为两个物体之间的引力与它们的质量乘积成正比,与它们之间的距离的平方成反比。伊萨德和佩克

(Isard & Peck，1954）以及贝克曼（Beckerman，1956）通过直觉发现，地理位置接近的国家更容易进行大规模贸易。丁伯根（Tinbergen，1962）和波伊豪宁（Poyhonen，1963）提出了贸易引力模型，并进一步验证了两国贸易规模与它们的经济规模成正比，与它们之间的空间距离成反比的关系。林内曼（Linnemann，1966）在贸易引力模型中引入了人口和贸易政策因素，具有创新意义。赫普曼和克鲁格曼（Helpman & Krugman，1985）、贝格施特兰德（Bergstrand，1985）、陈和沃尔（Chen & Wall，1999）以及埃格（Egger，2005）对贸易引力模型的计量方法进行了改进，推动了贸易引力模型的发展。莫哈达姆等（Moghaddam et al.，2011）运用引力模型分析了土耳其对于11个欧盟成员国的贸易潜力，伊斯梅利和阿卜杜勒（Esmaeili & Abdoulkarim，2011）则利用引力模型分析了伊朗农产品贸易的潜力，努洛格鲁和埃利弗（Nuroglu & Elif，2011）分析了波斯尼亚和黑塞哥维那的贸易流量。以上研究发现了贸易引力模型中两国贸易规模与经济规模的正比关系以及与空间距离的反比关系，这与万有引力定律的理念相一致。同时，对贸易引力模型的计量方法的改进也为作者更准确地研究和解读贸易关系提供了有效工具。通过运用引力模型分析不同国家之间的贸易潜力和贸易流量，作者能够深入理解贸易的地理特征和影响因素，为制定贸易政策和促进贸易合作提供有益参考。

在借鉴国外研究成果的基础上，国内学者开展了许多关于贸易引力模型的研究。刘清峰（2002）运用引力模型研究了我国双边贸易流量的影响因素。盛斌（2004）运用贸易引力模型研究了新兴市场出口贸易的影响因素。林玲（2004）、曹宏成（2007）、王可（2008）研究了APEC对我国进出口贸易的影响，他们发现APEC、人均GDP、距离和GDP对我国出口贸易的影响最为显著。姜书竹（2003）、侯铁珊（2006）、单文婷（2006）、吴丹（2008）以及陈雯（2009）的研究验证了中国与东盟自由贸易区对成员间贸易的促进作用。田晖和蒋辰春（2012）引入Hofstede国家文化维度，建立了中国对外贸易引力模型，并研究了国家文化距离对中国对外贸易的影响。陈雯和李佳璐（2012）使用引力模型考察了我国制造业整体以及 26 个分行业的出口本地市场效应。张会清和唐海燕（2012）则基于扩展的引力模型和面板数据计量方法，测算了中国后危机时期的出口潜力，并揭示了我国出口潜力的地区分布和历史演变特征。田晖等（2012）在研究中引入了文化维度，构建了引力模型来分析国家文化差异对我国外贸的影响。王铭欣（2013）利用贸易引力模型和企业异质性理论，分析了我国私有企业产品出口的 FOB 价格与目的地地理特征之间的关系。韩金红（2013）运用面板数据，在 1991~2010 年构建了引力模型，实证分析了东亚区域内最终产品需求的影响因素。他发现，经济总量、区域性贸易协定和人均 GDP 差额绝对值对促进贸易起着显著的促进作用，而人口规模和地理距离则具有阻碍作用。王晓珊（2014）构建了引力模型来测算我国入境旅游的影响因素。研究发现，文化距离和汇率对中国入境旅游的影响不显著，而客源国家和我国的国内生产总值、奥运会和世博会的召开对入境旅游产生正向影响，而空间距离、"非典"、我国旅游产品的价格和国际金融危机则具有阻碍作用。这些研究为大家全面了解贸易的地理特征和影响因素提供了重要的参考，通过引入不同的变量和模型，研究者们能够更准确地解读和预测贸易现象，为政策制定者提供决策支持，促进贸易的发展和合作。

从上述研究可以看出，贸易引力模型已经被广泛认可，并在各种场景中得到应用。在本书中，作者将借助引力模型来实证分析我国与"一带一路"共建国家之间农产品贸易所面临的障碍因素。

（二）构建障碍因素分析的引力模型

如先前所述，贸易引力模型是基于牛顿的万有引力定律推导而来的。牛顿的万有引力定律指出，两个物体之间的引力与它们的质量和彼此之间的距离有关，引力与两个物体的质量成正比，与它们之间的距离的平方成反比。牛顿的万有引力定律可以用以下公式表示：

$$F_{ij} = GM_i M_j / D_{ij}^2 \tag{5-1}$$

自 20 世纪 60 年代以来，丁伯根和波伊豪宁（1963）开始将牛顿的万有引力定律引入国际贸易研究中。他们将万有引力定律应用于国际贸易领域，即探讨进口国和出口国之间的贸易流量。研究结果表明，贸易双方的经济规模与贸易流量呈正比关系，而双边地理距离则与贸易流量呈反比关系。

$$T_{ij} = \alpha G_i G_j / D_{ij} \qquad (5-2)$$

其中，T_{ij} 指的是国家（或地区）i 和国家（或地区）j 之间的贸易额。G_i 和 G_j 分别表示国家（或地区）i 和国家（或地区）j 的国内生产总值。D_{ij} 指的国家（或地区）i 和国家（或地区）j 之间的距离。α 为常数。

为了实证检验更加方便，将原模型等号的两边同时取对数，转化为形式并添加随机误差项得到：

$$\ln T_{ij} = \alpha + \beta_1 \ln GDP_i GDP_j + \beta_2 \ln D_{ij} + \mu_{ij} \qquad (5-3)$$

其中，α 代表常数项，β_1、β_2 代表相应变量的系数。丁伯根运用18个国家的样本数据进行了计量分析，结果显示贸易双边的贸易流量与双边的经济规模成正比，与双边的距离成反比。波伊豪宁则运用1958年42个欧洲国家的截面数据进行了相似的分析，在具体计算时，用每海里的运输成本代替贸易双边的距离，其研究结果同样证实了上述的结论。

林内曼（Linnemann）在系统综合了前人对引力模型的研究基础上，深入研究了变量的选择，对贸易引力模型进行拓展，首次引入人口和贸易政策两个新的解释变量。其中贸易政策属于虚拟变量（例如是否签署同一贸易协定，签署的情况下系数取1，否则取0），拓展后的模型如下所示：

$$\ln TR_{ij} = \beta_0 + \beta_1 \ln GDP_i + \beta_2 \ln GDP_j + \beta_3 \ln D_{ij} + \beta_4 \ln POP_j \\ + \beta_5 Policy + \mu_{ij} \qquad (5-4)$$

随后，贝格斯特兰德（Bergstrand）在研究中加入了人均收入、汇率以及其他虚拟变量，对OECD国家的4年贸易数据进行了分析。他通过引入这些新的解释变量，进一步探索了贸易流量的形成和发展。这些变量包括国家间的人均收入差异、汇率波动等，这些因素对贸易流量的影响至关重要。另一个学者安德鲁（Andrew）也作出了重要的贡献，他引入了一些新的解释变量，如是否拥有共同边界、共同语言、加入世界贸易组织等，对贸易额进行了检验。他的研究进一步丰富和扩展了引力模型的解释能力，通过考虑这些新的变量，他们能够更全面地分析和解释贸易流量的变化。

为使模型具有更高的估计效率，估计结果更精准，减少共线性的可能性，采用面板数据（Panel Date）分析方法更优。面板数据的主要优点有：第一，可以解决遗漏变量[①]的问题。第二，样本容量较大，可以提高估计的精确度。第三，可以提供更多个体动态行为的信息。而面板数据包括时间序列和截面两个维度，当数据按照两个维度进行排列时，整个表格像是一个"面板"，提供更多的信息。

本书选取的时间序列跨度为 2005~2021 年，截面数据则包括了能够获得完整数据的 59 个 "一带一路" 共建国家，构成了一个平衡面板数据矩阵，维度为 17×59。这意味着在这 17 年的时间内，对这 59 个共建国家进行了相关数据指标的观测和描述。值得注意的是，截面个数 N 大于时间虚列数 T，因此，本书的数据属于短面板数据类型[②]。

面板数据模型最基本的形式为普通线性形式，表示如下：

$$y_{it} = \beta_{it} x_{it} + \mu_{it} \tag{5-5}$$

考虑本书所采用指标的单位不同，包括绝对值和比值两种情况，为了消除量纲的影响并使数据更加稳定，作者对贸易额、国内生产总值以及距离等绝对数值指标进行了对数处理。

结合前面构建的理论框架和变量选取，本书构建的面板数据模型如下：

[①] 在模型估计中，遗漏变量是普遍存在的一个问题，工具变量法也可以解决遗漏变量的问题，但有效的工具变量一般情况下很难找到。

[②] 面板数据根据时间虚列数 T 和截面个数 N 的大小分为长面板（long panel）数据和短面板（short panel）数据。当时间序列的个数大于截面数据的个数，即 $T>N$ 时，为长面板数据；反之，当 $T<N$ 时为短面板数据。

$$\ln TR_{jt} = \beta_0 + \beta_1 \ln GDP_{it} + \beta_2 \ln GDP_{jt} + \beta_3 \ln D_{jt} + \beta_4 \ln POP_{jt}$$
$$+ \beta_5 \ln POP_{it} + \beta_6 OPEN_{jt} + \beta_7 BOR_{jt} + \beta_8 WTO_{jt}$$
$$+ \beta_9 AGE_{jt} + \beta_{10} AGR_{jt} + \beta_{11} AGR_{it} + \mu_{jt} \quad (5-6)$$

其中，i 表示中国；$j=1，2，3，\cdots，59$ 表示"一带一路"共建国家。$t=1，2，3，\cdots，17$ 表示时期（2005~2021年）个数。TR_{jt} 表示中国 i 和"一带一路"共建国家 j 在 t 时的农产品贸易。β 表示待估计的相关系数；μ_{jt} 由两部分构成：一部分代表未能被观察到的因素的影响；另一部分是模型的残差项。相关变量估计如表5-1所示。

表5-1 模型中各变量说明及估计

变量	变量说明	预期符号
TR_{jt}	中国与"一带一路"共建国家农产品贸易额	
GDP_{it}	中国国内生产总值	+
GDP_{jt}	"一带一路"共建国家国内生产总值	+
AGR_{jt}	"一带一路"共建国家农产品增加值占国内生产总值的比例	+
AGR_{it}	中国农产品增加值占国内生产总值的比例	+
POP_{jt}	"一带一路"共建国家的人口	+/-
POP_{it}	中国人口	+
$OPEN_{jt}$	"一带一路"共建国家的贸易依存度	+
WTO_{jt}	"一带一路"共建国家是否属于WTO成员（虚拟变量，属于1，不属于0）	+
AGE_{jt}	中国与"一带一路"共建国家建交时间	+
D_{jt}	中国与"一带一路"共建国家首都之间的距离	-
BOR_{jt}	中国与"一带一路"共建国家是否拥有共同边界（虚拟变量，拥有共同边界为1，没有共同边界为0）	+

所需数据来源如下：变量 TR_{jt} 来自联合国贸易数据库 UN COMTRADE DATABASE，SITC Reversion 3；变量 GDP_{it}、变量 AGR_{it}、变量 POP_{it} 来自《中国统计年鉴》；变量 GDP_{jt}、变量 AGR_{jt}、变量 POP_{jt}、变量 $OPEN_{jt}$、变

量 AGE_{jt}、变量 WTO_{jt} 来自世界银行数据库 www.worldbank.org.cn；变量 D_{jt}、变量 BOR_{jt} 来自 http：//www.hjqing.com/find/jingwei/ 的经纬度查询系统。

三、模型结果及分析

(一) 数据检验

在线性回归模型中，存在多重共线性可以导致估计参数的无效性和预测结果的偏差。多重共线性指的是解释变量之间存在精确相关关系或高度相关关系的情况。这种情况可能会对模型的准确性和可解释性产生不良影响。为了避免多重共线性的问题，作者在进行模型回归之前需要进行多重共线性的检验。

使用相关系数矩阵对变量进行分析。结果显示，中国的国内生产总值（GDP）与中国农产品增加值所占中国 GDP 比值存在严重的共线性，相关系数为 0.758。此外，中国的人口与中国 GDP 之间的相关系数为 0.958，说明这两个变量之间可能存在共线性。其他变量的相关系数均在 0.69 以下，显示共线性可能较小。考虑到中国的 GDP 是一个重要的变量，因此选择剔除中国人口变量。经过剔除后，中国的国内生产总值与中国农产品增加值所占中国 CDP 比值与中国 GDP 的相关系数为 0.763，仍然存在较高的共线性。

为进一步研究变量之间是否存在共线性，可以使用方差膨胀因子（variance inflation factor，VIF）来进行检验。VIF 越大，表示共线性越强；容许度（1/VIF）越小，表示共线性越强。通过计算各个变量的 VIF，可以评估其与其他变量之间的相关性。具体来说，可以根据以下两个条件同时判断变量之间是否具有多重共线性：（1）最大的 VIF 大于 10：如果某个变量的 VIF 达到或者超过 10，表示该变量与其他变量之间存在较强的共线性。（2）平均的 VIF 大于 1：如果所有变量的平均 VIF 超过 1，表示变量之间整体存在共线性。

为了对所有变量进行方差膨胀因子（VIF）的检验，作者使用了 Stata 17 软件。检验结果见表5-2，作者对中国 GDP 变量和中国农产品增加值所占中国 GDP 比值变量的 VIF 进行了计算。结果显示，中国 GDP 变量的 VIF 为 13.031，中国农产品增加值所占中国 GDP 比值的 VIF 为 12.911。这两个变量的 VIF 均大于 10，表明存在严重的共线性问题。此外，作者计算所有变量的平均 VIF，结果为 4.477，也大于 1，这表明变量之间整体仍然存在共线性问题。

表5-2　　　　　　　　各个变量的方差膨胀因子

变量	VIF	1/VIF
$lnGDP_{it}$	13.031	0.077
$lnGDP_{jt}$	3.741	0.267
AGR_{jt}	12.911	0.077
AGR_{it}	1.101	0.908
$lnPOP_{jt}$	4.891	0.204
$OPEN_{jt}$	1.491	0.671
WTO_{jt}	1.731	0.578
AGE_{jt}	1.331	0.751
D_{jt}	2.191	0.456
BOR_{jt}	2.351	0.425
Mean VIF	4.477	

因此，作者只能进一步剔除中国农产品增加值所占中国 GDP 比值变量，并重新进行方差膨胀因子（VIF）的计算。根据表5-3的结果显示，剔除后各个变量的 VIF 均小于 10，说明此时构建的回归模型中变量之间不存在严重的共线性问题。

第五章 我国与"一带一路"共建国家农产品贸易拓展的障碍因素与存在的主要问题

表5–3　　　　　　　　剔除个别变量后的方差膨胀因子

变量	VIF	1/VIF
$\ln GDP_{it}$	1.082	0.924
$\ln GDP_{jt}$	3.742	0.267
AGR_{it}	1.102	0.907
$\ln POP_{jt}$	4.892	0.204
$OPEN_{jt}$	1.493	0.670
WTO_{jt}	1.732	0.577
AGE_{jt}	1.332	0.751
$\ln D_{jt}$	2.192	0.456
BOR_{jt}	2.352	0.425
Mean VIF	2.213	

在处理多重共线性时,剔除高度相关的变量是一种常见的解决方法。通过剔除农产品增加值所占 GDP 比值变量,作者成功消除了模型中的严重共线性,从而保证了回归模型的稳定性和可靠性。综上所述,通过剔除中国农产品增加值所占中国 GDP 比值变量,并重新计算 VIF,得到的结果表明,所构建的回归模型中各个变量之间不存在严重的共线性问题。这意味着作者可以继续使用这些变量来进行后续的回归分析,并获得准确可靠的结果。

(二) 研究结果

在本书的第六章中,作者将使用回归结果的系数来估计潜在贸易额。为确保结果的稳健性,这里采用普通最小二乘法(OLS)进行回归分析。此外,为了进一步提高模型结果的可靠性,作者还将采用聚类稳健的标准差进行模型分析。

鉴于国家间距离和是否拥有共边界两个变量存在共线性问题,作者将这两个变量分别纳入模型 2 和模型 3 进行回归分析。表 5-4 展示了相应的回归结果。通过将这两个变量分散到不同的模型中，可以更好地探究它们对农产品贸易额的影响，并获取更准确的估计结果。这样一来，可以避免由于共线性引起的不确定性和偏差，并增强对这些变量在农产品贸易中的实际作用的认识。

表 5-4　中国与"一带一路"共建国家农产品贸易额模型回归结果

变量	模型 1	模型 2	模型 3
中国国内生产总值 $\ln GDP_{it}$	0.829 *** (0.145)	0.861 *** (0.146)	0.871 *** (0.167)
"一带一路"共建国家国内生产总值 $\ln GDP_{jt}$	0.703 *** (0.105)	0.722 *** (0.101)	0.548 *** (0.107)
"一带一路"共建国家农产品增加值占国内生产总值的比例 AGR_{jt}	0.109 *** (0.028)	0.113 *** (0.027)	0.048 (0.029)
"一带一路"共建国家的人口 $\ln POP_{jt}$	0.473 *** (0.121)	0.463 *** (0.118)	0.686 *** (0.149)
"一带一路"共建国家的贸易依存度 $OPEN_{jt}$	0.009 *** (0.003)	0.009 *** (0.003)	0.012 *** (0.003)
"一带一路"共建国家是否属于 WTO 成员 WTO_{jt}	0.069 (0.386)	0.206 (0.421)	0.248 (0.477)
中国与"一带一路"共建国家建交时间 AGE_{jt}	0.015 (0.007)	0.013 (0.007)	0.012 (0.009)
中国与"一带一路"共建国家首都之间的距离 $\ln D_{jt}$	-1.948 *** (0.387)	-1.727 *** (0.319)	—
中国与"一带一路"共建国家是否拥有共同边界 BOR_{jt}	0.465 (0.556)	0.438 (0.537)	0.426 (0.512)
常数项	-15.88 *** (4.967)	-18.93 *** (4.473)	-33.45 *** (4.943)

第五章 我国与"一带一路"共建国家农产品贸易拓展的障碍因素与存在的主要问题

续表

变量	模型1	模型2	模型3
观测值	1 003	1 003	1 003
R – squared	0.833	0.826	0.821

注：*** 表示1%的统计显著性水平，括号内是对应解释变量的P值。

整体来看，回归方程的拟合度较高，R – squared 在 0.82 以上，接近 0.85①。通过分析表 5 – 4 中国与"一带一路"共建国家农产品贸易的模型 2 的回归结果可得出以下结论：

（1）从表 5 – 4 的估计结果可以看出，中国与"一带一路"共建国家的国内生产总值（GDP）系数显著为正。这意味着中国与"一带一路"共建国家的农产品贸易额与双边的经济总量呈现正相关关系。换句话说，中国与"一带一路"共建国家的经济增长将促进双边农产品贸易的增长。具体来说，根据表 5 – 4 估计结果的数值，当中国国内生产总值增长 1%时，中国与"一带一路"共建国家的农产品贸易额会增加 0.861%。而当"一带一路"共建国家的国内生产总值增长 1%时，中国与"一带一路"共建国家的农产品贸易额增加 0.722%。这表明中国国内生产总值的增长对双边农产品贸易的促进作用更为显著。

（2）根据回归结果可以看到，"一带一路"共建国家农产品增加值占国内生产总值比例的回归系数显著为正。这表明中国与"一带一路"共建国家的农产品贸易额与这些国家农产品增加值占国内生产总值比例之间呈正相关关系，回归系数 AGR 为 0.113 且通过了显著性检验。换句话说，提高"一带一路"共建国家农产品增加值占 GDP 比值的水平将显著促进双边农产品贸易。更具体地说，回归系数的数值显示，当 AGR 每增加 1%，中国与"一带一路"共建国家的农产品贸易额将增加 0.113%。这一结果表明，"一带一路"共建国家农产品增加值占国内生产总值比例的

---

① R – squared 的值越接近于 1，回归的拟合效果越好。

增加对于促进双边农产品贸易具有显著的作用。

（3）根据回归结果可以看到，"一带一路"共建国家的人口变量显著为正。具体来说，当"一带一路"共建国家的人口增加1%时，农产品贸易额将增加0.463%。根据之前学者的研究，人口因素对于贸易具有双重的影响。一方面，国内人口的增加会促进国内产品的生产和深加工，从而导致国际贸易减少；另一方面，国内人口的增加会带来国家整体需求量的增加，从而增加与其他国家的国际贸易。然而，在农产品领域，由于农、林、牧、副、渔等农产品作物的特性，其产量并不会因人口增加而有较大的增长。与此同时，每个人对农产品的需求量相对稳定，人口增加必然会引起整体对农产品需求的增加。因此，在农产品贸易中，人口增加所带来的需求增加要明显大于其他因素引起的国际农产品贸易减少。综上所述，根据回归结果可以得出结论，中国与"一带一路"共建国家的人口变量对农产品贸易额有显著的正向影响。

（4）根据回归结果可以看到，"一带一路"共建国家的对外贸易依存度的回归系数显著为正。这意味着中国与"一带一路"共建国家之间的农产品贸易额与这些国家的对外贸易依存度呈正相关关系。具体而言，回归系数的数值显示，当"一带一路"共建国家的对外贸易依存度增加1个单位时，中国与这些国家的农产品贸易额将增加0.009个单位。这一结果表明，"一带一路"共建国家的对外贸易依存度对于促进双边农产品贸易具有显著的作用。对外贸易依存度增加意味着这些国家更加依赖于国际贸易，特别是与中国的贸易关系。因此，随着共建国家对外贸易依存度的增加，他们对中国农产品的需求也会相应增加，进而促进了农产品贸易额的增长。

（5）根据回归结果可以看到，中国与"一带一路"共建国家首都之间的距离系数显著为负，与预期结果一致。这意味着中国与共建国家之间的农产品贸易额与两国首都之间的距离呈负相关关系。换句话说，两国之间的距离越远，将增加农产品贸易的运输成本，从而不利于双边的贸易。在双边贸易中，贸易国家之间的距离被视为一个阻力因素。在其他条件相

第五章 我国与"一带一路"共建国家农产品贸易拓展的障碍因素与存在的主要问题

同的情况下,两国之间的距离越远,物流和运输成本就越高,这会对双边贸易造成不利影响。对于农产品和其他易腐品,其质量保鲜的时间相对较短,因此对贸易国之间的距离更为敏感。具体来说,回归系数的估计结果为 -1.727。这意味着当两国之间的距离增加1%时,双边农产品贸易额将减少1.727%。这一结果表明,距离对于中国与"一带一路"共建国家之间的农产品贸易具有显著的负面影响。

(6) 根据回归结果可以看到,WTO(世界贸易组织)的虚拟变量并不显著。这意味着在中国与"一带一路"共建国家的农产品贸易中,中国与伙伴国都是世界贸易组织的成员,并没有对双边农产品贸易产生显著的促进作用。这可能是因为在"一带一路"共建国家中,大部分国家都是世界贸易组织的成员,多边贸易体制并没有在中国与"一带一路"共建国家的农产品贸易中发挥出促进作用。同时,一些研究也指出,世界贸易组织在一定程度上已经陷入困境,国际贸易更多地依赖于其他区域性贸易组织。因此,世界贸易组织并没有对中国与"一带一路"共建国家的农产品贸易产生显著影响。在这种情况下,中国与"一带一路"共建国家更需要"一带一路"倡议来促进区域贸易合作。此外,本书还发现,中国与"一带一路"共建国家是否拥有共同边界,以及建交时间等因素也不显著影响农产品贸易。

综合研究结果表明,模型中的六个重要变量包括:中国国内生产总值(GDP)、"一带一路"共建国家的国内生产总值、国家人口、对外贸易依存度、中国与"一带一路"共建国家之间的距离以及"一带一路"共建国家农产品增加值占国内生产总值比例,都在1%的显著水平上具有显著影响,并且其符号与预期估计结果基本一致。其中,距离变量是农产品贸易的阻碍因素,而其他五个变量对农产品贸易有不同程度的促进作用。然而,双边是否同属于WTO成员和共边界两个虚拟变量并不显著。此外,建交时间变量也不显著。

因此,本书的结果表明,中国与"一带一路"共建国家之间的距离是影响农产品贸易额的最主要因素,与现有文献中的大部分研究结果相一致。这一发现强调了距离对于农产品贸易的阻碍作用。由于农产品的质量保鲜时间较短，距离越远意味着更高的运输成本和较长的运输周期，这都会对双边贸易产生负面影响。因此，有效减少贸易距离和降低运输成本对于促进中国与"一带一路"共建国家之间的农产品贸易是至关重要的。

本书研究结果为进一步加强区域贸易合作提供了指导，通过建设更好的基础设施网络，加强物流和运输能力，可以缩小中国与"一带一路"共建国家之间的距离，并降低贸易成本。此外，我国还应加强贸易合作的协调机制，提供更灵活的运输和贸易安排，以应对双边贸易的需求和挑战。

第二节 我国与共建国家农产品贸易存在的主要问题与原因分析

除了前面分析的障碍因素外，近年来科技的进步和工业的发展不断推动工业制成品的国际贸易量增加，这给农产品贸易的发展带来了一些挑战。然而，农产品贸易仍然占据着举足轻重的地位，世界人口的不断增长以及世贸组织对农产品市场的深化开放格局使其依然具有重要性。我国的农业发展受到生产力和生产结构等因素的影响，与一些共建发达国家的农产品贸易存在较大差距。这意味着我国在农产品贸易中面临着一些困难和挑战。同时，我国与"一带一路"共建国家之间的农产品贸易也面临着一些问题，例如贸易逆差和绿色壁垒等，急需解决。

一、我国与共建国家农产品贸易存在的主要问题

（一）我国与共建国家的农产品贸易逆差额依然较大

如前所述，2005~2022年，中国与"一带一路"共建国家的农产品贸易一直呈现逆差状态。具体来看，在2005~2011年，除了2009年逆差

减少外,其他年份的逆差一直呈上升趋势,其中 2011 年贸易逆差达到 232.11 亿美元。而在 2012~2016 年,逆差开始呈下降趋势,到 2016 年已降至 100.62 亿美元。在 2017~2020 年,逆差的变化幅度相对较小,基本稳定在 210 亿美元左右。近两年,逆差开始出现扩大的趋势,2021 年和 2022 年的贸易逆差分别为 392.14 亿美元和 499.05 亿美元。

细观各个农产品,2021 年我国与"一带一路"共建国家之间的谷物贸易逆差达到 31.2 亿美元,较上一年增加了 4.3 亿美元;食用植物油贸易逆差为 29.5 亿美元;而食用油籽贸易逆差则高达 134.6 亿美元,比上一年增加了 10.4 亿美元,在农产品中位列第一。此外,畜产品贸易逆差为 67.8 亿美元,在农产品中排名第二位。

综合来看,我国与"一带一路"共建国家之间的农产品贸易逆差仍然较大,并且呈现波动态势,可能还存在逐渐增加的趋势。在当前全球市场和国际政治经济形势不断变化的背景下,我国在与"一带一路"共建国家的农产品贸易进出口方面面临着越来越大的挑战。

(二) 我国对共建国家的农产品贸易结构不尽合理

就我国与"一带一路"共建国家的农产品贸易而言,目前出口的主要是初级加工的农产品,而深加工甚至精加工的农产品相对较少,种类也较为单一,这导致我国在农产品贸易中缺乏明显的竞争优势,无法构建一个完整的贸易体系。此外,我国在农产品加工领域所使用的机械设备相对落后,与"一带一路"共建发达国家在技术、设备、人才和管理方面存在较大差距。这导致我国农产品的附加值较低,竞争力不强,因此在出口方面受到一定的阻碍。

我国与"一带一路"共建国家的农产品贸易存在结构不均衡的问题。在农产品出口中,主要集中在具有相对优势的农产品,例如水果、蔬菜、水产品等。由于我国劳动力价格相对较低,使一些农产品具有较低的进口价格,从而形成出口优势。因此,我国农产品出口贸易结构中,原材料和初级产品的比重较高,而高档次、高技术含量和高附加值的加工品出口增长相对较慢,所占比重较小。近年来,我国对"一带一路"共建国家的农产品出口主要集中在水产品、畜产品、茶叶、罐头、蔬菜、蚕丝、中药材、花卉等优势出口农产品,这些农产品的出口同比增长较快。然而从整体来看,我国的农产品出口更多的是保鲜类和冷冻类产品,而像蔬菜汁、罐装类产品这样的高附加值的深加工产品却出口量较少。此外,我国出口的农产品大多来自劳动密集型产业,而技术密集型产业的农产品出口较少。因此,这种不合理的农产品出口结构不仅制约了我国对"一带一路"共建国家农产品出口的进一步扩大,也直接影响农产品出口效益的提高。

(三) 遭受来自共建国家的反倾销诉讼较为严重

在全球农产品贸易中,许多国家为了保护本国的农产品发展,实施了各种农产品贸易壁垒,制约其他国家农产品在本国市场的发展。近年来,我国遭受的反倾销案件数量在世界范围内位居前列,主要来自发达国家,也有越来越多的发展中国家加入其中。其中,包括"一带一路"共建国家的印度、俄罗斯等国家,对我国农产品贸易产生了极大的不利影响。频繁面临他国对我国农产品的反倾销案件,不仅给我国造成了一定的诉讼费用损失,对我国农产品的国际信誉也带来了影响,更严重的是给农产品企业带来了巨大的经济损失,甚至导致我国出口的一部分农产品失去市场。与此形成鲜明对比的是,在我国,对他国农产品实施反倾销的企业数量相对较少。

在反倾销调查过程中,一些国家往往不采用我国的正常价格,而是选择采用"第三国"的价格,这对我国进行反倾销调查造成了不利影响。这种做法在一定程度上损害了我国农产品出口企业的利益,也导致一些"一带一路"共建国家的农产品市场竞争力削弱甚至消失。

(四) 农副产品出口企业抗风险能力较弱

自改革开放以来,我国外贸经营权的放权使国有外贸企业失去了其原有体制下对外贸经营的垄断地位。这导致了出口市场的主体地位由国有企业转向了众多的中小型私营进出口公司。我国中小型外贸企业数量众多，出现严重的"搭便车"现象。一个农业企业进入某个国家市场后，其他企业纷纷跟进，导致市场的竞争加剧。然而，在国外对我国农产品发起反倾销控诉时，由于应对控诉的成本较高，只有少数企业愿意进行辩护。而即使这些企业最终获得了胜诉，未参与辩护的其他企业仍能享受到胜诉的好处。这种现象导致更多的国外反倾销控诉对其他农产品的涌现，严重影响了我国外向型农业与农产品贸易的发展。

另外，我国农产品出口企业受到自身地理条件等因素的影响，很大程度上依赖于原料的收购。相较于大型农产品生产加工龙头企业较少，我国农产品的深加工能力相对较低，出口主要以初级产品和半成品为主，而深加工产品相对较少，附加值不高。此外，我国农产品的原料主要来自农户的生产经营，呈现出"小规模、大群体，小生产、大市场"的格局，因此，生产管理环节很难规范，农产品的质量保证也难以有所突破。

在我国外向型农业的发展中，"订单农业"是一种比较常见的模式。然而，在订单执行的过程中存在一些问题。当出口市场行情良好时，订单执行相对顺利。但一旦市场行情不佳，一些出口企业可能会违背合同承诺，取消订单或者要求农户降价提质，将损失转嫁给农户。这种情况在很大程度上影响了我国农民参与外向型农业经营的积极性。

（五）我国与共建国家的农产品贸易伙伴过于集中

正如之前所提到的，在中国与"一带一路"共建国家之间的农产品贸易中，贸易市场相对集中。2021 年的数据显示，中国与占比最高的前 5 个国家的农产品贸易额达到了 787.53 亿美元，占中国与"一带一路"共建 64 个国家农产品贸易总额的比重为 72.56%。与占比最高的前 10 个国家的农产品贸易额为 951.42 亿美元，占中国与"一带一路"共建 64 个国家农产品贸易总额的比重达到了 86.03%。同时，中国与"一带一路"共建国家的农产品出口额占中国对"一带一路"共建国家农产品总出口额的比重为 60.49%。与前 10 个国家的农产品出口额相比，中国对"一带一路"

共建国家的农产品出口总额占比为80.08%。此外，中国与"一带一路"共建国家的农产品进口贸易总额中，前10个国家的贸易额占比达到了92.99%。这些数据表明，中国在与"一带一路"共建国家的农产品贸易中依然存在一定的集中性。这种市场集中性可能会带来一些潜在风险，如过度依赖某些国家或地区的农产品贸易。为降低这种集中性带来的潜在风险，中国可以通过拓展与更多国家的农产品贸易，促进农产品的多元化来源和贸易伙伴。同时，也应加强农产品质量监管和风险管理，以确保农产品贸易的稳定和可持续发展。

目前有一些"一带一路"共建国家采取了农产品出口管制的措施，这包括俄罗斯、印度、泰国、越南、哈萨克斯坦、塞尔维亚和乌克兰等国家。其中，泰国、印度、俄罗斯、越南和乌克兰这5个国家也是中国与"一带一路"共建的十大农产品贸易国之一。这些出口管制措施必然会对中国与"一带一路"共建国家的农产品贸易造成一定冲击，并进一步影响中国的粮食安全。

二、我国与共建国家农产品贸易问题的原因分析

（一）人民币升值带来农产品进口增加的同时抑制了出口

人民币的升值主要受到两个因素的影响：外部压力和内部动力。自2005年以来，人民币总体呈现升值的趋势。从2023年11月开始，人民币开始快速升值，数据显示，截至2023年11月29日，人民币对美元的中间价持续上调，报7.1031，创下了6个多月以来的新高（自6月6日以来）。此外，自11月以来，人民币对美元中间价已经大幅度上升了748个基点。特别是在下半月以来，人民币呈现出单边的快速上涨趋势，升值幅度显著。在岸人民币对美元和离岸人民币对美元的汇率继续保持强势上涨，甚至一度突破了7.12的关口。其中，11月29日，在岸人民币对美元的汇率最高报7.1162，创下了自6月中旬以来的新高，自11月以来的最

大涨幅已超过2 000个基点。这种人民币升值趋势的持续对中国的农产品贸易产生了影响。人民币升值使中国的农产品更加昂贵，降低了出口竞争力，可能抑制了农产品出口的增长。同时，进口农产品的价格相对降低，对国内市场的农产品产销格局产生了一定的冲击。因此，中国必须审慎应对人民币升值带来的影响，采取有效的政策和措施，以保持农产品贸易的稳定和可持续发展。

（二）我国部分农产品存在质量安全问题

在过去的十几年里，我国曾经出现一些重大的食品安全问题，比如"三聚氰胺"问题和"瘦肉精"事件等。这些食品安全问题引发了"一带一路"共建国家进口商的担忧和恐慌，导致我国农产品的出口量减少，从而造成了我国与"一带一路"共建国家之间的农产品贸易逆差。这些食品安全问题对我国农产品出口造成了严重的负面影响。首先，国际消费者对我国的农产品产生了疑虑和不信任，导致他们对我国农产品的需求减少。其次，进口商担心进口的农产品可能存在安全隐患，因此减少了对我国农产品的采购量。最后，这些因素使我国与"一带一路"共建国家的农产品贸易逆差愈发明显。

为解决这一问题，我国需要采取一系列的应对措施。首先，加强食品安全监管，提高农产品质量和安全标准，加强对农产品生产、加工和销售环节的监督和管理。其次，加强食品安全宣传教育，增强公众的食品安全意识，提高消费者对农产品质量和安全的认知。同时，加强与"一带一路"共建国家的合作，共同推动食品安全合作、信息交流和经验分享，共同构建食品安全的合作机制。另外，加强农产品品牌建设和市场推广，提升中国农产品在国际市场上的竞争力和形象。通过这些措施的实施，我国可以有效地提升农产品的质量和安全水平，恢复"一带一路"共建国家进口商的信心，推动农产品出口的增长，并最终实现与"一带一路"共建国家农产品贸易的平衡发展。

(三) 绿色壁垒对我国农产品出口的影响较大

需要注意的是，一方面，"一带一路"共建的部分发达国家的绿色壁垒较多，标准较高，我国很难达到，这就使我国农产品较难出口；另一方面，进口农产品却较多，从而带来了较大的农产品贸易逆差。

为改善这一问题，我国可以采取一系列措施来提高农产品的质量和环保标准。首先，加强科技研发和创新，推动农业领域的技术进步，提高农产品的生产效率和品质。同时，加强环境保护意识培养，推动农业生产的可持续发展，减少农药和化肥的使用，提高产品的安全性和环保性。其次，加强农产品质量和标准体系的建设。制定统一的质量标准，确保农产品的质量安全和符合国际标准。加强监管和检测力度，严格把关进口农产品的质量和安全。同时，加强与"一带一路"共建国家的合作，共同推动农产品的绿色贸易，加强信息共享和合作，建立更加公平和透明的贸易环境。此外，加强农产品品牌建设和市场推广，提升我国农产品的知名度和竞争力。通过品牌塑造和市场推广，使我国农产品具备更强的市场认同度和竞争力。同时，加强对农民的培训和教育，提高他们的技能和意识，使他们能够更好地适应国际市场的需求和标准。

总之，改善与"一带一路"共建国家的农产品贸易逆差，我国应加强农产品的质量和环保标准，推动科技创新，加强监管和检测，加强与相关国家的合作，强化品牌建设和市场推广。通过这些措施的实施，我国可以提高农产品的竞争力和出口质量，促进与"一带一路"共建国家的农产品贸易的平衡发展。

(四) 农产品附加值不高，农业科技人才较为缺乏

此外，我国农产品附加值依然较低，在农业科技和外贸人才方面存在较大的缺乏。为解决这些问题，我国可以采取一系列措施来提高我国农业的集约化水平，提升我国出口农产品的附加值。如前所述，首先，最为重要的还是要强化农业技术创新，增加对农技研发、农技推广的经费支出和

第五章　我国与"一带一路"共建国家农产品贸易拓展的障碍因素与存在的主要问题

财政支持力度，在合适的区域推广农业机器换人，持续提升我国出口农产品的生产效率，不断提高我国出口农产品的国际竞争力。其次，鼓励发展家庭农场，推动农业合作社上规模，扩大农业企业的集约化发展，提高我国各类农产品种植的集约化程度。与此同时，通过举办各种线上线下的培训班，通过农业专家在线服务和农业科技下乡等方式，对农民朋友进行各种培训，以提升他们的农业技能，提高他们的知识水平和生产技能，增加农产品的附加值。再次，要继续推动我国农产品品牌建设，通过农产品的深加工等办法来提升我国出口农产品的附加值。通过引进各类适应中国农业发展的先进设备、先进农业设施和先进的农产品加工技术来提高我国出口农产品的国际竞争力，改善出口农产品的质量，进而不断提升我国出口农产品的附加值。最后，我国需要继续加大农产品的市场推广力度，加强品牌建设，树立我国农产品的良好形象，提高企业和产品的竞争力。

综上所述，为提高我国农产品的附加值和竞争力，我国需要加强农业科技创新，推动农业的集约化发展模式，鼓励农产品的深加工和品牌建设。通过这些措施的实施，我国的农产品将能够提高附加值，提升市场竞争力，并实现与发达国家的农产品贸易的平衡发展。

第六章 我国与"一带一路"共建国家农产品贸易潜力研究

第一节 研究范围与潜力测算方法

一、研究范围

为确保研究的一致性,本章所研究的对象与第五章保持一致,即纳入中国与"一带一路"共建的 59 个国家。同时,根据研究的需要,本章依然剔除了中亚地区的土库曼斯坦以及西亚、中东和北非地区的以色列、科威特、巴林和叙利亚。这样的调整可以确保研究范围的准确性和可比性。

本章的研究对象仍然是第二章中定义的农产品,包括水产品在内,并涵盖了中国与 59 个"一带一路"共建国家之间的农产品贸易。由于农产品的出口贸易、进口贸易和总体贸易额受到的影响因素各不相同,因此本章将对中国与 59 个"一带一路"共建国家的农产品整体贸易潜力、农产品出口贸易潜力和农产品进口贸易潜力进行分析。本章所使用的农产品进出口贸易数据来源于联合国商品贸易数据库(UN Comtrade Database),而其他所使用的数据来源将在各节中具体说明。通过对这些数据的分析,能够更好地了解中国与"一带一路"共建国家之间的农产品贸易情况和潜力。

二、贸易潜力测算和划分方法

采用指数方法比较一个国家与不同贸易伙伴国家之间的贸易潜力时，通常是通过计算实际值与模型估计值的比率来反映潜力的相对大小。由于每个国家的农产品生产和贸易条件以及贸易规模都存在差异，绝对数值之间的差距可能很大。因此，利用比率进行计算和分析可以更好地比较中国与"一带一路"共建不同国家之间的农产品贸易潜力。通过指数方法进行分析，能够更好地综合考虑各个国家的贸易表现和潜力。这种相对比较能够在一定程度上消除绝对数值的影响，更加准确地评估中国与"一带一路"共建国家在农产品贸易方面的潜力。通过这种分析方法，可以推断出哪些国家对中国的农产品出口具有更大的潜力，同时也可以了解中国与不同国家在农产品贸易方面的相对竞争能力和优势。

相关研究文献中对于贸易潜力的划分可以分为两种评价体系。一种以"1"为分界点，根据计算结果来判断贸易潜力的大小。比值小于"1"表示双方贸易市场还未饱和，被归类为"潜力巨大型"。这类情况下，贸易在现有贸易额的基础上仍有较大的增长潜力。如果比值等于"1"，则表示贸易已经达到最佳状态。而如果比值大于"1"，则表示双方在当前贸易条件下已经处于"过度贸易"的状态，被归类为"潜力再造型"。在这种情况下，需要采取新的相关措施来激发新的贸易机会。另一种将比值以"0.9"和"1.3"为分界点，将贸易潜力划分为三类。如果比值小于或等于"0.9"，则被归类为"潜力潜在型"，表示贸易双方的开发力度不够，存在较大的贸易潜力。如果比值大于"0.9"且小于"1.3"，则被归类为"潜力拓展型"。当贸易比值接近于"1"时，说明贸易伙伴国之间的贸易还有一定的拓展空间，存在一定的贸易潜力。而如果比值大于或等于"1.3"，则被归类为"潜力成熟型"，表示贸易双方的贸易已经相对成熟，在这种情况下增加贸易额需要采取激励措施或优化其他条件。通过对比值的划分，可以更准确地评估不同国家之间的农产品贸易潜力，从而为政策制定和贸易发展提供指导和参考。

在上述两种比值评价方法中，以"1"作为分界点的划分标准更容易理解，因此，在对农产品贸易潜力进行整体性分析或年度变化时，常常使用以"1"为分界点的评价标准。在实际应用中，如果使用"1"作为潜力标准对同一国家与不同贸易伙伴国家进行划分，可能产生过于绝对的结果，与实际贸易情况不符。例如，如果一个国家与两个贸易伙伴国的比值分别为0.99和1.01，按照以"1"为分界点的划分标准，一个国家被划分为"潜力巨大型"，而另一个国家则被划分为"潜力极小型"。显然，这样的划分很难令人信服。因此，在对同一国家的不同贸易伙伴国家进行潜力划分时，采用以"0.9"和"1.3"为分界点的双标杆划分标准更为客观，也更接近实际贸易情况。这种标准可以更好地反映出贸易潜力的相对差异，避免了划分过于绝对的情况。

综上所述，本章在分析中国与"一带一路"共建国家之间的农产品贸易潜力时，选择了采用以"0.9"和"1.3"作为双标杆划分标准的方法。

第二节 我国与共建国家农产品整体的贸易潜力测度

根据第五章第一节的研究结果，本节将对中国与"一带一路"共建国家之间农产品贸易的整体潜力进行分析。

一、农产品整体贸易潜力测算公式

在进行贸易潜力分析时，一种常见的方法是利用贸易引力模型计算出贸易潜力的理论值，然后将其与实际的贸易总额进行比较，以评估贸易空间的情况。

依据回归结果表5-4中的模型2，中国与"一带一路"共建59个国

家农产品总体呈现显著的因素为6个,因此可以确定中国与"一带一路"共建59个国家的农产品贸易总额潜力预测值的计算方程:

$$\ln TR_{jt} = 0.861\ln GDP_{it} + 0.722\ln GDP_{jt} + 0.113 AGR_{it}$$
$$+ 0.463\ln POP_{jt} + 0.009 OPEN_{jt} - 1.727\ln D_{jt} \quad (6-1)$$

这个预测值代表了在"理论"或者"自然"条件下的农产品贸易潜力额。而中国与"一带一路"共建国家农产品总体贸易潜力的估计是通过将中国与共建国家的实际农产品贸易额与潜力贸易额进行比较计算得出的。如果实际值小于估计的期望值,表明中国与该国之间存在贸易潜力,反之则表明在正常的贸易条件下,两国的农产品贸易额增长的机会较小。通过这个比较,可以判断出双方在农产品贸易方面的潜力,从而为双方的农产品贸易政策和合作提供有益参考。如果实际贸易额低于预期值,可能存在贸易推动的机会,可以加强双方的贸易合作和互利共赢。相反,如果实际贸易额高于预期值,可能表明双方已经充分发挥出贸易潜力,进一步提升农产品贸易额的增长可能性较低。

二、农产品整体贸易潜力测算结果

根据相关数据,可以计算出2021年中国与59个"一带一路"共建国家农产品总体贸易潜力的比值。具体的计算结果如表6-1所示。

表6-1 2021年中国与"一带一路"共建59个国家农产品总体的贸易潜力比值

国家	贸易潜力比值	国家	贸易潜力比值	国家	贸易潜力比值
不丹	0.08	哈萨克斯坦	1.01	黑山	1.79
阿塞拜疆	0.11	新加坡	1.03	保加利亚	1.81
印度	0.15	蒙古国	1.05	斯洛文尼亚	1.86
卡塔尔	0.24	波兰	1.17	格鲁吉亚	1.88
斯洛伐克共和国	0.25	文莱	1.22	黎巴嫩	2.01

续表

国家	贸易潜力比值	国家	贸易潜力比值	国家	贸易潜力比值
阿富汗	0.31	菲律宾	1.28	约旦	2.23
孟加拉国	0.38	塔吉克斯坦	1.37	乌兹别克斯坦	2.24
亚美尼亚	0.39	马尔代夫	1.39	爱沙尼亚	2.69
尼泊尔	0.40	阿拉伯联合酋长国	1.40	塞尔维亚	2.76
阿曼	0.42	白俄罗斯	1.41	东帝汶	3.03
巴勒斯坦	0.49	柬埔寨	1.46	斯里兰卡	3.34
匈牙利	0.55	阿拉伯埃及共和国	1.50	俄罗斯联邦	4.19
伊拉克	0.65	阿尔巴尼亚	1.52	印度尼西亚	4.38
伊朗伊斯兰共和国	0.66	立陶宛	1.55	泰国	4.81
沙特阿拉伯	0.77	越南	1.59	吉尔吉斯斯坦	4.97
巴基斯坦	0.85	波斯尼亚和黑塞哥维那	1.61	拉脱维亚	5.03
土耳其	0.88	也门共和国	1.62	马来西亚	6.37
北马其顿共和国	0.92	罗马尼亚	1.63	乌克兰	8.89
摩尔多瓦	0.96	缅甸	1.69	老挝	9.59
捷克共和国	0.97	克罗地亚	1.71		

根据表6-1的结果可知，2021年中国与"一带一路"共建59个国家农产品总体的贸易潜力呈现以下特征：

在与中国进行农产品贸易的17个国家中，包括不丹、阿塞拜疆、卡塔尔、尼泊尔、阿富汗、孟加拉国、土耳其等，它们的实际贸易值与预期值的比值均小于"0.9"，被归类为潜在贸易型国家。而在与中国开展农产品贸易的潜力排名前10的国家中分别是不丹、阿塞拜疆、印度、卡塔尔、斯洛伐克共和国、阿富汗、孟加拉国、亚美尼亚、尼泊尔和阿曼。在这些国家中，只有印度目前位于中国与"一带一路"共建国家农产品贸易的前十。

在与中国进行农产品贸易的北马其顿共和国、摩尔多瓦、捷克共和国、哈萨克斯坦、新加坡、蒙古国、波兰、文莱和菲律宾9个国家中，它们的实际贸易值与预期值的比值介于"0.9"和"1.3"，被归类为潜力拓展型国家。这些国家在与中国的农产品贸易方面具有一定的潜力和机会。虽然它们的农产品潜力尚未充分发挥，但在贸易政策的推动下，双方可以进一步扩大贸易规模和深化合作。通过加强双方的贸易往来，提升农产品贸易水平，这些国家将有望在中国与"一带一路"共建国家农产品贸易中发挥更重要的作用。因此，双方可以进一步深化合作，加强农产品贸易的发展，实现互利共赢的目标。

根据计算结果，与中国进行农产品贸易的越南、泰国、缅甸、乌克兰、克罗地亚、罗马尼亚、马来西亚、拉脱维亚、老挝和约旦等33个国家，它们的比值均大于"1.3"，被归类为潜力成熟型国家。根据比值计算的结果，目前与中国农产品贸易相对成熟的前10个国家分别是老挝、乌克兰、马来西亚、拉脱维亚、吉尔吉斯斯坦、泰国、印度尼西亚、俄罗斯联邦、斯里兰卡和东帝汶。在这些国家中，乌克兰、马来西亚、泰国、印度尼西亚和俄罗斯联邦目前已经是中国与"一带一路"共建国家农产品贸易的前十大伙伴之一。

当涉及具体的农产品贸易时，除考虑国家的农产品生产和贸易规模等因素外，也不能忽略小国家的发展潜力。尤其是在农产品贸易领域，更需要重视贸易的多元化，以减少贸易集中度，从而降低贸易风险。

从表6-2中可以观察到，在当前中国与"一带一路"国家的农产品贸易前10国中，7个国家被归类为贸易成熟型国家，分别是泰国、印度尼西亚、俄罗斯联邦、菲律宾、马来西亚、越南和乌克兰。其中乌克兰的贸易潜力比值高达8.89，在全部59个共建国家中贸易潜力比值排名第二，表明其贸易拓展潜力已经非常有限。这些数据反映了这些贸易成熟型国家在与中国的农产品贸易方面已经取得显著的进展。尤其是乌克兰，已经发挥了其最大的贸易潜力，相较于其他共建国家，其进一步增加农产品贸易的空间非常有限。

表6-2 2021年中国与共建国家农产品贸易总额前10国的贸易潜力比值与潜力类型

国家	贸易潜力比值	贸易潜力类型
泰国	4.81	贸易成熟型
印度尼西亚	4.38	贸易成熟型
越南	1.59	贸易成熟型
俄罗斯联邦	4.19	贸易成熟型
马来西亚	6.37	贸易成熟型
菲律宾	1.28	贸易拓展型
乌克兰	8.89	贸易成熟型
印度	0.15	贸易潜在型
新加坡	1.03	贸易拓展型
巴基斯坦	0.85	贸易潜在型

新加坡和菲律宾这两个国家被归类为贸易拓展型，表明它们在农产品贸易方面存在增长空间。尤其是菲律宾，农产品贸易潜力比值达到0.93，显示出较大的贸易潜力。值得关注的是印度被归类为贸易潜在型国家，其贸易潜力比值仅为0.15。作为中国的邻国，印度的农产品在中国与"一带一路"共建国家农产品总额中仅占3.27%，显示出较大的发展潜力，需要进一步拓展双方农产品贸易的空间。对于这些贸易拓展型和潜在型国家，中国可以探索更多合作机会，加强信息沟通和交流，深化双方的贸易合作。针对新加坡和菲律宾这两个贸易拓展型国家，中国可以加大对其农产品市场的开拓力度，促进农产品贸易的增长。对于印度这个贸易潜在型国家，中国可以通过加强双方的贸易合作机制，打破贸易壁垒，激发农产品贸易的潜力。

为了更全面地了解中国在"一带一路"共建国家的农产品贸易市场，可以按照区域分类对这些国家的贸易潜力进行分析。表6-3显示了根据贸易潜力进行的划分结果，这有助于中国在农产品贸易市场中更有针对性地拓展合作。由表6-3可以发现，中国与"一带一路"共建国家的农产品贸易市场结构存在区域特征。其中，欧亚大陆国家（如俄罗斯联邦、乌克兰、哈萨克斯坦）在农产品贸易方面具有较高的成熟度和潜力。这主要得益于地缘接近、文化相近以及存在着较大的经济合作机遇等因素。此外，东南亚国家（如泰国、印度尼西亚、菲律宾）也展示出良好的农产品贸易潜力。该地区拥有丰富的农产品资源和发达的农业产业，与中国具有较高的互补性。其他地区如中亚国家（如哈萨克斯坦）、中东国家（如阿塞拜疆、卡塔尔）以及南亚国家（如印度、孟加拉国）的农产品贸易潜力尚待开发，但也存在着与中国进行更深入合作的机会。

表6-3 2021年中国与"一带一路"共建各区域农产品贸易潜力类型

区域	贸易潜在型	贸易拓展型	贸易成熟型
蒙、俄2国		蒙古国（1个）	俄罗斯联邦（1个）
中亚4国		哈萨克斯坦（1个）	乌兹别克斯坦、吉尔吉斯斯坦、塔吉克斯坦（3个）
西亚、中东及北非15国	伊朗伊斯兰共和国、沙特阿拉伯、阿曼、伊拉克、卡塔尔、阿塞拜疆、巴勒斯坦、亚美尼亚（8个）	土耳其（1个）	阿拉伯埃及共和国、阿拉伯联合酋长国、黎巴嫩、格鲁吉亚、约旦、也门共和国（6个）
中东欧19国	斯洛伐克共和国、匈牙利、北马其顿共和国（3个）	波兰、捷克共和国、摩尔多瓦（3个）	乌克兰、白俄罗斯、罗马尼亚、保加利亚、拉脱维亚、立陶宛、爱沙尼亚、斯洛文尼亚、克罗地亚、阿尔巴尼亚、塞尔维亚、波斯尼亚和黑塞哥维那、黑山（13个）
东南亚11国		新加坡（1个）	越南、菲律宾、缅甸、文莱、柬埔寨、老挝、泰国、马来西亚、东帝汶、印度尼西亚（10个）
南亚8国	印度、孟加拉国、巴基斯坦、尼泊尔、不丹、阿富汗（6个）		斯里兰卡、马尔代夫（2个）

综合来看，贸易潜力型国家主要分布在西亚、中东和北非地区以及南亚地区；贸易成熟型国家主要分布在中东欧、东南亚和中亚；而贸易拓展型国家的数量相对较少，其中，中东欧地区有3个国家属于该类型，同时新加坡、蒙古国和土耳其也属于贸易拓展型国家。总体而言，贸易潜在型国家主要集中在南亚和西亚、中东北非地区的一些国家。西亚、中东和北非地区的国家具有丰富的农产品资源和优势产业，例如中东地区的油气资源和北非地区的水果、蔬菜等农产品。南亚地区以其庞大的人口和多样化的农业生产而成为农产品贸易的潜在市场。这些国家在农产品贸易方面具有较大的潜力和发展空间。与此同时，中东欧、东南亚和中亚地区的国家已经取得了一定的成熟度和稳定性。这些地区与中国的地缘相对较近，经济联系较为紧密，农产品贸易水平相对较高。贸易拓展型国家数量较少，但也具有一定的发展潜力。新加坡作为贸易中心，具有便利的贸易环境，与中国有广泛的贸易合作。蒙古国和土耳其具有丰富的农产品资源和发展潜力，与中国的贸易合作仍有较大的空间。在拓展农产品贸易市场方面，中国可以加强与这些国家的贸易合作和交流，进一步推动贸易便利化，加强合作机制的建设，以实现更加互利共赢的农产品贸易合作。通过深化合作，中国可以充分利用各国的特色资源，实现农产品的互补和共赢，进一步推动"一带一路"倡议的实施。

具体来看，不同区域分布着不同的农产品贸易潜力国家。在东南亚和中亚地区，除了新加坡和哈萨克斯坦属于贸易拓展型国家外，还有文莱、菲律宾、柬埔寨、越南、缅甸等13个国家属于贸易成熟型国家。在南亚地区的8个国家中，印度、巴基斯坦、阿富汗、孟加拉国、尼泊尔等6个国家属于贸易潜在型国家。在西亚、中东和北非地区的15个国家中，阿塞拜疆、卡塔尔、伊朗、沙特阿拉伯等8个国家属于贸易潜在型国家，是该区域贸易潜力型国家最多的地区。土耳其属于贸易拓展型国家，而阿拉伯联合酋长国、也门、约旦等6个国家属于贸易成熟型国家。在中东欧的19个国家中，有6个国家属于贸易潜在型或贸易拓展型国家，而其余13个国家属于贸易成熟型，是中国参与"一带一路"共建国家农产品贸易中，贸易成熟型国家最多的地区。在中亚地区，除了哈萨克斯坦是贸易拓展型国家外，塔吉克斯坦、乌兹别克斯坦和吉尔吉斯斯坦都属于贸易成熟型国家。这些国家的分布特征反映出不同区域的农产品贸易发展水平和潜力。例如，东南亚和中亚地区的许多国家已经具备了相对成熟的农产品贸易市场，具有较高的经济合作水平。西亚、中东和北非地区的一些国家拥有丰富的农产品资源，是中国在该地区进行进口贸易的主要伙伴。中东欧地区的许多国家也具有较高的农产品贸易水平。

在中国与"一带一路"共建的主要贸易国中，印度和新加坡是两个值得重点关注的国家。印度作为贸易潜在型国家，具有巨大的发展潜力。作为中国的邻国，印度拥有庞大的经济规模，农产品在其国内生产总值中所占比重也相对较高。因此，印度具备良好的农产品贸易前景。目前，农产品贸易的不充分可能会受到一些政策制度的限制。然而，通过改善政策环境和推动贸易便利化，可以进一步促进中国与印度间的农产品贸易合作。新加坡等贸易拓展型国家是中国在"一带一路"共建的重要农产品贸易伙伴。尽管现有贸易额较大，但仍有潜力进一步增长。为了推动贸易额的增加，可以采取一些措施，例如降低运输成本、提高开放度等。新加坡作为贸易中心，拥有便利的贸易环境，与中国的贸易合作有着广泛的合作基础。因此，进一步加强与新加坡的贸易合作，有助于促进双方农产品贸易的发展和互利共赢。同时，也可以加强与其他贸易拓展型国家的合作，进一步扩大农产品贸易的规模和范围。

在贸易成熟型国家中，包括文莱、菲律宾、泰国、马来西亚等中国在"一带一路"共建国家中的主要贸易伙伴。这一事实表明，中国与这些国家之间的农产品贸易已经相对成熟，提高农产品贸易额的规模性可能性不大。这种贸易发展相对成熟的原因主要是地理优势和农产品生产贸易的优势。这些国家地理位置优越，处于中国重要的贸易路线上。同时，这些国家也拥有丰富的农产品资源和相对完善的农产品生产体系，能够满足中国市场的需求。因此，中国与这些国家之间的农产品贸易比较稳定，并且已经建立了一定的合作机制和贸易关系。

根据比值结果，与中国开展农产品贸易潜力排名前 10 的"一带一路"国家包括斯洛伐克共和国、阿塞拜疆、亚美尼亚、印度、不丹、卡塔尔、匈牙利、阿富汗、巴勒斯坦和北马其顿共和国。这些国家主要分布在西亚和中东地区。此外，还有一些国家被认为是贸易潜力型国家，如不丹和阿曼等国家。根据比值结果，斯洛伐克共和国居首位，预示着与中国开展农产品贸易的巨大潜力。随着斯洛伐克共和国对农产品的需求增长，中国可以将其作为一个主要贸易伙伴，进一步加强双方之间的农产品交流和合作。阿塞拜疆、亚美尼亚等中亚国家也具有相当的贸易潜力，中国可以通过加强合作机制和推动贸易便利化，进一步扩大与这些国家的农产品贸易规模。此外，印度作为中国的邻国，不仅经济规模大，而且农产品在其国内生产总值中所占的比重也相对较高。这为中国与印度之间的农产品贸易提供了广阔的发展前景。此外，卡塔尔、匈牙利、阿富汗、巴勒斯坦和北马其顿共和国等国家也在农产品贸易中显示出巨大的潜力。这些国家的市场需求逐渐增长，中国可以通过加大市场开拓力度和提高产品质量，进一步拓展贸易合作的机会。

在与"一带一路"共建国家开展农产品贸易中，我国应重视与西亚、中东和南亚地区的潜在型国家的贸易合作。这些地区拥有丰富的农产品资源和不断增长的市场需求，中国可以通过加强合作和贸易便利化，进一步推动与这些国家的农产品贸易合作，并实现互利共赢的目标。另外，应积极开拓与中东欧地区贸易拓展型国家的农产品贸易。中东欧地区具有良好的地理位置优势和相对成熟的农产品市场，中国可以充分利用这些优势，促进与这些国家的农产品贸易合作。同时，要继续保持与东南亚和中东欧成熟型国家的农产品贸易，这些地区已经建立了稳定的合作关系，我国应保持并进一步拓展这些合作，实现更大的贸易增长。

总体来说，中国在与"一带一路"共建国家开展农产品贸易时，应根据不同地区和贸易类型的特点进行区别对待。我国要重视潜在型国家的农产品贸易，开拓新的合作机会；同时，加强与贸易拓展型国家的合作，拓展贸易规模；并继续保持与成熟型国家的稳定合作。通过综合发展这些贸易类型,我国将推动农产品贸易的可持续发展,促进各国农产品的繁荣与共享。

第三节 我国与共建国家农产品出口贸易潜力测度

一、我国对共建国家农产品出口的引力模型构建

本书旨在基于我国对"一带一路"共建国家的农产品出口实际情况,综合考虑"一带一路"共建进口国的经济总量、我国农业生产总值、贸易距离、是否WTO成员、进出口国人均收入水平差异以及文化差异等因素,构建扩展型贸易引力模型。通过对2005~2021年的面板数据进行实证分析,旨在揭示这些因素对我国农产品出口的影响,并评估我国在"一带一路"共建国家的农产品出口潜力。这将为我国在"一带一路"共建国家农产品出口市场结构调整提供坚实的基础。

本书将具体考虑影响我国对"一带一路"共建国家农产品出口的各种因素。针对这些因素,作者将其分为6个主要方面:共建进口国的经济总量、中国农业生产总值、共建进口国与中国的人均收入水平差异、共建进口国与中国的空间距离、共建进口国的华裔人口数量以及是否WTO成员。在这6个因素的基础上,作者将构建扩展型贸易引力模型,以全面分析影响我国对"一带一路"共建国家农产品出口的各种因素。

(一) 共建进口国经济总量

共建进口国的经济总量越庞大,反映该国对外国产品的需求和进口贸易能力的强大程度。这意味着经济总量较大的国家能够吸纳更多的进口产品,包括农产品。由于经济规模与人口数量、市场需求和消费能力等因素

相关,较大的经济规模通常与更高的进口需求相联系。

假设一:共建进口国的经济总量与我国对"一带一路"共建国家农产品出口规模呈正相关关系。

(二) 中国农业生产总值

大量研究证明,经济规模巨大的国家往往具备较强的财富创造能力。因此,出口国的经济总量可以被视为其供给能力,它能够反映出该国农产品的生产和供给能力。

假设二:中国农业生产总值与我国对"一带一路"共建国家农产品出口规模具有正相关关系。

(三) 共建进口国与中国人均收入水平差异

由于中国是一个发展中国家,人均收入水平相对较低,而劳动力资源成本也较为低廉。与此相对应,一些共建国家是发达经济体,其人均收入水平较高。这种人均收入水平的差异为垂直型农产品出口贸易提供了机会。垂直型农产品出口贸易是指出口高附加值的农产品,例如加工食品、品牌农产品等,而不仅是原始的农产品。由于我国的人均收入水平较低,以及劳动力资源成本的优势,我国能够生产和提供相对低成本的农产品原材料和初加工产品。而像日本、韩国等发达经济体这样的共建国家,由于其较高的人均收入水平,更倾向于购买高附加值的农产品。因此,我国与共建贸易伙伴的人均收入水平差异推动了垂直型农产品出口贸易。借助我国的劳动力成本优势和农产品供应能力,我国可以生产和出口原材料和初加工产品,满足共建国家对高附加值农产品的需求。这种垂直型农产品出口贸易不仅能够推动我国农产品出口规模的增长,还能够提高农产品的附加值和国际竞争力,为我国的农业经济发展带来更多机遇。同时,这也有助于提升我国农产品在国际市场上的地位和形象。

假设三:共建进口国和中国人均收入水平的差异与我国对"一带一路"共建国家农产品出口额呈正相关关系。

(四) 共建进口国与中国的空间距离

正如桑德伯格（H. Sandberg，2006）所指出的，交易成本与空间距离之间存在正相关关系，而交易成本与贸易规模之间则呈负相关关系。

假设四：我国与"一带一路"共建国家的空间距离与农产品出口贸易规模呈负相关关系。

(五) 共建进口国的华裔人口数量

在贸易领域中，国家间的华人华侨数量被认为是促进我国出口贸易的重要因素之一，并且也是衡量文化共同性的重要指标。华人华侨数量的增加意味着共建进口国的中国文化影响和中国商品需求的可能增加。华裔人口更容易理解与中国相关的产品和文化特色，从而对我国的农产品表现出更高的认知和需求。当共建进口国的华人华侨数量增长时，他们对于中国农产品的熟悉程度与认同感可能会增加，这有助于推动我国对该国农产品的出口。华裔人口可以作为文化中介和桥梁，加强两国之间的商业联系和交流。

假设五：共建进口国的华裔人口数量与我国对"一带一路"共建国家农产品出口规模具有正相关关系。

(六) 是否 WTO 成员

根据"林德效应"的理论，提出假设六：世界贸易组织（WTO）成员国与我国对"一带一路"共建国家农产品出口规模具有正相关关系。"林德效应"是指一个国家与其贸易伙伴之间的贸易规模与彼此间国内生产总值（GDP）之间存在着正相关关系。据此可以推断，根据 WTO 成员与我国之间的贸易关系存在正相关关系，可以推断 WTO 成员与我国对"一带一路"共建国家农产品出口规模也可能存在着正相关关系。

根据以上分析，可以构建一个扩展型的贸易引力模型，用于解释我国对"一带一路"共建国家农产品出口规模的决定因素。该模型包括以下因素：共建进口国经济规模、我国渔业经济总量、进口国与我国的人均收入差、进口国与我国的距离、进口国的华裔人口数量以及 WTO 制度安排等。根据这些因素，可以得到以下方程来描述我国对"一带一路"共建国家农产品出口规模的关系：

$$\ln(EXP_{it}) = a_1\ln(GDP_{it}) + a_2\ln(GDP_{jt}) + a_3\ln(GNI_{ij}) \\ + a_4\ln(DIS_{ij}) + a_5\ln(Cult_{ij}) + a_6(WTO) + u \quad (6-2)$$

式（6-2）即为我国对"一带一路"共建国家农产品出口的扩展型贸易引力模型。

其中，EXP_{it} 为被解释变量，用我国 t 时期对"一带一路"共建 i 国的农产品出口额表示。解释变量中，GDP_{it} 为"一带一路"共建进口国 i 在 t 时期的 GDP，用来衡量经济总量；GDP_{jt} 表示我国在 t 时期的农业生产总值，用来衡量我国农业经济总量；GNI_{ij} 代表"一带一路"共建进口国与我国的人均收入差；DIS_{ij} 代表我国与"一带一路"共建贸易伙伴的空间距离；$Cult_{ij}$ 代表"一带一路"共建进口国的华裔人口数量；WTO 为虚拟变量，如果"一带一路"共建国家进口国是 WTO 成员则取 1，不是 WTO 成员则取 0。a_1 至 a_6 为回归系数，u 则为误差项。

二、我国对共建国家农产品出口的影响因素分析

（一）数据来源和分析方法

为避免横截面数据的偶然性对研究结果的影响，本书采用了 2005~2021 年关于我国与"一带一路"共建 59 个国家农产品贸易的面板数据[①]。为了进行详细分析，作者借助了 EViews 10.0 软件来进行多元线性回归分析，以进一步探索农产品贸易的影响因素。

回归分析所需数据来源如下：变量 EXP_{it} 来自联合国贸易数据库 UN

---

① 遇到某年对某国的被解释变量为 0 时，统一用 0.005 代替。

COMTRADE DATABASE，SITC Reversion 3；变量 GDP_{it}、历年来"一带一路"共建各国人均收入的数据来自世界银行数据库 www.worldbank.org.cn；变量 GDP_{jt} 来源于《中国统计年鉴》；变量 DIS_{ij} 来自 http://www.hjqing.com/find/jingwei/ 的经纬度查询系统；变量 $Cult_{ij}$ 来自"一带一路"共建各国最新的人口普查数据。

（二）实证分析结果

为了进行多元回归分析，本书使用了 EViews 10.0 软件，并采用了 OLS（普通最小二乘）方法，利用 2005~2021 年的面板数据对式（6-2）进行了多元回归分析。研究结果如表 6-4 所示。

表 6-4　　　　　式（6-2）的统计回归结果

变量	系数	标准差	t 值	P 值
$\ln(GDP_{it})$	1.5309	0.0835	20.1243	0.0001
$\ln(GDP_{jt})$	2.0708	0.0561	17.4423	0.0000
$\ln(GNI_{ij})$	0.6831	0.0761	6.8274	0.0000
$\ln(DIS_{ij})$	-0.5893	0.0414	-16.2207	0.0000
$\ln(Cult_{ij})$	0.4703	0.0256	3.3294	0.0011
WTO	0.0281	0.0394	4.9667	0.0000
u	36.9722	0.0513	5.2349	0.0000

研究表明，回归方程的拟合优度非常好。R^2 值为 0.7032，说明模型解释了约 70.32% 的农产品出口规模方差。此外，F 值达到了 203.42，表明回归模型的整体显著性。基于表 6-4 的研究结果，可以得出以下结论：

（1）进口国经济规模 $\ln(GDP_{it})$ 通过了显著性水平检验，并且回归系数为正，与假设一相符。进口国经济规模对我国对"一带一路"共建国家农产品出口具有重要影响。具体来说，进口国经济规模的弹性估计值为1.5309。这意味着当"一带一路"共建进口国的 GDP 增加 1% 时，我国对该国的农产品出口将增加1.53%。这说明进口国的经济规模是影响我国农产品出口的第二重要因素。从这一结果中,可以得到一个重要的启示:在拓展我国对"一带一路"共建国家农产品出口时,应该尽量选择经济规模大且稳定发展的国家作为重点合作对象。这样做可以更好地满足这些国家对农产品的需求,并增加我国的农产品出口规模。

(2) 我国农业生产总值 $\ln(GDP_{jt})$ 通过了显著性水平检验,并且回归系数为正,与假设二相符合。我国农业生产总值是影响我国对"一带一路"共建国家农产品出口最重要的因素。具体来说,我国农业生产总值的弹性估计值为2.0708。这意味着当我国农业生产总值增加1%时,我国对"一带一路"共建国家的农产品出口将增加2.07%。这表明我国农业生产总值是影响我国农产品出口最大的因素。从这一结果中,得到了一个重要的启示:我国对"一带一路"共建国家的农产品出口增长比农业生产总值的增长要高。这说明农产品是我国在"一带一路"共建国家拥有资源禀赋优势的产业。在未来,我国需要继续加大对农产品出口的扶持力度,继续挖掘农产品出口的潜力。这意味着我国应进一步提升农产品的质量和品牌形象,加强与"一带一路"共建国家的合作,拓展市场份额,以更好地满足他们对农产品的需求。

(3) 进口国与我国的人均收入水平差异 $\ln(GNI_{ij})$ 通过了显著性水平检验,并且回归系数大于零,与假设三相一致。这表明我国与"一带一路"共建国家的人均收入水平差异促进了我国对这些国家的农产品出口。具体来说,我国与"一带一路"共建国家人均收入水平差异的弹性估计值为0.6831。这意味着当我国与这些国家的人均收入差异增加1%时,我国对他们的农产品出口将增加0.68%。这显示了人均收入差异是我国对"一带一路"共建国家农产品出口的第三大影响因素。需要指出的是,这一结论反映了我国与"一带一路"共建国家的农产品贸易主要以产业间贸易或垂直型产业内贸易为主。因此,我国需要继续提高出口农产品的质量和附加值,以便在这些国家市场中获得更多的竞争优势。为此,我国可以加强合作伙伴之间的技术转让和知识共享,以提高农产品加工和包装技术,增加产品的附加值。此外,还可以借鉴国际标准和认证机制,用于确保出口农产品的质量和安全性,满足国际市场对高品质农产品的需求。

(4) 进出口国空间距离 $\ln(DIS_{ij})$ 与我国对"一带一路"共建国家农产品的出口额呈反向关系,并且通过了显著性水平检验,与假设四相一致。这一结论与实际情况相符,说明贸易距离对农产品的保鲜和储藏产生了影响,进而影响了我国对"一带一路"共建国家农产品的出口额。农产品作为一种特殊的出口产品,其保鲜和储藏需要更多的注意。贸易距离越远,则农产品的保鲜和储藏将面临更大的困难。因此,我国与"一带一路"共建国家的贸易距离与农产品出口额呈负相关关系,即贸易距离越远,农产品出口额越小。

(5) 华裔人口数量 $\ln(Cult_{ij})$ 通过了显著性水平检验,并且回归系数为正。这与假设五相符合,即"一带一路"共建国家的华裔人口数量与我国对这些国家农产品的出口额呈正相关。随着"一带一路"共建国家华裔人口数量增多,他们对我国国内的消费偏好和饮食习惯也越多。因此,这些华裔人口更容易认同我国的农产品,对我国农产品的消费需求也就越高。从而导致了我国对这些国家农产品出口额的增加。考虑到这一结论,我国可以进一步深化与"一带一路"共建国家华裔人口的交流和合作。可以通过加强文化交流、举办农产品推广活动、提供针对华裔消费者的定制化产品等方式来满足他们对我国农产品的需求。此外,还可以寻求与当地华裔企业的合作,共同开拓市场和推广农产品。

(6) 经过回归分析,作者发现 WTO 组织虚拟变量的回归系数为正且通过了显著性水平检验,与假设六相符合。需要指出的是,这个回归系数非常小,仅为 0.0281。这意味着 WTO 组织对推动我国与"一带一路"共建国家的农产品贸易起到了一定的积极作用,但影响较小。需要说明的是,尽管 WTO 组织的作用对农产品贸易的推动作用很小,这主要是因为 WTO 更多地促进了产业间的贸易或垂直型产业内的贸易。这一结论进一步证实了假设三中的观点。同时,也说明了 WTO 组织的力量逐渐减弱,与前面对农产品整体贸易潜力分析的结论相一致。因此,我国需要更多地利用"一带一路"倡议的制度安排来推动农产品出口贸易。这包括加强与"一带一路"共建国家的合作，制定更加有利于农产品贸易的政策措施，推动农产品的标准化和认证，加强质量监管，提升农产品在国际市场中的竞争力。此外，还可以通过建立农产品贸易的双边或多边协议，拓展市场份额，促进农产品的出口增长。

三、我国对共建国家农产品出口的潜力预测

如前所述，为了评估出口潜力，通常使用贸易引力模型来计算理论值，并将其与实际出口值进行比较，以确定贸易空间的大小。

基于回归结果（见表6-4），可以建立一个方程来测算我国对"一带一路"共建国家农产品出口潜力的理论值，该方程如下：

$$\ln(EXP_{it}) = 1.5309\ln(GDP_{it}) + 2.0708\ln(GDP_{jt}) + 0.6831\ln(GNI_{ij})$$
$$- 0.5893\ln(DIS_{ij}) + 0.4703\ln(Cult_{ij})$$
$$+ 0.0281(WTO) + 36.9722 \qquad (6-3)$$

我国对"一带一路"共建国家农产品出口潜力预测采用式（6-3）计算出的理论值，除我国对"一带一路"共建国家农产品出口实际值的办法，该比值即为我国对"一带一路"共建国家农产品出口潜力指数EXPPI。

$$EXPPI = \frac{EXP_i}{(EXP)'_i} \qquad (6-4)$$

式（6-4）中，EXP_i表示我国对"一带一路"共建 i 国农产品出口的实际值，而$(EXP)'_i$表示利用式（6-10）计算出的我国对"一带一路"共建 i 国农产品出口的理论值。如果出口潜力指数$EXPPI \geqslant 1.3$，则表示我国对"一带一路"共建 i 国农产品的出口属于"出口成熟型"；如果出口潜力指数$0.9 \leqslant EXPPI < 1.3$，则表示我国对"一带一路"共建 i 国农产品的出口属于"出口拓展型"；如果出口潜力指数$EXPPI < 0.9$，则表示我国对"一带一路"共建 i 国农产品的出口属于"出口潜在型"。

根据式（6-3）和式（6-4）的计算，可以得到2021年中国对"一

带一路"共建59个国家农产品出口潜力指数的具体结果,详见表6-5。

表6-5　2021年我国对"一带一路"共建59个国家的农产品出口潜力指数

国家	EXPPI	国家	EXPPI	国家	EXPPI
印度	0.19	捷克共和国	0.83	斯里兰卡	1.86
卡塔尔	0.23	印度尼西亚	0.87	保加利亚	1.87
阿拉伯埃及共和国	0.24	巴基斯坦	0.95	黑山	1.92
斯洛伐克共和国	0.26	伊朗伊斯兰共和国	0.98	土耳其	1.98
阿拉伯联合酋长国	0.29	马来西亚	1.01	斯洛文尼亚	2.06
不丹	0.32	沙特阿拉伯	1.03	文莱	2.29
阿富汗	0.34	缅甸	1.17	罗马尼亚	2.35
立陶宛	0.43	越南	1.18	格鲁吉亚	2.49
泰国	0.45	菲律宾	1.19	东帝汶	2.78
白俄罗斯	0.48	克罗地亚	1.25	塞尔维亚	2.87
尼泊尔	0.53	塔吉克斯坦	1.33	爱沙尼亚	2.96
孟加拉国	0.56	约旦	1.35	黎巴嫩	3.13
阿尔巴尼亚	0.62	马尔代夫	1.37	也门共和国	3.23
阿塞拜疆	0.63	蒙古国	1.39	乌兹别克斯坦	3.41
亚美尼亚	0.67	波斯尼亚和黑塞哥维那	1.39	吉尔吉斯斯坦	3.97
俄罗斯联邦	0.69	柬埔寨	1.41	拉脱维亚	4.95
哈萨克斯坦	0.75	巴勒斯坦	1.49	老挝	5.21
新加坡	0.78	匈牙利	1.55	乌克兰	6.61
摩尔多瓦	0.79	伊拉克	1.67	波兰	7.37
北马其顿共和国	0.81	阿曼	1.73		

由表6-5可以得到以下结论:

(1) 有22个国家属于"出口潜在型"的"一带一路"共建国家,包括印度、卡塔尔、阿拉伯埃及共和国、斯洛伐克共和国、阿拉伯联合酋长国、不丹、阿富汗、立陶宛、泰国、白俄罗斯、尼泊尔、孟加拉国、阿尔巴尼亚、阿塞拜疆、亚美尼亚、俄罗斯联邦、哈萨克斯坦、新加坡、摩尔多瓦、北马其顿共和国、捷克共和国和印度尼西亚。在这些国家中，我国的农产品出口潜力指数均小于0.9。这些国家被归类为"出口潜在型"，意味着它们在我国对"一带一路"共建国家的农产品出口市场中拥有巨大的贸易潜力。尽管目前我国在这些国家的农产品市场份额较小，但它们作为新兴市场，对我国农产品出口的空间巨大。

（2）有8个国家属于"出口拓展型"的"一带一路"共建国家，包括巴基斯坦、伊朗伊斯兰共和国、马来西亚、沙特阿拉伯、缅甸、越南、菲律宾和克罗地亚。在这些国家中，我国的农产品出口潜力指数均大于0.9且小于1.3，表明我国在对这些国家的农产品出口市场中仍然存在扩大的空间。这些国家被归类为"出口拓展型"，意味着我国在这些国家的农产品市场占有率尚有提升空间，有较大的发展潜力。尽管我国在这些国家建立了一定的农产品市场份额，但仍然有可能通过采取一系列扩大市场份额的措施进一步提高我国的竞争力和占有率。在扩大对这些国家的农产品出口时，可以首先加大对这些国家的市场调研和了解，深入了解当地消费者的需求和喜好，以便调整我国的产品和市场策略。

（3）有29个国家属于"出口成熟型"的"一带一路"共建国家，包括塔吉克斯坦、约旦、马尔代夫、蒙古国、波斯尼亚和黑塞哥维那、柬埔寨、巴勒斯坦、匈牙利、伊拉克、阿曼、斯里兰卡、保加利亚、黑山、土耳其、斯洛文尼亚、文莱、罗马尼亚、格鲁吉亚、东帝汶、塞尔维亚、爱沙尼亚、吉尔吉斯斯坦、拉脱维亚、老挝、乌克兰和波兰。在这些国家中，我国的农产品出口潜力指数均大于1.3，这表明这些市场已经相对饱和且处于贸易潜力衰退的阶段，对我国继续扩大农产品出口的空间较小。尤其是波兰、乌克兰、老挝、拉脱维亚、吉尔吉斯斯坦、乌兹别克斯坦、也门共和国和黎巴嫩这8个市场的出口饱和率最高，中国农产品对这些市场的出口潜力指数均大于3，表明在这些市场上，我国农产品的市场份额已经相当大，进一步扩大出口的空间非常有限。面对这些"出口成熟型"市场，可以采取一些策略来维持并巩固我国的市场份额。首先，我国可以重点关注产品质量和创新，不断提高产品的附加值和竞争力。通过技术升级、品牌建设和市场推广，提供高品质、创新独特的农产品，以留住现有客户并吸引新客户。其次，我国可以拓展产品的多样性和差异化，以满足这些市场不断变化的需求。通过了解当地市场的特点和消费者的喜好，调整产品种类和包装，提供多样化的选择，更好地适应市场需求。

根据表6-6可以看出，2021年中国与"一带一路"共建国家的农产品出口贸易前10国，可以发现这10个国家都属于"出口潜在型"或"出口拓展型"市场。这一数据显示，我国对"一带一路"共建国家的农产品出口仍然具有巨大的发展潜力。结果反映了我国在这些市场中仍然存在未开发和未满足的市场需求。尽管我国在农产品出口方面已取得了一定的成绩，但在这些国家中仍然存在着进一步拓展市场份额和提高竞争力的空间。

表6-6　2021年中国与共建国家农产品出口贸易前10国的潜力比值与潜力类型

国家	出口潜力比值 EXPPI	出口潜力类型
泰国	0.45	出口潜在型
越南	1.18	出口拓展型
马来西亚	1.01	出口拓展型
印度尼西亚	0.87	出口潜在型
俄罗斯联邦	0.69	出口潜在型
菲律宾	1.19	出口拓展型
新加坡	0.78	出口潜在型
印度	0.19	出口潜在型
阿拉伯联合酋长国	0.29	出口潜在型
巴基斯坦	0.95	出口拓展型

泰国、印度尼西亚、俄罗斯联邦、新加坡、印度和阿拉伯联合酋长国这6个国家属于出口潜在型市场，而马来西亚、菲律宾、越南和巴基斯坦

则属于出口拓展型市场。特别需要关注的是印度作为出口潜在型国家，其出口潜力比值仅为 0.19。作为中国的近邻国家，我国对印度的农产品出口仅占中国与"一带一路"共建国家农产品出口总额的 2.96%，显示出巨大的发展潜力，我国需要采取措施进一步拓展在印度的农产品出口空间。另外，虽然俄罗斯联邦是一个欧洲国家，但由于地理距离相对较近且俄罗斯也是一个发展中的大国，其市场需求仍然非常庞大。目前我国对俄罗斯的农产品出口潜力比值仅为 0.69，我国对俄罗斯的农产品出口仅占中国与"一带一路"共建国家农产品出口总额的不到 10%，这显示了在俄罗斯市场开拓农产品出口的重要性和潜力。

为了更加全面地了解中国对"一带一路"共建国家农产品出口的市场结构，并有针对性地拓展我国农产品出口市场，作者对"一带一路"共建的 59 个国家进行细分，并按照所在区域来划分出口潜力。研究结果见表 6-7，揭示了中国与各个"一带一路"共建国家之间的农产品出口贸易地理分布呈现出明显的区域特征。

表 6-7　2021 年中国与"一带一路"共建各区域农产品出口潜力类型

区域	出口潜在型	出口拓展型	出口成熟型
中亚4国	哈萨克斯坦（1个）		吉尔吉斯斯坦、乌兹别克斯坦、塔吉克斯坦（3个）
蒙、俄2国	俄罗斯联邦（1个）		蒙古国（1个）
东南亚11国	新加坡、印度尼西亚、泰国（3个）	越南、马来西亚、菲律宾、缅甸（4个）	文莱、柬埔寨、老挝、东帝汶（4个）
中东欧19国	斯洛伐克共和国、捷克共和国、北马其顿共和国、摩尔多瓦、白俄罗斯、阿尔巴尼亚、立陶宛（7个）	克罗地亚（1个）	波兰、匈牙利、乌克兰、罗马尼亚、保加利亚、拉脱维亚、爱沙尼亚、斯洛文尼亚、塞尔维亚、波斯尼亚和黑塞哥维那、黑山（11个）

续表

区域	出口潜在型	出口拓展型	出口成熟型
南亚8国	印度、巴基斯坦、孟加拉国、阿富汗、尼泊尔、不丹（6个）		斯里兰卡、马尔代夫（2个）
西亚、中东及北非15国	卡塔尔、阿拉伯埃及共和国、阿塞拜疆、阿拉伯联合酋长国、亚美尼亚（5个）	沙特阿拉伯、伊朗伊斯兰共和国（2个）	巴勒斯坦、黎巴嫩、阿曼、伊拉克、格鲁吉亚、土耳其、约旦、也门共和国（8个）

通过分析表6-7可以得出以下结论：中国与"一带一路"上各区域的农产品出口潜力型国家主要集中在西亚、中东及北非地区，中东欧地区和南亚地区。这些国家在农产品出口方面具有较高的潜力，可以成为我国农产品出口的重点市场。而出口成熟型国家主要分布在中东欧、西亚、中东及北非地区、东南亚地区和中亚地区。这些国家已经相对成熟和稳定地开展了农产品出口贸易，具有较高的市场份额和竞争力。同时，在东南亚和西亚中东北非地区还存在一些出口拓展型国家，这些国家有较大的市场潜力和增长空间。特别值得注意的是，中东欧地区的克罗地亚也属于出口拓展型国家。这意味着在该地区还存在一定的农产品出口增长机会，我国可以通过加强与克罗地亚的贸易合作和市场推广，提高我国农产品在该国的市场份额和知名度。

根据表6-7的数据可以得出以下结论，针对不同的区域和出口潜力类型：

（1）在中亚地区，除了哈萨克斯坦作为一个潜力型国家外，吉尔吉斯斯坦、乌兹别克斯坦和塔吉克斯坦这3个国家属于出口成熟型国家。这意味着这些国家在农产品出口方面已经相对稳定地开展了贸易，拥有较高的市场份额和竞争力。对于这些出口成熟型国家，我国应该保持与当地合作伙伴和经销商之间的密切合作关系，以巩固并扩大我国的市场份额。同时，我国也可以参考当地市场需求，在产品质量和服务方面不断改进，以提高产品的竞争力和市场地位。然而，中亚地区也有属于出口潜力型国家的哈萨克斯坦。这表明在这个国家，还存在着较大的农产品出口潜力和市场增长机会。我国可以通过深化与哈萨克斯坦的贸易合作和市场推广，进一步开拓该国的市场，提高我国的市场份额和竞争力。

（2）在蒙古国和俄罗斯联邦两个国家之间存在较大的差异，俄罗斯联邦属于出口潜力型国家，而蒙古国属于出口成熟型国家。俄罗斯联邦作为一个出口潜力型国家，拥有庞大的市场规模和潜在需求。它是一个兼具农产品供应和消费潜力的国家，具有巨大的发展潜力。对于俄罗斯联邦市场，我国可以专注于推广我国的农产品，加强品牌建设和市场营销活动，以提高农产品的知名度和市场份额。同时，我国可以进一步加强与俄罗斯本地企业和经销商的合作，以充分利用俄罗斯联邦这一巨大市场。而蒙古国作为一个出口成熟型国家，已经在农产品出口方面取得了相对稳定的成就。虽然市场规模相对较小，但蒙古国仍然是一个重要的农产品出口目的地。对于蒙古国市场，我国应继续巩固与当地合作伙伴的合作关系，并持续提供高质量的产品和优质的客户服务。此外，我国还可以通过创新的市场推广策略和产品定制，满足当地消费者不断增长的需求，提高我国农产品的市场竞争力。

（3）在东南亚地区的 11 个国家中，可以看到 3 种类型的国家均有代表，包括出口潜力型国家、出口拓展型国家和出口成熟型国家。首先，新加坡、印度尼西亚和泰国属于出口潜力型国家。这些国家具有较高的市场需求和潜在消费者群体，对农产品的出口增长具有巨大的潜力。在这些国家，我国可以加强与当地贸易伙伴的合作，通过市场调研和产品定制等方式，满足当地消费者的需求并提高产品的竞争力。其次，越南、马来西亚、菲律宾和缅甸属于出口拓展型国家。这些国家的市场潜力正在逐渐释放，对农产品的需求增长较快。我国应该加大市场开拓的力度，拓展销售渠道和客户群体，并积极推广我国的产品特色和优势，以提升我国在这些国家市场的份额和竞争力。最后，文莱、柬埔寨、老挝和东帝汶属于出口成熟型国家。这意味着这些国家已建立了相对稳定的农产品出口贸易，市场份额和竞争力较高。对于这些出口成熟型国家，我国可以继续加强与当地合作伙伴的合作关系，提供优质的产品和服务，以保持市场份额并进一步扩大市场份额。

（4）在中东欧地区的 19 个国家中，可以看到不同类型的国家分布情况。其中包括出口潜力型国家、贸易拓展型国家和出口成熟型国家。首先，斯洛伐克共和国、捷克共和国、北马其顿共和国、摩尔多瓦、白俄罗斯、阿尔巴尼亚和立陶宛这 7 个国家属于出口潜力型国家。这些国家具有较高的市场潜力和增长空间，对农产品的需求有逐渐增加的趋势。对于这些出口潜力型国家，我国可以加强市场调研和产品定制，与当地的合作伙伴和经销商建立密切的合作关系，以满足当地消费者的需求并提高产品的市场竞争力。其次，克罗地亚是一个贸易拓展型国家。这意味着在这个国家还存在着农产品出口增长的机会。我国可以加强与克罗地亚的贸易合作和市场拓展，进一步提升我国农产品在该国的市场份额和竞争力。最后，中东欧地区的其余 11 个国家属于出口成熟型国家。这些国家已建立了相对稳定的农产品出口贸易，并具备较高的市场份额和竞争力。对于这些出口成熟型国家，我国应加强与当地合作伙伴的合作关系，提供高质量的产品和优质的客户服务，以保持市场份额并进一步扩大市场份额。

（5）在南亚地区的 8 个国家中，可以看到存在着不同类型的国家。其中包括出口潜力型国家和出口成熟型国家。首先，印度、巴基斯坦、孟加拉国、阿富汗、尼泊尔和不丹这 6 个国家属于出口潜在型国家。这些国家具有较高的市场潜力和消费者需求，对农产品的出口增长潜力非常大。在这些出口潜在型国家中，我国可以加强市场调研，了解当地消费者需求和偏好，推出符合当地市场需求的产品，以持续提高我国的市场占有率和竞争力。其次，斯里兰卡和马尔代夫是出口成熟型国家。这意味着在这些国家中，我国已经建立了相对稳定的农产品出口贸易，并具备较高的市场份额和竞争力。对于这些出口成熟型国家，我国应继续加强与当地合作伙伴的合作关系，提供高质量的产品和卓越的客户服务，以保持市场份额并进一步扩大市场份额。

（6）西亚、中东及北非地区的 15 个国家中，可以看到存在着不同类型的国家。其中包括贸易潜在型国家、贸易拓展型国家和出口成熟型国家。首先，卡塔尔、阿拉伯埃及共和国、阿塞拜疆、阿拉伯联合酋长国和亚美尼亚这 5 个国家属于贸易潜在型国家。这些国家具有较高的市场潜力和消费者需求，对农产品的贸易增长潜力非常大。在这些贸易潜在型国家中，我国可以加强市场调研，了解当地消费者需求和偏好，推出符合当地市场需求的产品，以持续提高我国的市场占有率和竞争力。其次，沙特阿拉伯和伊朗伊斯兰共和国是贸易拓展型国家。这意味着在这些国家中，我国还存在着农产品贸易拓展的机会。我国可以加强与这些国家的贸易合作和市场拓展，进一步提升我国农产品在这些国家的市场份额和竞争力。最后，巴勒斯坦、黎巴嫩、阿曼、伊拉克、格鲁吉亚、土耳其、约旦和也门共和国这 8 个国家属于出口成熟型国家。这意味着在这些国家中，我国已建立了相对稳定的农产品出口贸易，并具备较高的市场份额和竞争力。对于这些出口成熟型国家，我国应继续加强与当地合作伙伴的合作关系，提供高质量的产品和优质的客户服务，以保持市场份额并进一步扩大市场份额。

测算结果显示，中国农产品出口潜力排名靠前且出口潜力指数低于 0.6 的 12 个国家主要分布在南亚地区（如印度、孟加拉国、尼泊尔、不丹和阿富汗）、西亚中东和北非地区（如卡塔尔、埃及和阿拉伯联合酋长国），以及中东欧地区（如斯洛伐克、白俄罗斯和立陶宛）。结果表明，中国应当高度重视与这些潜力型国家开展农产品贸易，并继续开拓东南亚地区的农产品出口市场。在南亚地区，印度是中国农产品出口潜力排名靠前的国家之一。中国可以加强与印度的贸易合作，推动双方的农产品贸易增长。此外，孟加拉国、尼泊尔、不丹和阿富汗也是潜力型国家，中国可以进一步开拓这些市场，满足当地消费者对农产品的需求。在西亚、中东和北非地区，卡塔尔、埃及和阿拉伯联合酋长国是具备较高农产品出口潜力的国家。中国可以加强与这些国家的贸易合作，特别是中东地区的沙特阿拉伯、伊朗和伊拉克等国家，以进一步扩大农产品的出口份额。中东欧地区的斯洛伐克、白俄罗斯和立陶宛也是中国农产品出口潜力较大的国家。中国可以与这些国家加强合作，提供定制化的产品和满足当地需求的服务，以提高自身在该地区的竞争力。

综上所述，中国在与南亚、西亚、中东和中东欧地区的潜力型国家开展农产品贸易方面存在着巨大的机遇。通过加强贸易合作、提供定制化的产品和提升客户服务，中国可以进一步拓展农产品出口市场，实现农产品贸易的可持续发展。

四、主要结论与政策建议

根据对"一带一路"共建国家农产品出口影响因素和潜力的实证分析结果，对我国农产品出口具有正向促进作用的因素包括共建进口国的经济规模、我国农业生产总值、进口国与我国的人均收入水平差异、共建华裔人口数量以及WTO贸易制度安排。然而，进口国与我国的空间距离被发现是阻碍我国对"一带一路"共建国家农产品出口的主要因素。基于这些分析结果，以下是对我国"一带一路"共建国家农产品出口的建议：

（1）考虑"一带一路"共建进口国的经济规模是促进我国农产品出口的重要因素之一，我国在保持对出口成熟型国家农产品稳定出口的同时，需要采取一系列措施以应对潜在的贸易壁垒。首先，我国应当不断提高农产品质量，确保产品符合国际质量标准。这意味着加强农业生产和管理，促进农产品的绿色、有机和可追溯的发展。通过改善农业生产技术和质量监管体系，我国能够提供具有竞争力和优势的农产品，从而增加出口机会并提高农产品的附加值。其次，我国应继续推进农产品品种多元化和精深加工，以满足不同市场需求。通过对农产品种类的多样化发展，我国可以更好地适应不同国家和地区的口味和消费习惯，提高产品的市场竞争力。同时，通过加强农产品的深加工，可以增加产品的附加值和市场占有率，从而避免大规模数量扩张可能带来的贸易壁垒。

（2）鉴于运输距离较近，一些亚洲国家（如乌兹别克斯坦、吉尔吉斯斯坦、塔吉克斯坦、老挝、文莱、东帝汶、柬埔寨、斯里兰卡、马尔代夫、菲律宾、越南、马来西亚和缅甸）的市场已得到较大程度的调动。然而，我国对于上述"一带一路"共建国家的农产品出口空间相对有限，要进一步扩大对这些国家的农产品出口，我国需要培育新的增长因素。首先，我国可以进一步加强与这些亚洲国家的贸易合作，通过提供定制化的农产品和满足当地需求的服务来吸引更多的市场份额。通过深入了解和研究这些国家的消费者需求和市场趋势，可以开发适应当地口味和文化的产品，同时加强品牌推广和市场营销，以扩大农产品的市场份额。其次，我国可以加强农业技术合作和知识交流，为这些国家提供农业技术支持和培训。通过分享农业技术和先进的种植、养殖、加工等经验，我国可以帮助这些国家提升农产品产量和质量，提高农业生产效率，从而增强了对我国农产品的需求。

（3）我国农产品对于"一带一路"共建国家的出口潜力因国家间的经济规模和地理距离有所不同，针对这种情况，我国可以采取不同的策略开发不同国家的市场。首先，对于印度和俄罗斯联邦这样经济规模较大且地理距离较近的南亚国家和欧洲国家，我国应特别重视其农产品的出口潜力，并优先进行开发。然而，我国也需要注意提高出口农产品的差异性，并提高产品的质量。这可以通过优化农业生产结构、扩大农产品的种类和品种，加强质量监管和认证体系等方式实现。通过提供符合当地消费者需求的优质农产品，我国可以进一步提高对这些国家的农产品出口。其次，虽然白俄罗斯、立陶宛、斯洛伐克共和国、捷克共和国、北马其顿共和国、摩尔多瓦等欧洲国家与中国的贸易距离相对较近，但与北非国家相比具有更强的市场优势。因此，我国应抓住机会开发这些新兴市场。为此，我国可以加强与这些国家的贸易合作、促进农产品质量与安全监管体系的对接、推动农业科技合作等。通过建立稳定的贸易渠道和供应链，我国可以进一步拓展对这些国家的农产品出口，实现双方的互利共赢。

（4）尽管 WTO 对我国"一带一路"共建国家的农产品出口的促进作用有限，但中国仍需要不断完善"一带一路"区域经济合作制度，并建立健全的区域经济合作战略，以实现对农产品出口的可持续发展并更好地融入全球经济一体化。首先，我国可以加强与共建国家的经贸合作机制，建立更加开放和稳定的贸易关系。通过推动谈判、签订双边或多边自由贸易协定，降低贸易壁垒和非关税措施，进一步优化贸易环境，为我国农产品出口创造更有利的条件。其次，我国可以加强与共建国家的投资合作，开展农产品生产和加工基地建设。通过提供投资和技术支持，帮助这些国家改善农产品的种植和加工能力，提高产品的质量和附加值。这不仅可以增加农产品的出口量，还可以促进当地农业和农村经济的发展。此外，我国还可以加强农产品质量安全合作，与共建国家建立农产品质量检测与监控体系。通过共同推动农产品标准化和认证，加强质量监管，提高农产品的质量和安全性，增加消费者的信任和市场需求。

第四节　我国与共建国家农产品进口贸易潜力测度

为了实现农产品进口的稳定供应，中国需要减少对个别市场的过度依赖，并拓展对"一带一路"共建国家农产品进口市场的多元化。因此，本节将采用改进型引力模型，对我国从"一带一路"各贸易伙伴进口农产品的发展潜力进行实证测量，从而为我国逐步构建供应稳定、价格合理、来源多样化的农产品进口环境提供理论依据。

如前所述，引力模型最初来自万有引力定律，该模型认为两个物体之间的引力与它们的质量乘积呈正相关，与它们之间的距离的平方呈反相关。引力模型已经在理论界得到广泛的认可，并且可以应用于农产品的国际贸易中。因此，在本节中，作者将根据我国从"一带一路"共建国家进口农产品的实际情况，构建一个改进型的贸易引力模型。作者将纳入中国经济总量、进口来源国农产品产量以及进口来源国农产品出口价格等因素，借助2005~2021年的面板数据，对我国从"一带一路"共建国家进口农产品的发展潜力进行实证分析。这将为我国农产品进口市场的结构调整和优化提供现实依据，并进一步促进我国农产品产业的可持续发展。

一、我国从共建国家进口农产品的改进型引力模型构建*

根据我国与"一带一路"共建国家农产品进口贸易的实际情况，并结合相关文献的研究成果，本节将基于6个因素构建改进型的贸易引力模型，以更全面地评估农产品进口市场的潜力和可持续发展性：

（一）中国经济总量

中国的经济总量是评估其农产品进口需求的重要指标。经济规模越大，意味着中国具有更大的潜在进口能力。

假设一：中国的经济总量（GDP）与其从"一带一路"共建国家进口的农产品规模呈正相关关系。

（二）"一带一路"共建进口来源国农产品产量

进口来源国的农产品产量是评估其供给能力的关键指标。如果一个国家的农产品产量较大，那么它有更大的出口潜力。

假设二：对于中国来说，"一带一路"共建国家的农产品产量与中国的农产品进口规模之间存在正相关关系。

（三）"一带一路"共建进口来源国农产品出口价格

农产品的出口价格反映了进口来源国的农产品供给能力。通常情况下，出口价格越高，说明进口来源国的潜在出口能力较小，进口量可能较少。

假设三："一带一路"共建国家的农产品出口价格与中国的农产品进

---

* 刘春香，朱丽媛. 我国棉花进口贸易潜力分析 [J]. 农业经济问题，2015（5）：91-97，有删改和增补.

口规模可能存在负相关关系①。

(四)"一带一路"共建进口来源国与中国的地理距离

在国际贸易理论中,普遍认为地理距离与贸易规模呈负相关关系。研究表明,地理距离与交易成本呈正相关关系,而交易成本与贸易规模呈负相关关系。

假设四:"一带一路"共建进口来源国与中国的地理距离与中国农产品进口规模之间可能存在负相关关系。

(五) 中国人口数量

中国的总人口数量对农产品进口需求起到重要影响。人口数量越多,代表着潜在的农产品进口需求越大,对我国的农产品进口有利。

假设五:中国的总人口数量与中国从"一带一路"共建国家进口农产品的规模呈正相关关系。

(六) 中国农产品收获面积

中国的农产品收获面积可以反映我国的农产品供给能力。农产品收获面积越大,代表着本国农业生产的自给自足能力越强,从而减少对进口农产品的需求。

假设六:中国农产品收获面积与中国从"一带一路"共建国家进口农产品的规模可能呈负相关关系。

根据以上六个因素,可以构建一个改进型的贸易引力模型,用于描述中国从"一带一路"共建国家进口农产品的情况。该模型可以用以下方程表示:

---

① 由于涉及的进口农产品种类太多,这里只选取进口比重较高的五章农产品的出口价格,主要包括:04 章(谷物及谷物制品)、05 章(蔬菜及水果)、23 章(天然橡胶)、24 章(软木及木材)和 42 章(固态植物油脂),后面的第 6 个变量中国农产品收获面积也只统计这五章农产品。

$$\ln(IMP_{jt}) = a_1 + a_2\ln(GDP_{it}) + a_3\ln(PC_{jt}) + a_4\ln(P_{jt}) + a_5\ln(DIS_{ij})$$
$$+ a_6\ln(POP_{it}) + a_7\ln(S_{it}) + u \qquad (6-5)$$

式（6-5）即为我国从"一带一路"共建国家进口农产品的改进型引力模型。式中：IMP_{jt}是被解释变量，用我国在t时期从"一带一路"共建j国进口的农产品金额表示。其余变量均为解释变量，其中，GDP_{it}表示我国在t时期的经济总量；PC_{jt}表示"一带一路"共建进口来源国j在t时期的农产品产量，用来衡量j国的农产品供给能力；P_{jt}表示"一带一路"共建进口来源国在t时期的农产品出口价格；DIS_{ij}表示我国与"一带一路"共建进口来源国的地理距离；POP_{it}表示我国在t时期的总人口数；S_{it}表示我国在t时期的农产品收获面积。a_1为常数项，$a_2 \sim a_7$为回归系数，u则为误差项。

二、我国与共建国家农产品进口的贸易潜力分析

（一）样本选择和数据来源

为了较为准确地反映中国从"一带一路"共建进口农产品的现实状况，这里同样选择2021年中国与"一带一路"共建59个国家进行分析①，具体样本同前一致。

作者利用2005~2021年我国和"一带一路"共建各贸易伙伴国的面板数据，使用EViews 10.0，对改进型引力模型进行多元线性回归分析。分析所需的数据的出处说明如下：变量IMP_{jt}的数据来自联合国UN COMTRADE数据库，采集的是SITC 3标准下的数据；变量P_{jt}的数据则根据联合国UN COMTRADE数据库中的进口金额和进口重量计算而来；变量GDP_{it}、POP_{it}的数据来自世界银行www.worldbank.org.cn数据库；变量PC_{jt}来自联合国粮农组织数据库；变量DIS_{ij}的数据来自http://www.

---

① 遇到某年对某国的被解释变量为0时，统一用0.005代替。

hjqing.com/find/jingwei/的经纬度查询系统;变量 S_{it} 的数据来源于各期《中国农村统计年鉴》。

(二) 实证研究结果

根据上述研究方法,作者对式(6-5)进行了多元线性回归分析,并得到了相应的结果,具体如表6-8所示。

表6-8　　　　　　　式(6-5)的统计回归结果

变量	系数	标准差	t值	P值
u	25.2264	-0.0568	6.2264	0.0000
$\ln(GDP_{it})$	2.4691	0.0195	21.6547	0.0002
$\ln(PC_{jt})$	1.5264	0.0504	18.3641	0.0015
$\ln(P_{jt})$	-1.066	0.0964	-13.8994	0.0000
$\ln(DIS_{ij})$	-0.8107	0.2087	-5.6543	0.0037
$\ln(POP_{it})$	0.9438	0.0462	7.0548	0.0000
$\ln(S_{it})$	-2.3625	0.0895	-11.237	0.0012

经过回归分析,发现该模型具有较好的拟合优度。回归方程的调整R^2为0.8138,表明81.38%的农产品进口规模的变异可以被回归模型解释。此外,F统计量的值为107.37,表明回归模型整体上是显著的。从表6-8可知,式(6-5)的多元回归分析的最终结果可以写成:

$$\ln(IMP_{jt}) = 25.2264 + 2.4691\ln(GDP_{it}) + 1.5264\ln(PC_{jt})$$
$$- 1.0666\ln(P_{jt}) - 0.8107\ln(DIS_{ij}) + 0.9438\ln(POP_{it})$$
$$- 2.3625\ln(S_{it}) \tag{6-6}$$

如前所述,为了对进口潜力进行预测,常见的方法是比较理论进口值和实际进口值。其中,理论进口值是基于贸易引力模型计算得出的,具体表达形式为式(6-6)。

中国对"一带一路"共建国家的农产品进口潜力指数(IMPPI)可以

通过将式（6-6）计算得出的理论进口值除以实际进口值得出，具体表达形式如下：

$$IMPPI = IMP_j / (IMP_j)' \quad (6-7)$$

式（6-7）中，IMP_j 表示中国从"一带一路"共建 j 国进口农产品的实际值，而 $(IMP_j)'$ 表示利用式（6-6）计算出的我国从"一带一路"共建 j 国进口农产品的理论值。

根据理论界的一般标准，可以使用农产品进口潜力指数（IMPPI）来评估中国与"一带一路"共建国家的农产品贸易情况。根据 IMPPI 的数值范围，可以将农产品贸易划分为 3 种不同的情况。首先，如果某个"一带一路"共建国家的 IMPPI 大于或等于 1.3，说明中国与该伙伴的农产品贸易已经达到"进口成熟"的阶段。这意味着该国的农产品供应已经相对饱和，可能需要进一步寻找拓展其他市场的机会。其次，如果某个"一带一路"共建国家的 IMPPI 大于或等于 0.9 但小于 1.3，说明中国与该贸易伙伴的农产品贸易存在"进口拓展"的现象。这意味着该国的农产品供应还有增长潜力，中国可以通过进一步扩大农产品进口来满足市场需求。最后，如果某个"一带一路"共建国家的 IMPPI 小于 0.9，表示中国与该贸易伙伴的农产品贸易存在"进口潜在"的现象。这意味着该国的农产品供应还未充分开发，中国可以考虑加强与该国的贸易合作，以便更好地满足国内需求。基于式（6-6）和式（6-7），以及 2021 年中国与"一带一路"共建 59 个贸易伙伴的农产品进口金额数据，作者计算了这些国家的农产品进口潜力指数，具体的结果如表 6-9 所示。

表 6-9　　2021 年中国从"一带一路"共建国家进口农产品的潜力指数

国家	IMPPI	国家	IMPPI	国家	IMPPI
亚美尼亚	0.29	不丹	0.95	爱沙尼亚	2.05
捷克共和国	0.49	黑山	0.97	俄罗斯联邦	2.33
哈萨克斯坦	0.57	立陶宛	0.99	斯洛伐克共和国	2.35
波斯尼亚和黑塞哥维那	0.59	乌克兰	1.04	格鲁吉亚	2.36

续表

国家	IMPPI	国家	IMPPI	国家	IMPPI
匈牙利	0.61	缅甸	1.09	阿尔巴尼亚	2.39
保加利亚	0.66	蒙古国	1.14	塔吉克斯坦	2.47
阿拉伯联合酋长国	0.68	柬埔寨	1.16	斯洛文尼亚	2.55
马来西亚	0.69	也门共和国	1.17	文莱	2.94
孟加拉国	0.71	波兰	1.19	拉脱维亚	2.96
白俄罗斯	0.72	沙特阿拉伯	1.25	北马其顿共和国	3.14
黎巴嫩	0.73	菲律宾	1.39	乌兹别克斯坦	3.16
东帝汶	0.74	阿拉伯埃及共和国	1.43	老挝	3.43
阿曼	0.75	罗马尼亚	1.49	泰国	3.57
伊朗伊斯兰共和国	0.76	克罗地亚	1.54	巴基斯坦	3.59
阿塞拜疆	0.77	尼泊尔	1.57	马尔代夫	3.73
越南	0.78	伊拉克	1.72	吉尔吉斯斯坦	3.76
土耳其	0.82	阿富汗	1.76	塞尔维亚	3.86
新加坡	0.83	印度尼西亚	1.82	约旦	4.37
巴勒斯坦	0.84	摩尔多瓦	1.93	印度	5.32
卡塔尔	0.87	斯里兰卡	2.03		

依据表6-9的结果可知：

（1）根据计算结果，属于我国农产品"进口成熟型"的"一带一路"共建国家：菲律宾、埃及、罗马尼亚、克罗地亚、尼泊尔、伊拉克、阿富汗、印度尼西亚、摩尔多瓦、斯里兰卡、爱沙尼亚、俄罗斯、斯洛伐克、格鲁吉亚、阿尔巴尼亚、塔吉克斯坦、斯洛文尼亚、文莱、拉脱维亚、北马其顿共和国、乌兹别克斯坦、老挝、泰国、巴基斯坦、马尔代夫、吉尔吉斯斯坦、塞尔维亚、约旦和印度。这29个国家的农产品进口潜力指数均大于1.3，说明中国从这些国家的农产品进口已经过度饱和。其中，印度、约旦、塞尔维亚、吉尔吉斯斯坦、马尔代夫、巴基斯坦、泰国、老挝、乌兹别克斯坦和北马其顿共和国的市场饱和率最高，农产品进口潜力指数均超过 3,表明中国从这些市场进一步扩大农产品进口的空间非常有限。特别值得注意的是泰国,在 2021 年仍然是中国从"一带一路"共建国家最大的进口来源国。中国从泰国的农产品进口比重已占据了"一带一路"共建国家农产品进口总额的 23.27%。

(2) 根据计算结果,属于我国农产品"进口拓展型"的"一带一路"共建国家:不丹、黑山、立陶宛、乌克兰、缅甸、蒙古国、柬埔寨、也门、波兰和沙特阿拉伯。这 10 个国家的农产品进口潜力指数均大于或等于 0.9 但小于 1.3,表明中国从这些国家扩大农产品进口的空间相对有限。结果表明,在与这些国家的农产品贸易中,中国还有一定的进口拓展潜力。尽管潜力指数不高,但仍存在一定的增长空间。这意味着中国在继续发展与这些国家的农产品贸易时,可以采取一些措施来拓宽进口渠道,促进贸易的增长。

(3) 根据计算结果,我国农产品"进口潜在型"的"一带一路"共建国家:亚美尼亚、捷克、哈萨克斯坦、波斯尼亚和黑塞哥维那、匈牙利、保加利亚、阿联酋、马来西亚、孟加拉国、白俄罗斯、黎巴嫩、东帝汶、阿曼、伊朗、阿塞拜疆、越南、土耳其、新加坡、巴勒斯坦和卡塔尔。这 20 个国家对于我国的农产品进口潜力指数均小于 0.9,说明中国从这些国家扩大农产品进口的空间非常大。这些国家具有较高的农产品供应潜力,而中国的农产品市场对他们来说是一个新兴和具有巨大发展潜力的市场。针对这些潜在市场,中国可以采取一系列举措来推动农产品进口的拓展。首先,可以通过加强贸易合作,包括签订自由贸易协定、提供市场准入便利和促进贸易便利化,以吸引更多的农产品进口。其次,可以加大对这些国家的贸易促进活动和宣传推广,提高中国农产品在这些市场的知名度和竞争力。此外,还可以加强与这些国家的农产品质量检验与认证合作,提高贸易的安全性和可靠性。通过开拓这些潜在市场,中国不仅可以满足国内市场对多样化农产品的需求,还可以促进这些国家的农业发展和经济增长。因此,积极开拓与这些国家的农产品进口,对于中国农产品贸易的发展具有重要意义,也是推动"一带一路"倡议的实际行动之一。

根据表 6-10 可以得出结论：在 2021 年中国与"一带一路"共建国家农产品进口贸易的前 10 国中，泰国、印度尼西亚、俄罗斯、印度、菲律宾和老挝这 6 个国家属于进口成熟型。这表明我国从这 6 个国家的农产品进口已经达到饱和状态，进口过于集中在这些市场。其中，特别值得注意的是印度、泰国和老挝，它们的进口潜力比值（IMPPI）均大于 3。另外，乌克兰属于进口拓展型，越南、马来西亚和新加坡则属于进口潜在型。这表明中国从这 4 个国家进口农产品还有较大的潜力可以挖掘。尽管乌克兰的进口潜力比值略大于 1，但 2021 年中国从乌克兰的农产品进口金额仅占中国从全部"一带一路"共建国家农产品进口金额的 5.22%。因此，乌克兰是一个需要进一步拓展进口潜力的国家。新加坡、越南和马来西亚与中国同属亚洲国家，地理位置相对较近，这些都是重要的开拓市场。中国与这些国家的农产品贸易也具有较大的潜力。

表 6-10　2021 年中国与共建国家农产品进口贸易前 10 国的潜力比值与潜力类型

国家	进口潜力比值 IMPPI	进口潜力类型
泰国	3.57	进口成熟型
印度尼西亚	1.82	进口成熟型
俄罗斯	2.33	进口成熟型
越南	0.78	进口潜在型
马来西亚	0.69	进口潜在型
乌克兰	1.04	进口拓展型
印度	5.32	进口成熟型
菲律宾	1.39	进口成熟型
新加坡	0.83	进口潜在型
老挝	3.43	进口成熟型

为了更有针对性地拓展中国对"一带一路"共建国家农产品进口市场，作者将对这 59 个国家按照所在区域进行进口潜力的划分。农产品进

口潜力的区域分布见表6-11。通过这样的潜力划分，可以看到中国与"一带一路"共建各国的农产品进口贸易具有明显的区域特征。

表6-11 2021年中国与"一带一路"共建各区域农产品进口潜力类型

区域	进口潜在型	进口拓展型	进口成熟型
南亚8国	孟加拉国（1个）	不丹（1个）	巴基斯坦、印度、阿富汗、尼泊尔、斯里兰卡、马尔代夫（6个）
东南亚11国	新加坡、越南、马来西亚、东帝汶（4个）	柬埔寨、缅甸（2个）	印度尼西亚、泰国、菲律宾、老挝、文莱（5个）
蒙、俄2国		蒙古国（1个）	俄罗斯联邦（1个）
中东欧19国	捷克共和国、白俄罗斯、匈牙利、保加利亚、波斯尼亚和黑塞哥维那（5个）	立陶宛、波兰、乌克兰、黑山（4个）	斯洛伐克共和国、北马其顿共和国、摩尔多瓦、阿尔巴尼亚、克罗地亚、罗马尼亚、拉脱维亚、爱沙尼亚、斯洛文尼亚、塞尔维亚（10个）
中亚4国	哈萨克斯坦（1个）		吉尔吉斯斯坦、乌兹别克斯坦、塔吉克斯坦（3个）
西亚、中东及北非15国	卡塔尔、阿拉伯埃及共和国、亚美尼亚、阿塞拜疆、阿拉伯联合酋长国、伊朗伊斯兰共和国、黎巴嫩、阿曼、巴勒斯坦、土耳其（10个）	伊拉克、沙特阿拉伯、也门共和国（3个）	格鲁吉亚、约旦（2个）

根据表6-11的数据可以得出结论：中国与"一带一路"共建国家在农产品进口方面存在着不同的潜力类型和分布特点。具体来说，进口潜力型国家主要分布在西亚中东及北非地区、中东欧地区和东南亚地区；进口拓展型国家主要分布在中东欧、西亚中东及北非地区和东南亚地区；而进口成熟型国家主要分布在中东欧、东南亚、南亚和中亚地区。

在南亚地区的8个国家中，巴基斯坦、阿富汗、印度、斯里兰卡、尼泊尔和马尔代夫这6个国家属于进口成熟型国家，而孟加拉国和不丹则分别属于进口潜在型国家和进口拓展型国家。

在东南亚地区的11个国家中，三种类型的进口潜力国家均有分布，且比较均衡。具体而言，马来西亚、新加坡、越南和东帝汶属于进口潜力型国家，柬埔寨和缅甸属于进口拓展型国家，而印度尼西亚、菲律宾、泰国、老挝和文莱则属于我国农产品的进口成熟型国家。

蒙古国和俄罗斯联邦这两个国家的农产品进口特点存在较大差异。具体来说，俄罗斯联邦属于进口成熟型国家，而蒙古国则属于进口拓展型国家。

在中东欧地区的19个国家中，有5个国家（捷克共和国、白俄罗斯、匈牙利、保加利亚和波斯尼亚和黑塞哥维那）属于进口潜在型国家。这意味着这些国家在农产品进口方面具有较大的市场潜力。通过与这些国家的贸易合作，可以满足中国对多样化农产品的需求，促进双边农产品贸易的增长。另外4个国家，包括立陶宛、波兰、乌克兰和黑山属于贸易拓展型国家。这意味着这些国家在农产品进口方面还有较大的发展空间。通过与这些国家加强合作，推动农业技术交流和贸易合作，可以扩大农产品进口规模，促进农业的现代化和产业升级。而另外10个国家，包括斯洛伐克共和国、北马其顿共和国、摩尔多瓦、阿尔巴尼亚、克罗地亚、罗马尼亚、拉脱维亚、爱沙尼亚、斯洛文尼亚和塞尔维亚属于进口成熟型国家。这些国家在农产品进口方面已经相对成熟，具有一定规模的进口市场和丰富的贸易经验。与这些国家加强贸易合作，进一步优化贸易政策和市场准入，将有助于提升农产品的进口规模和质量水平，实现互利共赢。

在中亚地区除了哈萨克斯坦属于进口潜力型国家外，吉尔吉斯斯坦、乌兹别克斯坦和塔吉克斯坦3个国家属于进口成熟型国家。

在西亚、中东及北非地区的15个国家中，有10个国家包括：卡塔尔、阿拉伯埃及共和国、亚美尼亚、阿塞拜疆、阿拉伯联合酋长国、伊朗伊斯兰共和国、黎巴嫩、阿曼、巴勒斯坦和土耳其属于进口潜在型国家。这意味着这些国家在农产品进口方面具有较大的市场潜力。通过与这些国家加强贸易合作，可以满足中国对多样化农产品的需求，促进双边农产品贸易的增长。另外 3 个国家，包括伊拉克、沙特阿拉伯和也门共和国属于贸易拓展型国家。这意味着这些国家在农产品进口方面还有较大的发展空间。通过加强与这些国家的合作，推动农业技术交流和贸易合作，可以扩大农产品进口的规模，促进农业的现代化和产业升级。而格鲁吉亚和约旦 2 个国家属于进口成熟型国家。这些国家在农产品进口方面已经相对成熟，具有一定规模的进口市场和丰富的贸易经验。与这些国家加强贸易合作，进一步优化贸易政策和市场准入，将有助于提升农产品的进口规模和质量水平，实现互利共赢。

三、主要结论与政策建议

通过改进型贸易引力模型对中国从"一带一路"共建国家农产品进口潜力进行实证分析，可以得出结论：中国的经济规模、共建进口来源国的农产品产量以及中国人口数量对中国农产品进口具有正向促进作用；而与共建进口来源国的地理距离、共建进口来源国农产品出口价格以及中国农产品收获面积则是阻碍中国农产品进口的主要因素。此外，中国与"一带一路"共建各农产品贸易伙伴的进口潜力差距较大。基于以上分析，可以提出几点建议，以促进中国从"一带一路"共建国家的农产品进口：

（1）中国应该创造一个公平透明的环境，鼓励企业积极参与农产品贸易。尽管中国国内农产品的增长空间有限，但大量进口农产品仍然是国内农业必须面对的现实。沿着"一带一路"国家进口农产品应该成为国内农产品市场的有益补充，这也有利于创造更多的社会财富。此外，中国还应积极鼓励国内农业企业积极参与农产品的国际贸易，以获得最佳的经济收益。

（2）由于我国的经济规模和总人口是促进中国从"一带一路"共建国家进口农产品的最重要因素，随着我国经济规模的扩大、人口的增长以及农产品加工生产需求的增加，我国的农产品进口仍然有潜力增长。需要注意的是，我国的农产品收获面积是限制中国农产品进口的最主要因素之一。因此，我国需要稳步提高农产品的生产效率，增加农产品单位面积的产量，逐步提高农产品的自给自足比重。

（3）我国已经在印度、俄罗斯联邦、印度尼西亚和乌兹别克斯坦等农产品进口规模较大的贸易伙伴中挖掘了较大的潜力，这些市场可以称为"进口成熟型"市场。然而，过度依赖这些市场对中国农产品进口贸易的安全性不利。因此，我国迫切需要开拓"一带一路"其他市场，以避免农产品进口市场进一步集中的局面。

（4）在"一带一路"共建国家中，新加坡、伊朗伊斯兰共和国和马来西亚等国家的农产品出口价格较为优惠，针对这些国家，中国可以优先扩大农产品进口，以降低农产品进口成本，进而减少国内农产品的原材料成本。另外，建议我国完善农产品进口价格的监测预警系统，及时发布相关价格信息，以便针对不同市场提出农产品进口的指导意见，尽量避免从性价比不高的共建国家进口农产品。另外，我国应协助进口农业企业联合起来，通过共同谈判形成买方垄断力量，进而提升我国企业在农产品进口贸易中的议价能力。通过加强企业间的协作合作，共同制定进口策略、谈判价格和合同条款，并进行统一采购，可以达到规模效应，降低农产品进口成本，提高我国企业的议价能力。

第七章 我国拓展与"一带一路"共建国家农产品贸易的路径选择

第一节 拓展农产品贸易的国际经验借鉴*

一、政府提供财政、金融和智力方面的支持

(一) 财政支农力度强大

当前,发达国家在财政支出中用于农业支持的比重通常占总支出的30%~50%,而一些发展中国家如印度和巴西达到了10%~20%。以加拿大为例,早在2004~2005年度,加拿大联邦与省级政府投入了73亿加元用于农业,占该国农业GDP的41%。以色列政府每年投入约8 000万美元用于外向型农业的研究和开发。美国相关法律规定,农产品相关海关收入的30%将用于扩大农产品需求和提高农场主收入,其中包括鼓励农产品出口。美国第480号公法则进一步指出,美国总统拥有与友好国家商谈的权利,可以以非兑换货币购买美国的剩余农产品,并可通过农产品信贷公司

---

* 刘春香,钱波. 借鉴国际先进经验,发展我国外向型农业 [J]. 农业经济问题, 2009 (6): 50-53,有删改和增补.

为与美国友好的国家和人民提供食品援助，还可以向不发达国家提供长期低息贷款让这些国家有能力购买美国的剩余农产品。

从中国的情况来看，尽管财政支出用于农业的绝对金额呈现增长趋势，但占据财政总支出的比重并不高。从2000~2006年的平均数据来看，农业支出仅占财政总支出的7.6%，这相较于1990年的10%下降了2.4%，相较于1980年的12.2%下降了4.6%，相较于1978年的13.43%下降了5.83%。近年来的情况显示，2015年我国农林水事务占财政支出的比重最高，达到11.12%。然而，该比重自那之后便有所下降，在2020年仅为7.59%，2022年和2023年为8.6%①。这一比例明显低于发达国家对农业的支持水平，这些数据表明中国目前的财政支出在农业领域仍有较大的提升空间。作为全球最大的农业国家之一，增加财政支出用于农业发展和农产品支持可以带来多重好处。首先，增加农业支出可以提高农产品的生产效率和质量，推动农业现代化进程。其次，增加农业支出可以改善农村基础设施，提供农民培训和技术支持，促进农民收入增长和农村发展。此外，增加农业支出还可以提高农民的社会保障水平，减轻他们在自然灾害和市场波动中的风险。

（二）政府重视农业科学研究，积极引进和开发先进的农业技术

巴西政府采取积极的措施引进日本技术和人才，以在稀树草原地区实现大规模农业用地开发和规模化生产。此举取得显著成果。巴西政府还致力于引进以色列的先进农业灌溉技术，在东北干旱地区扩大水浇地面积，成功改善了当地的农业生产条件，并在该地区建立了大量农产品出口基地。这一系列措施为巴西的农业发展注入了新动力。与此同时，荷兰政府也积极支持农业科学研究，特别注重实际应用方面的研究。例如，联合利华公司在鹿特丹设立了一个研究中心，拥有超过2 000名研究人员。此外，该公司在全球40多个国家的子公司也设有实验室。这种实践与研究相结

---

① 根据中华人民共和国财政部官网的相关数据整理而得。

合的模式为荷兰的农业科技创新提供了强有力的支持。另外，加拿大一直以来都高度重视农业科研，其农业科研强度一直保持在2%以上。加拿大在种子、种畜繁育和动物疫病防治等方面的水平相当高。这种持续的科研投入和技术创新为加拿大农业的发展提供了坚实基础。

然而，从中国政府财政农业支出的结构来看，人员供养及行政开支等事业费用占据了财政支农的60%，而建设性支出和农业科技三项费用支出的比重相对较低。以2006年为例，我国财政支农中，农业科技三项费用支出为21.42亿元，仅占当年财政支农的0.68%，农业科研强度仅为0.026%。据专家估计，即便是到了2020年，中国在植物病理学和生物技术研究方面落后于发达国家10年以上。目前，中国的畜牧业科技水平仅相当于发达国家21世纪初的水平，整体上滞后了10~15年。

尽管中国的农业科技进步贡献率在不断提高，但与发达国家相比仍然存在较大的差距。在"八五"期间，农业科技进步贡献率为34%，其中种植业为34.8%，畜牧业为45.5%，渔业为43.6%，林业为31.4%。在"九五"期间，农业科技进步贡献率超过了50%；"十五"期间之后，我国农业科技进步的贡献率达到了60%。2021年，我国农业科技进步贡献率已经达到61%[1]。2022年达到62.4%，2023年则达到了63%[2]，为农业高质量发展提供强劲动能，但距离发达国家如荷兰、德国、美国等的农业科技进步贡献率（均超过90%）仍有不小差距。而且，在前沿性科学技术发展方面仍然相对滞后，缺乏重大的原创性成果，一些重要种源和重要农机装备方面仍依赖于进口。

从农业科研投入来看，虽然我国的公共农业科研投资超过了美国和欧洲国家，2016年占世界农业公共投资总额的16%，但是，我国的私人农业科研投资非常有限，严重不足。而在发达国家，私人部门的农业科研投资越来越占据主导地位。2015年，高收入国家的私人农业科研投资比重高

---

[1] 资料来自中国新闻网，2022-09-28。
[2] 资料来自农业农村部。

达 55.2%，美国高达 69.1%，和整个行业的私人科研投资占比接近（69.8%）。这些数据表明，中国在财政农业支出的结构上还存在一些不合理之处。应当加大对农业科技的投入，提高财政支出的科技比重，以推动农业科技的发展和应用。同时，还需要加强与发达国家的科技合作和交流，借鉴其先进技术和经验，缩小与其之间的科技落后差距。通过加强农业科技研究和创新，中国可以提升农业生产效率和质量，实现农业的可持续发展，以及为粮食安全和农村振兴作出更大贡献。

(三) 政府重视农业教育，培养高素质的农业从业人员

在美国，大多数农场主都是各个州立大学的毕业生。而在西欧国家，农民不仅要有一定的文化水平，还需要接受专业培训并获得农业领域的"绿色证书"才能正式成为农民。

尽管中国一直在努力提高农业劳动者的素质，但情况仍然不容乐观。相比较而言，美国农村的教育水平普遍很高，大部分人至少拥有大学本科的学历，要知道美国人从事农业工作时，还需学习大量的市场、管理知识，甚至还包括物流、金融、法律和环境相关的信息，而中国农村大部分人的文化程度是普遍较低的。根据国家统计局发布的农民工监测调查报告，在 2022 年全部农民工中，未上过学的占 0.7%，小学文化程度占 13.4%，初中文化程度占 55.2%，高中文化程度占 17.0%，大专及以上占 13.7%，大专及以上文化程度农民工所占比重比上年提高 1.1 个百分点。在外出农民工中，大专及以上文化程度的占 18.7%，比上年提高 1.6 个百分点。2023 年农民工平均年龄 43.1 岁，比上年提高 0.8 岁。大专及以上文化程度农民工所占比重比上年提高 2.1 个百分点，达到 15.8%。即便如此，中国农民工的素质与美国还是相去甚远。

此外，我国农业科研人员的数量和质量也有待提高。2011 年，我国制定了农业科技人才队伍建设规划，提出 2020 年达到 10 万名农业科研人才的发展目标，但农业农村部的相关数据显示，截至"十三五"末期，农业科技研发人员仅为 7 万人，并未达到当时的预期目标。此外，从我国科研

人员队伍整体发展情况来看,近年来相关人员保持着年均约9%的增长,人员数量已稳居世界第一,但其中农业科研人员的数量增长却并不明显,部分领域甚至出现了减少的趋势,占比也明显低于国际水平。另外,我国农业科研人才结构不合理,与农业农村人才队伍建设的要求不匹配。一直以来,我国农业科研人才队伍建设主要聚焦人才数量方面的提升,对于人才结构的优化缺少必要关注,主要表现在三个方面:第一,攻克关键核心技术的急需紧缺人才占比较小。第二,基层农业科研人才缺口较大。第三,青年农业科研人才储备不足。据统计,现阶段我国各层次农科专业毕业生数量占全国人口的比重以及农科毕业生对口就业率均较低,与国际上的农业大国相比还存在一定差距。

总之,中国在提高农业人才素质和培养农业科研人员方面仍面临很大的挑战。要想推动农业的科技创新和发展,需要加大对农业教育的投资和力度,提高农业劳动力的受教育水平和专业技能。同时,还需要加强农业科研机构的建设和培养高质量的农业科研人员,以提高我国农业科技水平,缩小与发达国家的差距。只有这样,中国的农业才能真正实现可持续发展,为实现粮食安全和农村振兴作出更大的贡献。

(四) 政府采取多种措施扶持出口农业和提高出口农产品质量

(1) 政府通过谈判破除农产品出口壁垒。美国政府通过谈判促使其他国家减少农产品进口关税和农业补贴,有效提升美国农产品的竞争力。巴西政府通过签署自由贸易协议和进行双边、多边贸易谈判等方式,消除了国际上对巴西农产品的贸易障碍,确保农产品的顺利出口。

(2) 政府采取价格支持政策鼓励农产品出口生产。巴西通过农业低息贷款政策、设置农产品最低保证价格、取消农产品出口税以及实施"北方农产品出口长廊建设计划"和"北部地区灌溉计划"等措施,积极激励农民进行农产品出口生产。

(3) 政府制定法规提高出口农产品质量。荷兰在整合先前陆续颁布的"肉类检验法""黄油法"等单行法规的基础上,制定了全面的"农产品

第七章 我国拓展与"一带一路"共建国家农产品贸易的路径选择

质量法",要求农业生产和加工必须符合技术规范,将质量管理工作贯彻于生产、加工和流通的整个过程中。

(4)政府重视农产品信息收集。丹麦成立了促进农业出口委员会和农产品销售委员会等机构,这些机构致力于组织企业参加国际食品博览会,定期调查一些丹麦食品的进口国,将调查数据存入数据库,以便生产者随时了解信息并适应国际市场竞争。巴西政府建立了全球农产品销售信息网,使农场主通过现代通信工具及时了解本地、州、全国以及美国芝加哥交易市场的大豆价格动态。

我国在农产品质量的法规建设方面取得了长足的进步,并颁布了一系列重要的法律法规,如《中华人民共和国食品安全法》《乳品质量安全监督管理条例》《农作物种子质量检验机构考核管理》《中华人民共和国动物防疫法》《国务院关于加强食品等产品安全监督管理的特别规定》《农产品质量安全法》和《进出口商品检验法》等。然而,这些法律法规仍需要进一步详细化和规范化。对我国来说,农业已经具备了新兴产业的各种特征。从农业生产资料到农业种植、农业养殖、农产品加工、农业大流通以及涉农综合服务的链条上,汇聚了超过两万家农业产业化的龙头企业和三万多个农村合作社及中介组织。针对这样一个庞大的产业,传统的管理模式已不再适用,我国必须依靠现代化的信息网络来实现管理和协调。因此,我国政府在农业信息发布、农业信息网络建设以及农业对外谈判方面有着巨大的发展潜力。

二、按照国际市场需求及时调整农产品出口方向

当前,美国已将农产品出口的重点转向发展中国家和中等收入国家。其主要原因是,美国国内农产品市场饱和,而发达国家如欧洲等已经成为"成熟市场",发展空间有限。因此,美国在努力拓展全球市场的同时,把一些经济发展迅速的发展中国家视为具有巨大市场潜力的"中产阶级"国家,并将对这些国家(包括中国)的农产品出口作为调整的重点。以色列

是及时调整出口农产品结构的一个典型案例。以前，柑橘是以色列主要的出口农产品，但在20世纪80年代后受气候影响以及国际市场上西班牙产品竞争的影响，其出口受到阻碍。因此，以色列及时调整了出口方向。从20世纪80年代后期开始，以色列的鲜花出口不断增长，已经成为仅次于荷兰和哥伦比亚的世界第三大鲜花出口国。近年来，肯尼亚也及时调整了出口产品结构，园艺作物如蔬菜和花卉的生产出口数量不断增长，已取代传统出口农产品如红茶和咖啡，成为肯尼亚最重要的出口农产品。

我国对农产品出口结构进行了调整。自20世纪90年代以来，特别是2000年以来，我国已经开始将重点放在鱼类等水产品和蔬菜水果等园艺类产品的出口上，这已经超过了传统的大宗农产品。需要注意的是，我国这种调整主要是建立在我国的比较优势之上，而不是受国际市场需求变化的驱动。我国在渔业和园艺领域具有丰富的资源和技术优势，我国拥有广阔的海洋和内陆水域，以及适合蔬菜水果种植的土地和气候条件。因此，鱼类等水产品以及蔬菜水果的生产和出口在我国具有很大的潜力。而传统的大宗农产品如粮食和油料等，在国内市场需求量大的情况下，更多地满足了国内的需求。然而，国际市场需求是不断变化的。虽然我国目前的调整是在我国的比较优势基础上进行的，但我国也需要保持对国际市场的敏感度，及时调整和适应市场需求的变化。这意味着我国需要不断提高产品的质量和竞争力，建立起稳定的供应链和品牌形象，以满足国际市场的需求。

三、依靠科技创新和先进工艺不断提高农产品质量和附加值

在美国农产品加工领域，粮食的转化率迅速提高。统计数据显示，早在1990年，美国利用谷物和大豆转化成的肉类产品的出口价值分别占这两类粮食生产总值的1.4%和1.8%。到了2007年，这两个比例已经分别上升到了6.8%和7.1%，17年翻了约两番。最近10多年来，这两个比例还在上升。

荷兰以养牛业和乳制品加工业而闻名，其成功归功于采用先进技术和设备，如挤奶设备、储奶罐以及根据乳牛产乳量用电脑控制精饲料投放等。这些先进的技术和设备在荷兰的养牛业中得到广泛应用。另外，荷兰的蘑菇生产业也是高度工厂化和机械化的。温度和湿度由电子计算机控制，使荷兰的蘑菇生产不受季节限制，全年可进行。这种先进的生产方式可以确保蘑菇生产的质量和产量的稳定性。在粮食生产方面，荷兰非常注重选用优良品种和采用机械化、现代化的栽培管理措施。通过选择适应性强、高产高品质的品种，并使用高效的机械设备和现代的种植管理方法，荷兰农民能够实现高产和高质量的粮食生产。

丹麦在兽医工作体系上建立了一个完善的体系，每个农户的家畜都能够接受定期的健康检查，并且对家畜用药也有严格的规定。丹麦人还对牛奶、鸡蛋、肉类、小麦等农产品的质量设立了一套科学的检测措施。他们将先进的电子学、光学、微生物学和精密仪器有效地融合在一起，利用这些先进的仪器和设备，他们能够快速、简便、准确地测量和检查农产品的质量，并进行产品分析。丹麦人还注重科学的数据分析和产品追溯体系，以确保农产品的质量和来源可靠。他们积极采用信息技术来监控产品质量数据，并建立了严格的追溯体系，以便在需要时能够进行溯源和质量追踪。这些独特的技术和体系的应用使丹麦的农产品质量得到广泛认可。丹麦的牛奶、鸡蛋、肉类和小麦等农产品以其优良品质和卫生安全性在国际市场上享有良好的声誉。丹麦农产品不仅在国内市场受到消费者的信任和青睐，还成功地进军了国际市场。

长期以来，中国的出口农产品面临着质量较低和污染较严重等问题。一个明显的例子是，中国的农产品质量标准涵盖了 62 种化学污染物，而联合国粮农组织已经公布了 2 522 个相关的限制标准，而美国则多达 4 000 个以上。我国近年来开始高度重视农业绿色高质量发展，加强农业污染治理，实施化肥农药减量增效和废弃物循环利用等措施，农业面源污染得到有效遏制，化肥、农药使用量持续减少，资源利用效率稳步提高。但目前，我国的化肥和农药施用强度仍超过国际公认的安全上限，也高于世界农业强国的施用量。2019年我国农用化肥施用量仍达到198千克/公顷，远高于美国72千克/公顷、加拿大66千克/公顷、澳大利亚43千克/公顷。这显示出中国在农产品质量标准方面与国际接轨还存在较大差距。目前，中国的耕作栽培技术体系仍有较大一部分停留在常规耕作技术和经验基础上，相对于国外采用计算机主导的规范化、定量化栽培技术，中国还有相当大的改进空间。因此，中国的农产品出口迫切需要实行标准化生产，急需通过农业创新和提高检疫检测手段来提高出口农产品的质量。

四、通过规模化经营不断提高农业生产效率

荷兰的种植业农场平均规模为50公顷，畜牧业农场平均规模为40公顷，而园艺花卉农场的平均规模仅为2公顷。因此，荷兰的家庭农场在欧盟成员国中规模最大。这种规模经营的优势在于能够实现更高程度的机械化操作和现代化管理。荷兰农场采用先进的农业技术和设备，包括自动化灌溉系统、智能化温室以及机械化耕种和收割等工具。这种规模化经营的模式不仅提高了生产效率，还降低了劳动力成本，使荷兰的农业在全球市场上具有竞争力。此外，荷兰的规模经营也为其外向型农业带来巨大的规模效益。由于农场规模较大，荷兰能够大规模生产高质量的农产品，并通过国际贸易渠道将其出口至世界各地。这种规模效益使荷兰成为一个重要的农产品出口国，并在全球市场上赢得了良好的声誉。

加拿大农产品规模化种植享誉全球，每个农业劳动力平均配备两台拖拉机，能够完成120公顷（1 800亩）耕地的作业任务。谷物生产主要集中在西部草原省份，其中萨斯喀彻温省的小麦约占全国小麦产量的2/3，阿尔伯塔省的大麦约占全国大麦产量的一半，安大略省的玉米产量约占全国总产量的3/4。加拿大的农业劳动力每年能够生产出令人瞩目的数量和质量。每个农业劳动力每年可生产134吨粮食、2.4吨牛肉、3吨多猪肉和近13吨牛奶，产值高达4.3万美元。这些数字显示了加拿大农业的高效率和高产出。通过规模化种植和先进的农业技术，加拿大农业能够充分

利用资源,并实现高产出和高质量。

美国和加拿大的人口不足全球的 5%,但生产了全世界 9% 的农业和渔业产品,人均占有量世界最高。2019~2021 年,谷物和肉类的自给率都高达 130.6% 和 115.9%,出口量占世界农产品出口总量的 13%。从农业劳动生产率来看,加拿大和美国的每个农业劳动力创造的农业增加值超过 10 万美元,2019 年分别为 10 万美元和 11.3 万美元(2015 年可比价),澳大利亚也高达 8.7 万美元。2021 年我国农业劳动力就业人数为 1.7 亿,占就业总人数的 23%,平均每个农业劳动力的农业增加值为 5 万元。从国际比较来看,按照 2015 年可比价格美元计算,我国每个劳动力平均创造的农业增加值为 5 609 美元,仅相当于美国的 5.6%、加拿大的 5% 和欧盟的 22%。此外,根据国家统计,2020 年,我国农业及相关产业的 GDP 占比为 16.47%,仅为农林牧渔业增加值的 2.05 倍,远低于世界农业强国的水平,例如美国农业和食物及其相关产业增加值是农业增加值的 8 倍多。从这些数据可以看出,中国的农业规模化经营还有很大的提升空间。

五、组建形式多样的农业合作组织

荷兰的农业合作组织包括采购合作社、销售与加工合作社、合作拍卖市场、服务合作社和信贷合作社。这些合作组织在促进农业专业化分工、提高劳动生产率、调节市场供求、保证农产品质量等方面发挥着重要的作用,同时也大大减少了交易成本和费用。

以色列的农业组织主要分为"基布兹""莫沙夫"和"莫沙瓦"。这些组织的目标是协助农民实施农产品的生产和销售计划,为某些农产品打开出口和工业加工渠道,并尽可能保证农民的利润。这些农业组织在以色列的农业发展中起着至关重要的作用。它们通过提供经济、技术和资源支持,帮助农民实现农产品的高质量生产和市场销售。通过协作和合作,这些组织促进了农业生产的规模化和现代化,提高了农产品的质量和竞争力。

巴西建立了多种形式的农业合作经济组织,包括供销合作社、渔业合作社和农村电气化合作社等。绝大多数农民都选择参加合作社，这些合作社在供应生产资料、加工销售农产品和提供技术服务等方面发挥了积极作用。随着几十年的发展，许多合作社已经发展壮大，成为集农牧业产品生产、加工、仓储和贸易为一体的大型产业集团。这些合作社的发展为巴西外向型农业的推动作出了不可磨灭的贡献。

我国目前的农业合作组织形式多样，涵盖了"一村一品、一乡一业""公司+农户""龙头+基地""公司+中介组织+农户"等多种模式。然而，这些合作组织的作用仍然有限，需要进一步提升和发展。

首先，对于"一村一品、一乡一业"模式，虽然可以推动农产品的品牌化和特色化，但在组织形式和管理模式上仍然存在一定的局限性。需要加强合作社与农户之间的协作和配合，提高组织和管理效能，以更好地实现资源整合和产业升级。

其次，"公司+农户"和"龙头+基地"模式在解决农产品销售、资源整合和技术支持方面有着积极的作用，但仍面临着问题。例如公司与农户之间的利益分配不合理、农户的技术水平和管理能力有待提高等。需要进一步加强农民与企业之间的良好合作关系，确保农户的利益得到充分保障，同时提供农业技术培训和管理指导，助力农业转型升级。

最后，从企业规模来看，中国还存在较大差距。尽管近年来中国跨国农业企业正在发展壮大，但数量和规模都相对较小。例如，2022年美国嘉吉Cargill的收入为1 650亿美元，中粮国际仅为480亿美元。

第二节 我国与共建国家农产品贸易拓展的路径

一、寻求利益共同点以实现中国农产品贸易平衡

农产品贸易平衡是指农产品的进出口总额基本保持平衡，既能有效满

足国内的农产品需求,又能寻找海外市场,从而促进国内农业经济的健康发展。在探讨中国与"一带一路"共建国家的农产品贸易平衡状况时,可以发现,双边农产品贸易中,我国的贸易顺差逐渐转为逆差,并且逆差额逐年扩大,农产品进口依赖性也在增加。面对这些问题,我国必须从根本上改善中国农产品贸易现状,采取有效的措施,并根据各国情况制定适当的策略,以促进中国与"一带一路"共建国家之间农产品贸易的平衡发展。

从实际角度来看,在扩大中国对"一带一路"共建国家农产品出口规模上,双方的利益共同点要远远大于分歧点,主要体现在两个方面。首先,农产品具有较强的互补性。受地理环境、自然条件和技术水平等因素的影响,中国与"一带一路"共建国家的农产品在品种结构和质量等级方面存在互补性。中国可以向经济带多数共建国家出口稀缺且具有巨大需求的水果、蔬菜、水产品和动物油脂等农产品。这种互补性为双方农产品贸易提供了广阔的市场空间和机遇。其次,双方农产品贸易可以促进农业结构的合理分工,充分发挥各自的比较优势。中国相对于"一带一路"共建国家在人口众多、市场空间巨大等方面具有优势,在贸易中拥有较强的价格竞争力。随着中国农业的发展,部分农产品出口能力逐渐增强,需要加快寻找更多的销路。同时,沙特阿拉伯、塔吉克斯坦、土库曼斯坦等共建国家农业资源稀缺,多数农产品供应严重依赖进口,为中国提供了广阔的农产品出口市场。因此,双方在农业发展的产业层次上具有互补性和契合性,可以在农业分工中相互获益,实现高收益。这也是双方农产品贸易的基础,也决定了未来农产品贸易发展方向和合作方式的关键因素。

在与"一带一路"共建国家进行农产品进出口贸易时,我国应实施有进有出的贸易战略。具体来说,我国应该出口具有比较优势的大米,并适当进口小麦和饲料,实行南进北出战略来处理玉米贸易,并扩大具有比较优势的经济作物的出口。大米是我国具有比较优势的粮食产品,在农产品出口中占有重要地位。我国的大米出口市场主要集中在中东、非洲和东欧等地区。因此,我国需要加大科技投入,提高粮食品质,改良品种,以增强大米的竞争力。在小麦和饲料粮食贸易方面,由于我国长期以来一直将粮食和饲料粮视为一体,导致在饲料粮生产上并不具有比较优势。因此,未来我国应优先增加对饲料粮的进口,以较低的成本实现饲料粮的供求平衡。同时,适当进口小麦,缓解国内小麦供需缺口。在玉米贸易中,南方地区主要种植玉米作为饲料粮,供不应求的问题成为常态。因此,我国应增加南方地区的玉米进口,削减玉米种植面积,从而满足饲料粮的需求,并将腾出来的耕地用来种植具有比较优势的农产品。而北方地区的玉米产量较高,供大于求,因此可以扩大玉米出口。在经济作物贸易领域,我国可以扩大具有比较优势的经济作物的出口。经济作物是劳动和技术密集型产品,我国在该领域具有良好的竞争优势。因此,我国可以通过扩大劳动和技术密集型农产品的出口来换回我国需要的粮食。

二、持续优化共建国家农产品贸易的市场结构

优化贸易市场结构是指通过加强市场细分,正确选择目标市场和市场定位,实现农产品贸易市场的多样化发展,最终形成合理、全方位的农产品进出口市场布局。根据前文对中国与"一带一路"共建国家农产品贸易市场结构的分析,可以得出结论,中国目前的进出口市场主要集中在泰国、俄罗斯和印度,而许多西亚、南亚和中亚地区的共建国家在中国农产品对外贸易中未得到充分重视。因此,未来中国在进出口市场的选择上应考虑以下因素:首先,要巩固中东欧传统出口市场,加强与这些国家的贸易往来,稳定并拓展现有的贸易合作关系。其次,要大力开拓中亚、西亚、南亚以及北非等新兴市场。这些地区在农产品贸易方面具有较大的增长潜力,我国应积极寻求合作机会,开展市场推广和贸易合作,逐步拓宽我国的贸易通道和合作领域。最后,我国需要通过创新的合作模式,逐步形成"一带一路"共建国家的区域大合作。这意味着我国要通过点对点的合作,逐渐建立起全线通、连接密的贸易网络,实现市场的互联互通、资源的共享和合作的深化。

第七章　我国拓展与"一带一路"共建国家农产品贸易的路径选择

（一）中亚五国

中亚五国位于亚洲大陆的腹地，北部与俄罗斯接壤，东部与中国接壤，南部与阿富汗、伊朗接壤，西部隔里海与外高加索国家相望。其中，哈萨克斯坦、吉尔吉斯斯坦、塔吉克斯坦三国与我国接壤，地缘和人文上的优势显著。我国已经向中亚国家开放了10个一类口岸和12个二类口岸。1990年9月12日，连接中国连云港和荷兰鹿特丹的第二亚欧大陆桥开通，成为连接亚太和欧洲的最快捷和经济的通道。

2023年是共建"一带一路"倡议提出10周年，我国应将其作为新的起点，进一步加强与中亚五国的战略对接。在过去的10年间，中国与中亚实现了全面战略伙伴关系的全覆盖，深化了政治互信和互利合作。我国进一步巩固了来自中亚地区的能源和粮食供给，为经济的持续发展提供了可靠和安全的周边保障。与此同时，中亚国家通过与中国的合作，提升了与口岸联通的陆路通道，通过新亚欧大陆桥，中国欧洲班列和中国中亚班列不断往返于中欧和中国与中亚之间，实现了互联互通等五通领域的推动。这让中亚国家摆脱了"内陆国"和"双重内陆国"的困境，为其经济的可持续发展提供了更大的地缘空间和广阔的市场。

2023年5月18日至19日中阿五国峰会成功在中国古都西安举行。此次峰会取得了一系列重要成果，其中包括通过了西安宣言，形成了54项主要合作共识和倡议，确定了19个拟成立的多边合作平台，并达成了9项涉及峰会框架内的多边合作文件。这些成果必将为中国与中亚五国的农产品贸易拓展奠定坚实的基础。中国—中亚峰会作为重要的平台，进一步凝聚了中国与中亚国家的合作共识和意愿。西安宣言的通过，表示各方在农产品贸易领域达成了广泛的共识和倡议，将有助于促进双方的农产品贸易发展。此外，19个拟成立的多边合作平台将为双方的合作提供更广泛的领域和机会，为农产品贸易的拓展提供了平台和机制。

为拓展双方农产品贸易，有几个关键方面需要考虑和加强。首先，需要继续巩固中亚作为欧亚大陆交通枢纽的重要地位，加快推进中国—中亚交通走廊通道建设。这包括发展中国—中亚—南亚、中国—中亚—中东、中国—中亚—欧洲的多式联运路线，以及跨里海运输线路，例如中—哈—土—伊（朗）过境通道，途经阿克套港、库雷克港、土库曼巴什港等海港。此外，各方还推进中吉乌铁路的加速建设，进一步提升交通联通的便利性。其次，需要升级中国与中亚国家的投资协定，加强整体经济联系，推动中亚地区建立良好的投资环境，吸引更多外资。这将有助于促进中亚地区的经济增长，创造就业机会，并持续打造更加市场化、具有吸引力的投资和营商环境。最后，需要对现有的自贸试验区、进口贸易促进创新示范区、内陆开放型经济试验区、国家级新区和临空经济示范区等各类平台进行升级和优化，构建国际化高能级的开放平台体系。这些平台应该面向全球吸引和集聚高端要素，探索贸易规则制定等先行先试开放制度创新。通过这些举措，将形成更多投资和贸易自由化、便利化的系统性制度创新成果，进一步推动协同创新，实现重大进展。

根据 FAOSTAT 的数据，乌克兰和俄罗斯两个国家的小麦出口占 2021 年全球小麦市场的约 30%，乌克兰还是世界第四大玉米出口国。由于俄乌冲突的爆发，两国都有限制农产品出口的动机，给全球粮食安全格局带来一定程度的不确定性。面对日益复杂的国际形势，中国不能把所有鸡蛋放在一个篮子里，因此开拓新的农产品供应地十分必要。中亚地区在棉花、羊毛、蚕丝和小麦出口方面具有世界影响力，乌兹别克斯坦在棉花出口方面位居世界前列，哈萨克斯坦的羊毛和蚕丝也享有盛誉。此外，中亚地区还是小麦的重要产地之一，其优质小麦在国际市场上享有很高的声誉。目前，中亚地区已经成功出口了诸如小麦、大豆、干果、水果、牛羊肉、乳制品、棉花和皮革等数十种优质农产品到中国市场。根据中国海关总署的通报，中亚国家已获批向中国出口的农产品品类已达上百种。中亚国家农产品对华出口的增长势头强劲，据统计，2021 年中国自中亚国家进口的农产品同比增长均超过 50%。这意味着中亚国家过去的农业生产潜力尚未得到充分释放。大量适宜耕种的土地尚未充分利用，草场资源也有未被充分开发的潜力。这种现象的出现既有直接原因，也有长期因素。国际粮食安全合作通常需要较长的周期,合作期限常常是5年、10年甚至更长。中美贸易摩擦和俄乌冲突等因素对中国的农产品进口造成了一定影响,导致市场出现了需求缺口。如果没有这些因素,中国的需求也不容易释放,中亚地区将难以找到合适的买家来扩大粮食生产。

综合来看,中亚国家拥有广阔的土地资源和稀少的人口,具备生产土地密集型产品的较强优势。然而,其农业基础设施和生产技术相对落后。相反,中国人口众多,土地相对较少,农业生产技术相对先进。中国在劳动密集型和技术密集型产品上具有优势。因此,中国可以向中亚国家出口蔬菜、水果、水产品、农业机械、化肥、农药等农产品,同时可从中亚国家进口棉花、皮革、油料、活体动物、生丝等农产品,以保障我国战略性物资的市场供应。在这种合作关系下,中亚国家可以借助中国的先进技术和市场优势,提高农业生产水平和产品质量,加大农产品出口力度。同时,中国也可以通过从中亚国家进口农产品,满足国内市场对特定农产品的需求,保障国内战略物资的供应稳定。这种互补性的合作,将给双方带来共赢的机会,推动中亚地区农产品贸易的繁荣发展。

(二) 俄罗斯、乌克兰

俄罗斯位于东欧和北亚,与中国之间有多条公路相连,运输距离较短,运输成本较低,且口岸条件正在不断改善。目前,中国吉林省向俄罗斯开放了2个口岸,中国黑龙江省向俄罗斯开放了25个 类口岸,其中包括15个河运口岸,4个公路口岸,2个铁路口岸,以及4个航空口岸。中国内蒙古自治区向俄罗斯开放了4个陆路边境口岸和2个航空口岸。中俄两国都是上海合作组织成员,随着该组织合作关系的深入,两国在经济、交通、文化和贸易领域的合作得到进一步深化,便利化水平也得到提高。2001年7月,中俄两国元首签署了《中俄睦邻友好合作条约》。俄罗斯拥有4 550万公顷的农用地,位居世界第五。耕地面积约占全球耕地面积的8.9%,牧场面积占全球的2.4%。由于气候条件,俄罗斯的农用土地资源受到一定的限制。相当多的农田尚未得到充分利用,导致农业成为俄罗斯经济的薄弱环节之一。许多农产品依赖进口，粮食和糖的自给率仅为28.5%，禽肉和制品的自给率为40%，水果的自给率为50.8%，蔬菜的自给率为88.6%，鱼类的自给率为65.5%。

乌克兰位于欧洲东部，拥有平原地形和温和气候，雨量充沛，便利了农地、草场和灌溉，土地肥沃，黑土面积广阔，水利资源充足。农业是乌克兰经济至关重要的部分，农业产值占据了该国GDP的34%，就业人口的29%，固定资产的33%。乌克兰是世界上主要的农业出口国之一，被誉为"欧洲大粮仓"，是全球最大的大麦出口国，第二大葵花籽油出口国，第三大玉米出口国，以及全球第八大小麦出口国。乌克兰的畜牧产品在欧洲市场中也拥有重要的份额。然而，乌克兰在水产品领域面临挑战，需加大资金投入和技术支持来改善水产品供应和自给率。通过加强与其他国家的合作和促进农民和企业的投资，乌克兰有望实现水产品产量和质量的提升，进一步发展农业经济。

2022年2月24日，俄罗斯和乌克兰两国之间爆发了军事冲突，引起国际社会的高度关注。这对全球来说是个重大事件，因为俄罗斯和乌克兰都是重要的农产品生产和出口国，同时也是中国的重要农产品进口来源国。俄罗斯和乌克兰被誉为世界的"粮仓"，在粮油和化肥的出口能力方面具有重要的地位。两国在世界粮油的生产、贸易和流通以及农资供应等方面扮演着重要的角色。

根据UNComtrade数据库的数据，截至2020年，俄罗斯和乌克兰的小麦和大麦出口约占全球出口总量的1/3，玉米出口约占全球的1/6。俄罗斯以小麦出口居世界第一，大麦出口居世界第三，玉米出口居世界第九，主要出口目的地包括土耳其、埃及和沙特阿拉伯等国家；乌克兰的大麦出口居世界第二，玉米出口居世界第四，小麦出口居世界第五，主要出口目的地包括中国、埃及和印度尼西亚等国家。此外，俄罗斯的葵花籽和葵花籽油出口量分别约占全球出口总量的1/5和2/3；油菜籽和菜籽油出口量约占全球出口总量的1/8和1/10。另外，俄罗斯还是全球最大的氮肥出口国，第二大的钾肥出口国和第三大的磷肥出口国，化肥出口量约占全球的

2/5。俄罗斯和乌克兰的冲突对全球农产品市场和供应链带来了不确定性和风险。中国作为世界上最大的农产品进口国之一,需密切关注俄乌冲突对农产品供应和价格的影响,并做好应对措施。其他国家也需要关注并就俄乌冲突对世界农产品贸易和粮食安全的影响进行评估和应对。同时,国际社会应呼吁各方保持克制和对话,寻求和平解决俄乌冲突,以维护地区和全球的稳定与繁荣。

近年来,乌克兰成为中国主要的农产品进口国之一,尤其在谷物、油脂和油粕方面的进口快速增长。2017~2021年,中国自乌克兰的农产品进口额从11.3亿美元增长至52.4亿美元,年均增长率为46.7%。目前,乌克兰已成为中国第十大农产品进口来源国,中国主要从乌克兰进口玉米、大麦和葵花籽油粕。2017~2021年,中国自乌克兰的谷物进口从267万吨增至1 145万吨,占中国谷物进口总量的比重从10.4%增至17.5%,2019年甚至曾达到28.9%。其中,玉米进口量从182万吨增至823万吨,乌克兰长期以来一直是中国主要的玉米进口来源国,2019年占中国玉米进口总量的比重高达86.3%。然而,在近两年随着中国自美国进口玉米的增加,乌克兰在中国玉米市场的份额逐步下降,2021年仅占29%。大麦进口量从79万吨增至321万吨,占比从8.9%增至25.8%。乌克兰作为中国的重要农产品进口来源国,为中国的粮食和油脂需求提供了重要的补充。

由于乌克兰与俄罗斯之间的冲突以及国际形势的不确定性,乌克兰农产品的供应可能受到一些影响。中国政府和企业应密切关注形势的发展,采取必要的措施确保农产品供应的稳定。同时,中国也应继续加强与其他农产品进口国的合作,进一步多元化农产品供应渠道,以降低对单一国家的依赖。

俄罗斯是中国的重要水产品、油脂和化肥进口来源国,并且未来这一进口贸易有望进一步扩大。2017~2021年,中国自俄罗斯的农产品进口持续增长,进口额从21.3亿美元增至42.9亿美元,年均增长19.1%。目前,俄罗斯是中国的第十二大农产品进口来源国,中国主要从俄进口鱼蟹、葵花籽油、菜籽油、豆油和钾肥。2021年,中国自俄罗斯进口水产品达到20.2亿美元,同比增长3.2%,占中国水产品进口总额的10%。其中,鱼类进口额为10.6亿美元,螃蟹进口额为6.7亿美元,分别占中国鱼类和螃蟹进口总额的20%和近50%。葵花籽油、菜籽油和豆油的进口量分别为36万吨、34万吨和16万吨,分别接近它们在中国的总进口量的3/10、1/6和1/7。此外,中国对钾肥的需求也很大,目前主要依赖进口,2021年从俄罗斯进口了230万吨钾肥,约占中国钾肥总进口量的30%。总体而言,中国对俄罗斯的谷物进口相对较少,2021年仅有30万吨,占中国谷物进口总量的比重不足1%。小麦、玉米和大麦的进口量都在10万吨左右。不过,根据中国海关总署于2022年2月发布的公告,根据新的俄罗斯小麦植物检疫要求议定书的补充条款,中国将允许俄罗斯全境的小麦进口,这将为未来俄罗斯谷物在中国市场的进口提供更大的机会。

总体而言,中国的蔬菜、水果、水产品和动植物原料在俄罗斯市场上具有竞争力,并有机会从俄罗斯进口小麦和活体动物。双边贸易的潜力较大。中国已经成为乌克兰的第二大进口市场和第六大出口市场,两国在农业方面具有强大的合作互补性。中国可以从乌克兰进口粮食和畜牧产品,同时向乌克兰出口水产品,双方的贸易前景非常广阔。在俄罗斯市场上,中国的蔬菜和水果以优质和多样性而闻名,具备较高的竞争力。

此外,中国还拥有丰富的水产品资源,能够满足俄罗斯市场的需求。同时,中国的动植物原料也具备较高的品质,特别是在特色农产品领域有着独特的优势。从俄罗斯进口小麦和活体动物对于中国来说是一个有利的选择。俄罗斯作为世界上主要的农产品出口国之一,其小麦质量优良,能够满足中国市场的需求。同时,中国市场对于高品质的活体动物的需求也在增长,俄罗斯可以成为中国的重要供应来源。在与乌克兰的农业合作方面,两国具有强大的互补性。中国对乌克兰的粮食和畜牧产品有着稳定的需求,而乌克兰的农产品以高质量和竞争力而闻名。中国可以从乌克兰进口各类粮食,例如玉米、大麦和小麦,满足国内市场的需要。同时,中国作为水产品出口大国,可以向乌克兰出口优质的水产品,进一步促进双边贸易的增长。

(三) 印度

印度国土辽阔，自然资源丰富，土壤肥沃，并且有大量的可开垦土地。全国土地面积为2.97亿公顷，其中净播种面积为1.40亿公顷，总种植面积为1.93亿公顷。印度的灌溉面积为8 580万公顷，净灌溉面积为6 090万公顷，种植强度为138%。灌溉面积占耕地面积的32.8%，森林面积约占22%，草地约占4%。印度的农业规模居全球第二位。农业是印度经济的主要支柱，农业生产总值居全球第四位。印度具有多样的气候条件，适宜种植各种不同的园艺作物。目前，园艺作物的种植面积约为2 008万公顷，印度是世界上第二大水果和蔬菜生产国，分别占全球水果和蔬菜生产的12%和13%。印度的草原资源也非常丰富，黄牛和山羊的数量在全球排名第二，绵羊排名第三，鸡排名第五，骆驼排名第六。同时，印度在奶类生产方面居全球第一，禽蛋生产排名第三。印度拥有丰富的水资源，境内拥有众多的江河湖泊，是世界上第三大海鱼生产国和第二大淡水鱼生产国。与中国相比，印度在水产品、果蔬类以及动植物原料等领域都有较大的产业内贸易增长潜力。

需要注意的是，中国与印度作为世界上最大的两个发展中国家，在全球市场上存在着一定的竞争关系。为了削弱中国农产品的出口竞争力，印度不得不采取贸易保护政策。印度对外国生产商进口申请实施强制检验制度，这导致了高昂的检验费用和较长的申请时间，给外国生产者带来额外负担。此外，为了保护本国企业，印度频繁对中国的出口商品提起反倾销诉讼，成为对中国发起反倾销最多的发展中国家。以2012年为例，印度对中国出口商品的贸易壁垒事件就高达49起，占全球贸易壁垒事件的12%，居于第五位。

值得注意的是，尽管中国和印度都是14亿人口的大国，但在粮食问题上，两国采取了不同的发展模式和政策导向。中国通过大量进口粮食来满足国内需求，以保障国内人民的温饱和维持国际话语权。而印度更注重农民利益和农村经济的发展，通过大量出口粮食来推动农产品的发展和国际贸易的增长。这种差异是两国政策及经济发展取向的结果。

随着印度农业生产能力的不断提升，农产品贸易规模日益扩大，为中印农产品贸易发展带来了巨大的机遇。与美国和中国相比，印度在棉花、植物产品、糖和糖食等农产品方面具有明显的比较优势。印度的动物产品、油和油料以及棉花等农产品与中国的互补性较强，尽管除了棉花外，其他农产品与中国的贸易密集度较低，但仍然存在着较大的拓展空间。根据俄罗斯农产品出口发展中心（Agroexport）的研究，中国已于2022年成为印度农产品的第二大进口国。在2022年，中国从印度进口了总值36.08亿美元的农产品，与2021年的31.26亿美元相比增长了15%。印度的农产品中，中国占据7%的份额，仅次于印度农产品出口的主要目的地美国，占比达到10.5%，达到了54 318亿美元。印度对中国的主要农产品出口包括大米（占出口总额的20.8%）、糖（占11.2%）、甲壳类水产品（占9.4%）、牛肉（占6.1%）和小麦（占4.2%）。这些农产品在中国市场上具有一定的竞争力，并且在满足中国市场需求方面具有较大的潜力。

总体来说，中印农产品贸易具备巨大的发展潜力，双方农业合作的前景非常广阔。为了实现这一潜力，中印两国应加强公共外交活动，加大协商力度，加快贸易协议谈判的进程，以化解潜在的农产品贸易争端和纠纷。中印两国可以通过增加高层会晤和官方对话等公关活动，加深双方的相互了解与信任，消除贸易壁垒，促进农产品贸易的发展。同时，双方还应就贸易政策和规则进行密切的交流和合作，共同研究国际农产品贸易的最佳实践，推动贸易协议的谈判，为中印农产品贸易创造更加稳定和可预测的市场环境。此外，中印双方还应加强合作，共同应对农业技术创新和可持续发展等挑战。通过技术交流和合作项目，双方可以共同提高农产品的生产质量和市场竞争力，推动农业现代化和可持续发展的进程。

（四）土耳其、伊朗、巴基斯坦

"一带一路"倡议旨在加强共建各国的经贸合作，促进互联互通。中国和土耳其以积极推动者和参与者的身份参与其中，并在农产品贸易合作

第七章 我国拓展与"一带一路"共建国家农产品贸易的路径选择

方面建立了广泛的合作基础和巨大的潜力。土耳其是中东地区最大的小麦生产国,其主要农作物包括小麦、大麦、玉米和马铃薯等,在全球产量排名前十。主要的经济作物有棉花、甜菜和烟草,而主要出口农产品包括烟草、开心果、棉花和小麦等。目前,中国和土耳其的农产品贸易规模逐年扩大,品种也逐渐丰富,其中包括水果、蔬菜和畜禽产品等。特别是土耳其的当地特色产品,如杏仁、葡萄和樱桃等,深受中国市场欢迎。同时,中国的大豆、玉米等农产品也在土耳其市场上占据一定份额。这表明"一带一路"倡议为中土两国农产品贸易合作提供了新的机遇和前景。

实际上,中土两国的农产品贸易合作受到多方面的促进。首先,双方之间的贸易壁垒逐渐降低,贸易成本也得以降低。这得益于关税减免政策的实施和双边协议的签署。其次,中土两国的企业之间的合作逐渐加强,并且合作模式也越来越多样化和灵活化。这为双方的农产品贸易提供更多的选择。此外,随着"一带一路"共建各国市场的开放和消费水平的提高,中国和土耳其的农产品贸易规模有望进一步扩大。然而,中土两国在农产品贸易合作中仍然面临一些挑战和风险。质量安全问题是其中需要重视的方面,双方需要加强质量监管和风险控制,以确保农产品的质量和安全。此外,市场需求的变化和价格波动也可能对双方的贸易造成不利影响。因此,双方应加强市场调研和信息共享,及时应对市场风险。

伊朗位于亚洲西南部,是一个农产品产量超过1.07亿吨的国家,位居世界前20。伊朗在粮食安全和自给率方面取得了显著进展,达到了92%的水平。伊朗年产的开心果达到19万吨、藏红花215吨、石榴60万吨和鱼子酱10吨,使这些农产品的产量在全球名列前茅。伊朗的水果产量一直在中东地区居于第一位,在全球也排名第九。伊朗的主要进口农产品是小麦,其进口量已超过国内产量。而出口的农产品主要集中在蔬菜、棉花和开心果等。根据粮农组织的数据,伊朗是世界第二大开心果生产国,同时也是世界第三大枣、蜂蜜和核桃生产国。2021年,伊朗的开心果产量为13.5万吨,仅次于美国的52.3万吨。与此同时,土耳其是世界第三大开心果产量国家。此外,伊朗的农民在2020年生产了130万吨枣,使其成为世界第三大枣生产国,仅次于埃及和沙特阿拉伯。其蜂蜜产量为7.7万吨,排名全球第三,仅次于中国和土耳其。伊朗的核桃年产量达到38.6万吨,位居全球第三。在核桃产量方面,中国名列世界第一,美国排名第二。伊朗的桃子产量排名全球第三,仅次于土耳其和乌兹别克斯坦。2021年,伊朗的桃子产量超过了32.3万吨。同年,伊朗还是世界第五大猕猴桃生产国,产量达到29.4万吨。其中,中国、新西兰、意大利和希腊是全球前四大猕猴桃生产国。据报道,伊朗在2021年的杏仁产量达到16.3万吨,位列全球第六。在全球前五大杏仁生产国中,美国、西班牙、澳大利亚、土耳其和摩洛哥占据前列。此外,伊朗的茄子产量全球排名第六,哈密瓜产量排名第七,橙子、豌豆和菠菜产量均排名全球第九。联合国粮食及农业组织的数据显示,伊朗是全球第十二大小麦生产国,2020年的小麦产量达到1 500万吨。因此,我国有很大的机会向伊朗出口水产类、小麦、动植物原料、饮料和咖啡等产品,同时从伊朗进口开心果、干果、石榴和蔬菜等农产品。中伊两国的农产品贸易前景广阔,双方有望在合作中获得双赢的发展。

巴基斯坦位于南亚次大陆的印度河流域,东北邻接我国。巴基斯坦的气候因地理位置和地形差异而多样化。临海地区气温高,温差小,而西北部的高山地区和俾路支高原则气候多变,温差较大。巴基斯坦的农业以粮食作物和经济作物为主。粮食作物包括小麦、水稻、谷子、高粱、玉米、大麦等,经济作物包括棉花、烟草等。此外,巴基斯坦的渔业和畜牧业也相对发达。在农产品贸易方面,巴基斯坦面临着挑战。由于化肥和农药残留量较高,加工、保鲜和包装技术较为落后,很多农产品无法达到国际质量标准,导致出口困难,农产品贸易总体上存在逆差。巴基斯坦的粮食出口超过进口,主要出口蔬菜、水果、大米和水产品,进口食用油、豆类、茶叶和棉花。最近10年,我国与巴基斯坦之间的农产品贸易总额不断增加,中国已成为巴基斯坦最重要的棉花出口市场。但是,我国与巴基斯坦在人口规模、经济总量等方面差距较大,因此两国农产品贸易的增长幅度差别明显。

随着经济的不断发展，巴基斯坦在农产品贸易、农业经济合作和农业对外投资方面的需求不断增加。而且，从中巴两国的农业资源、农业生产水平、政治外交环境以及农业经贸合作基础来看，两国合作空间较大。从当前的实际情况来看，中国对巴基斯坦的农产品出口贸易稳定增长且处于顺差，中巴双方贸易的不平衡性较为明显。中国与巴基斯坦在水产类、蔬菜类和水果类产品上开展了产业内贸易，主要向巴基斯坦出口茶叶、棉花、动植物原料和食用油等，同时进口畜牧产品。巴基斯坦农业只占其国内生产总值的约1/5，其经济结构正在调整，逐渐从以农业为基础转向以服务业为基础。由于天灾、经济和战争等原因，巴基斯坦的粮食安全状况不容乐观，面临着较为严重的粮食短缺状况。巴基斯坦因为自然气候条件不佳、基础设施投资不足和生产方式落后，其农业的发展相对较缓慢，基础设施和农业灌溉设施相对落后，农业综合生产水平较低。巴基斯坦的农业增长总体上趋缓，农作物单产水平并不高，特别是近10年来农业生产发展停滞不前。在其种植业中，仍采用传统人工农作方式的比例高达85%。此外，巴基斯坦农业生产技术相对滞后，抗灾能力较差。

综上所述，中国与土耳其、伊朗和巴基斯坦在农产品贸易方面有较大的增长空间。双方应积极利用"中阿博览会"等平台，始终坚持以"传承友谊、深化合作、共同发展"为宗旨，加强规划，并积极探索，不断完善各项机制，开拓合作新领域，打造新亮点，为中国和阿拉伯国家的战略合作关系注入新的动力。

（五）泰国

泰国位于东南亚中心地带，是连接亚太陆上国家和亚太海域国家的重要枢纽。作为中国与东南亚互联互通和经贸合作的"交汇点"，泰国发挥着重要作用。农业是泰国传统产业，在泰国经济中扮演着重要角色。泰国属于热带季风气候，雨热同期，拥有丰富的耕地资源和充足的农业劳动力。它被誉为"东南亚粮仓"，是亚洲唯一的粮食净出口国和世界五大农产品出口国之一。同时，泰国也是世界上最大的稻米出口国，也是主要的橡胶、木薯、甘蔗和水产品的生产和出口大国。截至2019年，泰国农业产值约为450亿美元（13 510.42亿泰铢），占国内生产总值的8%。全年农产品出口额约为363.2亿美元，占总出口额的10.08%。目前，泰国有大约940万农业从业人口，占全国就业人口的14.03%。泰国的主要作物包括水稻、玉米、橡胶、甘蔗、木薯等。截至2020年，泰国的水稻种植面积达到1 040万公顷，产量为3 023.10万吨；天然橡胶种植面积为329.27万公顷，产量为470.32万吨；甘蔗种植面积为183.44万公顷，产量为7 496.81万吨；木薯种植面积为142.69万公顷，产量为2 899.91万吨。

中国已连续多年成为泰国最大的贸易伙伴，尽管近年来外部贸易环境不是特别稳定，但中泰两国之间的农产品贸易处于稳定增长的态势。相关数据显示，尽管受到疫情的影响，2021年中泰经贸合作依然取得了令人欣喜的成果，两国的贸易额成功突破了千亿美元大关。中国已连续9年成为泰国最大的贸易伙伴和农产品出口市场，其中98%的木薯、70%的热带水果、1/3的橡胶和1/10的大米销往中国。2022年中泰贸易总额为1 350亿美元，同比增长3%。

此外，RCEP的实施为中泰两国的农产品贸易创造了良好的税收环境，促进了双方贸易的便利化和互利发展。这将进一步推动中泰两国在农产品领域的合作与交流。泰国对中国农产品市场的开放措施，为中国农产品出口创造更加有利的条件。相应地，中国对泰国农产品市场的开放也为泰国农产品提供了更大的出口机会。RCEP的生效为中泰两国农产品贸易带来了更大的便利和发展机遇。通过降低关税和创造税收优惠政策，RCEP将促进中泰两国之间农产品的贸易合作，并激励双方进一步拓展在农业领域的投资和合作。

中泰两国在农业和农资方面相互补充的特点十分明显。泰国在农业资源和劳动力方面具有优势，而中国在技术、管理和资金方面具有优势，为两国之间的合作提供了巨大潜力。随着中国—东盟自贸区的建立，泰国取消了对中国农产品的87%的关税，中国取消了对泰国94.5%的农产品的

第七章 我国拓展与"一带一路"共建国家农产品贸易的路径选择

关税,这为深化两国农业合作提供了市场动力和制度保障。在投资方面,泰国政府在 RCEP 框架下放宽了之前对种植水稻、果园、旱地种植和畜牧业等领域对外国投资的严格限制,为中国企业赴泰投资提供了机遇。此外,RCEP 生效后,中泰等成员国将努力实现快速通关,力争将快运货物、易腐货物等在 6 小时内通关。这将有助于促进农产品的跨境物流和电商发展,推动生鲜农产品的快速通关和贸易增长。这些举措将进一步促进中泰两国农业合作的发展,加强农产品的跨境流通和贸易合作。

中泰两国作为友好邻邦和合作伙伴,一直以来保持着良好的政治关系和紧密的贸易投资合作。未来中泰之间还存在着巨大的合作潜力。首先,双方可进一步促进农产品贸易的繁荣发展。泰国的热带水果、健康产品以及中国的鱼类和坚果等在对方市场享有良好的声誉,可以利用减免关税和便利的通关条件来推动双边贸易的扩大。其次,可以积极发展对泰国农业的投资合作。通过利用协定提供的宽松原产地规则和农业投资准入机遇,扩大对泰国农业及农产品加工业的投资,优化资源配置,开展农业产业链的合作。再次,可以促进农产品跨境电商的发展。RCEP 为农产品跨境电商提供了良好的发展环境。特别是在疫情的影响下,中泰两国的农产品跨境电商有着广阔的发展空间。相关企业可以加大对泰国跨境电商布局和海外仓建设。最后,可以积极拓展与泰国的农资贸易和投资合作。鼓励和支持国内农资企业走出国门,优化产能结构,提升技术水平,加大优质产品供应,加强技术推广和贸易投资合作,建立境外的生产和加工基地,推动中泰农业发展的质量效益和国际竞争力的提升。

(六) 越 南

越南是中国在东南亚地区最重要的贸易伙伴之一,也是中国在"一带一路"共建的重要贸易伙伴。中越两国在农业发展方面各具特色,彼此之间存在着强烈的互补性。

农业是越南国民经济的支柱产业,2020 年农业增加值约占国内生产总值的 15%。越南的主要粮食作物包括稻米、玉米、马铃薯、木薯等,而经济作物方面，越南主要种植咖啡、橡胶、腰果、茶叶等。中越两国地理相邻，农业资源、市场和技术等方面具有较强的互补性。随着双方农产品竞争力的提升，中国与东盟自贸区的建立以及"一带一路"倡议的推进，近年来中越农产品贸易快速增长。2010~2021年，中越农产品贸易额从27.2亿美元增长到139.57亿美元，增加了3.6倍。中国对越南的农产品进口额从7.7亿美元增长到39.9亿美元；同时对越南的出口额从13.5亿美元增长到54.9亿美元。中国现已成为越南农产品的第二大出口国和第一大进口国。双边农产品贸易额占越南农产品贸易总额的比例从2010年的9%提升至2019年的18%。

根据越南农业与农村发展部的数据，中国是越南2023年最大农产品出口市场。2023年前11个月，越南对中国的农产品出口额达115亿美元，同比增长18%，占越南农产品出口总额的23.2%。越南对中国的农林水产品出口额占其对外出口总额的22.1%，中国也是越南最大的农林水产品出口市场。值得注意的是，在面对美国、日本等传统大市场的出口额下降的情况下，越南对中国市场的出口额同比增长了13.8%。尤其值得关注的是，在全球贸易受到购买力疲软等不利影响的情况下，越南对中国的农产品出口额仍呈现出良好的增长势头。其中，蔬菜和水果出口额占越南蔬菜和水果出口总额的64%。据越南农业与农村发展部统计，中国已向越南发放了针对12种水果蔬菜产品、800多家海产品加工单位、40家活蟹和龙虾包装单位以及5家黑虎虾和白对虾包装单位的进口许可证。此前，中国已经批准了以试点形式通过正式贸易渠道进口越南百香果和辣椒。越南农业与农村发展部副部长冯德进表示，越南将继续与中国就西瓜、冷冻榴莲、辣椒、药材、柑橘类水果等产品签订协议进行谈判。如果能够解决这些产品的出口问题，增长幅度还将进一步扩大。越南农业与农村发展部SPS办事处副主任吴春南表示，中国消费者对农产品质量越来越关注，尤其是在大城市，人们愿意支付高价购买可追溯的高品质产品。生产商和企业需要注重质量、包装、标签、食品安全和卫生，以及可追溯性的标准化，以符合中国的法律规定。为了促进农林水产品对中国的出口，吴春南认为,需要加强国家和企业对物流体系服务能力的共同投资。同时,还需要加快信息技术应用和数字化转型,以提高农林水产品对中国出口的效益,并降低成本。

然而,中越农产品贸易仍面临一些主要问题需要解决。首先,双边贸易结构不协调。中越两国的农产品贸易结构过于单一,主要是低端初级农产品,缺乏深加工和多样化。越南向中国出口的农产品主要是蔬菜、水果和鱼类水产品。近年来,中国对鱼类等水产品的需求不断增加,而中国向越南出口的农产品主要是水果和谷物类产品。然而,这些农产品在高温天气下容易腐烂,造成不必要的损失。因此,调整双边农产品贸易结构成为迫切需要解决的问题之一。其次,双边贸易市场的有效性尚未得到充分发挥。

中越农产品贸易市场存在信息不对称和质量标准差异等问题。首先,中越双方缺乏对彼此农产品市场的了解,产品定价不透明,导致市场价格不稳定,影响双方的利益。其次,中越两国在质量标准和检验检疫等方面存在差异,制约了农产品跨境贸易,使双方市场效率低下。此外,越南自身处于经济弱势地位,无法通过市场及时调整产品,从而导致出口农产品在中国消费市场上无法占据一定地位,农产品市场需求得不到充分解决。最后,双边贸易基础设施亟待完善。中国和越南在基础设施方面存在短板。双边贸易需要大量的运输服务,包括货车、货船和飞机等多种交通工具。对于贸易量大且易受自然因素影响的水果和水产品等农产品而言,基础设施建设起着至关重要的作用。然而,由于历史原因,越南的基础设施相对落后,货物运输能力有限。中越边境地区的交通道路老化,公路和铁路网不够完善,导致运输时间和成本较高。这进一步降低了贸易效率,在一定程度上限制了中越农产品贸易的发展。

根据RCEP协议的规定,越南承诺逐步取消对中国91.3%的农产品的关税。其中,840个税目的农产品将立即取消关税或降至零,占所有农产品的50.1%,主要包括鲜冷鱼、带壳禽蛋和天然蜂蜜等。另外,692个税目的农产品将在10~20年内逐步取消关税,占所有农产品的41.2%,主要包括乳制品、马铃薯、咖啡、坚果和菠萝等。还有 143 个税目的农产品将实行部分降税、例外处理或维持关税配额管理,占所有农产品的 8.4%,主要包括红茶、咖啡、稻谷、食糖和烟草等。

与此同时,中国承诺逐步取消对越南 92.6% 的农产品的关税。其中,960 个税目的农产品将保持零关税或立即降至零,占所有农产品的 65.3%,主要包括鱼类、水果和坚果、饮料、调味品以及糕饼点心等。另外,404 个税目的农产品将在 10~20 年内逐步取消关税,占所有农产品的 27.4%,主要包括杏仁、精油、茶和果汁等。出于粮食安全和农民生计等考虑,106 个税目的农产品将实行例外处理或部分降税,主要包括小麦、玉米、大米、食糖和棕榈油等,占所有农产品的 7.3%。

未来中越农产品贸易需要致力于改善贸易结构。由于中越之间的农产品贸易频繁,双方应充分利用区域优势,优化农产品出口结构。根据实际情况,双方应合理调整农业部门的结构,优化农产品的进出口体系。同时,中越双方应重点发展各自具有比较优势的农产品,并将其出口到对方国家,以最大限度地发挥两国贸易潜力,促进贸易合作。第一,在新的发展阶段,中国应积极开拓与越南农产品的贸易空间,平衡双边贸易格局,进一步巩固长期合作的民意基础。第二,中越双方要充分完善双边农产品贸易市场。双方应加强市场信息的沟通和交流,了解彼此农产品市场的信息,以提高市场的透明度和效率。双方可以共同研发跨境电子商务平台,帮助消费者更好地了解农产品市场信息。同时,双方应建立统一的市场监督管理标准,严厉打击恶意降价等扰乱市场的行为,促进农产品贸易行业的良性发展。第三,双方应积极建设双边农产品贸易设施。包括优化和加强农产品贸易通道和物流网络的建设,以提高双方农产品贸易的便利性和效率。中越可以共同投资建设边境农产品贸易区,为双方农产品的贸易提供更好的便利条件。此外,双方还应加强农产品检验检疫体系的合作,确保农产品的质量和安全标准符合国际规定,为双边贸易增加信任和可持续性。

综上所述,中越之间的农产品贸易拥有巨大的发展潜力和机会,双方始终以互利共赢的理念展开合作。在新的发展阶段,双方应积极深化投资和产能结合,充分利用越南农业资源的相对优势,形成互补的合作模式。同时,双方应继续推进农产品加工、产业链延伸和附加值提升,共同打造农业全产业链。双方还应高度重视农产品贸易中存在的问题,并利用"一带一路""RCEP"等政策加强合作的广度和深度,积极改善双边贸易结构,促进农产品贸易的发展。双方应携手开拓国际市场,共同构建具有战略意义的"中越命运共同体"。

三、优化贸易农产品的商品结构

众所周知,我国是农产品贸易大国,但近年来其农产品出口多集中于少数优势产业和优势产品,该出口模式注定会引起农产品出口的不稳定性等问题。为保障中国农产品出口贸易的可持续增长,我国需要继续丰富出口农产品种类,不断优化出口农产品商品结构。为了实现这一目标,贸易便利化提供了一种新的思路和指导。

如前文所述,中国对"一带一路"共建国家的农产品出口主要集中在蔬菜、水果、水产品和畜产品等领域。根据2021年的数据,中国与"一带一路"共建国家的农产品出口总额中,五个占据前列的细分商品分别是03章(鱼及鱼制品)、05章(蔬菜及水果)、07章(咖啡、茶、可可粉及香料)、26章(纺织纤维)以及29章(未加工动植物原料)。这五种商品的出口总额达到2 407.3亿美元,占中国与"一带一路"共建国家农产品出口总额的69.46%,出口商品相对集中。而中国从"一带一路"共建国家的农产品进口也呈现出一定的集中性。根据2021年的数据,进口总额排名靠前的五个细分商品分别是04章(谷物及谷物制品)、05章(蔬菜及水果)、23章(天然橡胶)、24章(软木及木材)和42章(固态植物油脂)。这些商品的进口总额达到7 343.7亿美元,占中国从"一带一路"共建国家农产品进口总额的77.35%,进口商品同样集中。

鉴于中国与"一带一路"共建国家在农业资源方面的差异,两国之间的农产品合作呈现出极为广泛的类型。除了果蔬类、水产品类和动植物原料类等在双边贸易中相对集中的品类之外，还包括谷物类、乳蛋类、油料类、咖啡类、烟草类等多种类型。为充分考虑双方的资源禀赋和不同产品类型的竞争优势，根据比较优势原则，目前中国与"一带一路"共建国家的优先合作商品类型主要涵盖以下几个方面。

（一）水产类

水产品作为低脂且富含优质蛋白质的食物，同时含有丰富的人体所需微量元素，因此深受越来越多的消费者喜爱，符合现代人对健康养生的生活需求。中国拥有广阔的海域和众多的湖泊、河流和池塘，水域面积总计1 600多万公顷，其中可用于养殖的水面积约为400万公顷。中国地域广阔，拥有长江、黄河两大水系以及鄱阳湖、洞庭湖、太湖等众多湖泊；沿海线长，分布有渤海、黄海、东海、南海等海域，水产品种类丰富多样。目前，中国渔业的产值中，淡水养殖占比最大，高达49%。中国有着悠久的淡水养殖历史，从北至南、从东往西，水环境多元化，适合各类水产生物的生长和繁殖。2017~2021年，中国水产品的产量稳步增长，2021年达到6 690.29万吨，较上一年度增长了2.16%。在这期间，中国淡水养殖始终占据水产品产量的四成以上，并且淡水养殖所产水产品的产量逐年递增，2021年增至3 183.27万吨。与此同时，海水养殖的水产品产量也呈现出逐年上涨的趋势，2021年达到2 211.14万吨。

2015~2022年，中国的水产品出口金额始终高于进口金额。2022年，中国水产品出口金额为1 505亿元，进口金额为1 328亿元，贸易顺差为178亿元。中国拥有广袤的土地和悠长的海岸线，生物多样性丰富，使淡水和海水水产品的种类相对齐全。此外，中国拥有长江流域、洞庭湖流域、鄱阳湖流域等水质优良的地区，淡水水产品质量高；而中国东部海岸线位于寒暖流交汇处，海水中的鱼类饵料和营养物质非常丰富，使中国的海水水产品也极具优势，受到国际消费者的青睐。由于2020年受到疫情的影响，国际贸易也受到限制，中国水产品的出口数量和金额都有所减少。然而，中国水产品出口仍然保持较强劲的增势。2022年，中国水产品出口数量回升至370万吨，出口金额也同比增长。与此同时，中国水产品的进口情况也呈上涨趋势，除了2020年和2021年受疫情限制的影响。这一增长趋势是由于中国居民的收入水平和消费水平稳步提升，居民对进口食品的消费能力和需求也相应提高。2022年，中国水产品进口数量增至454万吨，超过了同年的水产品出口数量，但进口金额仍低于出口金额。

在中国与"一带一路"共建国家的农产品贸易中，2021年水产品出口额达到52.54亿美元，进口额为37.36亿美元，贸易顺差达到15.18亿美元，成为中国长期拥有贸易顺差的农产品之一。随着中国设施农业的发展、养殖技术和流通效率的提升，养殖面积不断扩大、养殖密度提高，可以全年正常供应水产品，传统上季节性供应的现象逐渐减弱，水产品出口还有较大的增长空间。近年来，"一带一路"共建国家，尤其是俄罗斯等国的水产品进口量急剧增加，成为中国农产品出口的潜力巨大海外需求市场。中国与经济带共建国家的水产品贸易互补性指数高达6.23，表现出较强的贸易互补性，使水产品成为双边贸易增长的首要选择。

未来，中国需要科学规划在"一带一路"共建国家的渔业国际合作和水产品贸易，因地制宜进行布局。对于与中国拥有共同海域的东盟、南亚国家，可以推动福建、广东、广西和海南等临界渔业主产区利用地缘优势，形成互补优势、协同开放和联动发展的海洋渔业对外合作格局。要借助"一带一路"倡议，加快国内重点沿海港口建设，并参与国际海洋经济合作，打造向海经济产业链，促进渔港经济区建设。另外，我国还需要持续调整我国的水产品结构，促进与"一带一路"共建国家的贸易互补。我国可以在保持东盟十国和俄罗斯原有出口份额的基础上，提高产品品质，引导需求，拓展中东欧十六国、中亚五国和西亚十八国的水产品国际出口市场。而在水产品进口方面，主要集中在东盟十国、俄罗斯以及伊朗、以色列、阿联酋和希腊等西亚国家以及斯里兰卡等南亚国家，我国应根据进口品种的需求调整国内渔业生产结构，提高国内水产品品质，提升我国在国际市场上的竞争力。

(二) 谷物类

自"一带一路"倡议实施以来,我国与共建国家间的食品农产品贸易关系不断加强,贸易合作取得了显著成果。作为"一带一路"倡议的重要组成部分,我国食品农产品的进出口增长迅猛,展示出广泛的互利共赢前景。根据海关总署的数据,2013~2021年,我国与共建国家的食品农产品贸易总额从37.1亿美元增长至58.9亿美元,年均增长率达6.87%。我国已成为共建国家食品农产品的主要贸易伙伴。值得注意的是,我国与共建国家的食品农产品贸易规模及增速呈现出区域间和区域内国家之间的双重差异性和阶梯形特征。

根据联合国粮食及农业组织(FAO)《2021年世界粮食及农业统计年鉴》的数据,中国、印度、巴西、美国、印度尼西亚、俄罗斯联邦、泰国、尼日利亚、阿根廷和墨西哥是全球十大农作物生产国。这十个国家生产的农作物占全球农作物产量的65.4%。尽管中国的耕地面积不到全球耕地总面积的9%,但中国却生产了全球25%的粮食,成为多种农作物,例如小麦、水稻、西红柿和土豆等的主要生产国。令人瞩目的是,2022年中国的农业总产值达到8.44万亿元,创造了历史新高。

在我国农业资源稀缺的背景下,确保粮食安全面临严峻挑战。然而,在"一带一路"共建国家中,俄罗斯、乌克兰、哈萨克斯坦和塔吉克斯坦拥有资源丰富的农业用地,使它们成为"一带一路"共建国家的主要粮食生产大国。从具体的作物生产情况来看,印度在小麦生产方面位居全球第二,俄罗斯位居全球第三,乌克兰位居全球第八。在水稻生产方面,印度是全球第二大水稻生产国,而东盟国家也是全球重要的水稻生产地,例如印度尼西亚、孟加拉国、越南、泰国、缅甸、柬埔寨和老挝。除了主粮谷物,俄罗斯还是全球最大的大麦和甜菜生产国,分别占全球总产量的13%和14%。俄罗斯还生产全球超过1/4的葵花籽和1/6的燕麦。印度生产全球一半的芒果和25%的甘蔗和香蕉,同时也是全球第二大牛奶、西红柿和土豆生产国。乌克兰是全球最大的葵花籽生产国,占全球产量的1/4以

第七章　我国拓展与"一带一路"共建国家农产品贸易的路径选择

上。此外，乌克兰还是全球第三大土豆和南瓜生产国，并被誉为欧洲的粮仓。

深入分析可得出结论，"一带一路"共建国家为我国粮食需求提供了可靠的海外供应基地。同时，根据中国与"一带一路"共建国家农产品贸易专业化指数的数据，可以看到中国与这些国家在谷物类产品方面存在着稳定的产业间贸易关系，这为双边贸易增长提供了巨大的潜力。

综上所述，作者提出以下建议，以促进中国与"一带一路"共建国家在谷物贸易方面的合作并深化互利共赢的关系。第一，积极推进"一带一路"共建国家的粮食贸易战略，加强与这些国家的互补性贸易。尽管双方在农业和粮食领域的合作已经取得了显著成果，但与中国的庞大粮食需求相比，目前的贸易规模仍然有待提高。由于"一带一路"共建国家具有丰富的粮食产量和优质的水土资源，预计中国从这些国家进口粮食仍然有较大的增长空间。因此，双方应重点挖掘各国的供给潜力，进一步提高共建国家在中国粮食市场的占有率。第二，为了降低粮食进口风险，建议从具有较大出口能力的共建国家挖掘潜在的小麦、玉米和大豆进口来源国，进一步开拓其他共建国家或具有潜力的非共建国家的供给能力，让更多的粮食出口大国向中国市场倾斜。此外，我国还需要帮助共建国家根据自身资源优势合理调整种植结构，以及加强产业链上下游的配套。通过这些措施，将为进一步推动双方的粮食贸易水平提供坚实的基础。

（三）纺织纤维

棉花作为纺织工业和服装制造业的基础原料，对于国计民生至关重要。全球范围内，棉花是最重要的经济作物之一。根据 Statista 网站的数据，印度、中国、美国、巴西、巴基斯坦、乌兹别克斯坦、土耳其、希腊、墨西哥和阿根廷是全球十大产棉国，其棉花产量占据全球总产量的 85% 以上。在"一带一路"共建国家中，棉花的生产相对集中。根据美国农业部和 Statista 网站的数据，"一带一路"共建国家中有 24 个国家统计了棉花产量，而 39 个国家没有统计数据。根据 2019~2020 年的数据，这

24个国家的棉花产量占全球总产量的41.9%。

在"一带一路"共建国家中，印度、巴基斯坦、土耳其、乌兹别克斯坦和土库曼斯坦是主要的棉花生产大国，其中印度的棉花产量占"一带一路"共建国家总产量的66.7%。由于棉花及其相关产业是劳动密集型产业，"一带一路"共建国家凭借其丰富的劳动力资源和重要的棉花种植区域，成为全球主要的棉花消费区域。许多共建国家的棉纺织业非常发达，因此"一带一路"共建国家在棉花的进出口贸易方面非常活跃。尤其在棉花进口方面，"一带一路"共建国家是全球最重要的棉花进口地区，其棉花消费总量超过了全球的56%。

根据美国农业部和国际棉花咨询委员会（ICAC）发布的数据，"一带一路"共建国家在全球前十大棉花进口国中占据了8个位置。就"一带一路"共建国家的棉花贸易情况来看，其棉花出口量相对较少。2019~2020年，"一带一路"共建国家中有17个国家记录了棉花出口，占全球棉花出口额的19.2%。其中印度、塔吉克斯坦、土耳其、阿塞拜疆和乌兹别克斯坦是主要的出口国，其中印度的棉花出口占"一带一路"共建国家棉花出口的66.7%。而"一带一路"共建国家的主要棉花进口国包括孟加拉国、越南、土耳其、印度尼西亚、巴基斯坦、印度和泰国等国家。特别是孟加拉国、越南、泰国和印度尼西亚等国，由于自身棉花产量极少甚至没有，近年来他们通过从其他国家进口棉花来促进本国纺织服装制造业的发展。因此，"一带一路"共建国家成为全球最大的棉花进口地区。

此外，在"一带一路"共建国家，棉花生产技术相对落后。尽管中亚和西亚等地区光照充足，气候条件适宜棉花生长，但该地区的棉花种植技术相对滞后，平均单产普遍较低，不到中国棉花单产量的一半。以全球最大的棉花生产国印度为例，印度的棉花种植面积约占全球的1/3，但其棉花产量不到全球总产量的25%。根据公开数据，自2002年开始，印度开始大规模种植转基因抗虫棉，使棉花单产量有了显著提高，从每公顷约300千克增长到每公顷约550千克。然而，印度的棉花单产量仍远低于全球平均水平每公顷760千克，更远远低于中国每公顷1 800千克的水平。

从棉花加工方面来看,"一带一路"共建国家的棉花加工工艺也相对落后。这些国家的棉花加工工艺和设备较为陈旧,加工工艺相对滞后,加工设备产能低、能源消耗高、加工质量差,导致了很多不必要的资源浪费。

棉花是我国的重要农业产品,也是纺织工业的主要原料之一。中国拥有庞大的纺织品生产和出口产业链,每年需要大量的棉花进口。作为全球最大的棉花生产国,中国的棉花种植面积在2022年有所下降。数据显示,2022年中国的棉花播种面积为3 000千公顷,较去年减少了28.17千公顷,同比下降了0.94%。尽管播种面积有所减少,但中国的棉花产量仍然增长。2022年中国的棉花产量达到598万吨,较去年增加了24.91万吨,同比增长了4.17%。这得益于农业技术的不断提升,中国棉花的单位面积产量不断提高。据统计,2021年中国棉花的单位面积产量达到1 892.54千克/公顷,比去年增加了27.39千克/公顷。而2022年达到1 993.33千克/公顷,比去年增加了100.79千克/公顷,同比增长了5.06%。通过提高棉花的单位面积产量,有效提高了棉花总产量。

随着中国经济的发展,中国对棉花的需求增长趋于稳定甚至下降,但每年仍需要大量的进口。数据显示,2021年中国的棉花需求量为802.65万吨,较去年减少了23.06万吨,同比下降了2.87%;而2022年减少至781.33万吨,较去年减少了21.32万吨,同比下降了2.73%。未来随着种植技术的发展,中国对棉花的需求量将趋于稳定甚至略微下降。以2019年为例,中国全年进口棉花185万吨,相比之下出口仅不到3万吨。根据中国海关总署的数据,2020年,中国对棉花的进口进一步增加,达到216万吨。在纺织原料及纺织制品进口中,棉花进口占据了28.2%的份额。这表明中国对进口棉花有着相当大的需求。

总之,中国在棉花贸易中扮演着重要的进口国角色。2021年,中国的棉花进口量达到214.68万吨,相比2020年减少了1.22万吨。而2022年,预计中国的棉花进口量为193.65万吨。与此相反,中国的棉花出口量相对较低。2021年,中国的棉花出口量仅为0.93万吨,较2020年增加了0.46万吨。预计2022年,中国的棉花出口量为3.37万吨。中国的棉花净进口量持续增加，国际市场对国内棉花产业的影响日益加深。2021年，中国的棉花进口金额为4 111 814.15万美元，较2020年增加了546 188.96万美元。中国的棉花进口金额达到5 246 537.97万美元。与此同时，中国的棉花出口金额在2021年为21 689.41万美元，较2020年增加了14 404.76万美元。预计2022年，中国的棉花出口金额为105 257.07万美元。在"一带一路"共建国家中，印度和乌兹别克斯坦是中国棉花进口的主要来源国。此外，中国每年还通过转口贸易从越南、马来西亚和泰国等国家大量进口棉花。与塔吉克斯坦、土库曼斯坦和埃及等国家的棉花贸易方面，中国具有非常强的互补性，特别是在棉纱进口方面。来自"一带一路"共建国家的棉纱进口占比逐渐增加，其中越南、印度、巴基斯坦、印度尼西亚和乌兹别克斯坦是中国棉纱线进口的主要来源国。

除贸易合作外，中国还与"一带一路"共建国家开展了广泛的投资合作。近年来，由于国内消费不振和成本上升，棉花种植的盈利能力减弱，许多中国企业选择"一带一路"共建国家种植棉花。同时，一些纺织和服装制造企业也将工厂迁至孟加拉国、越南等纺织原材料易于获取且劳动力成本相对较低的国家。除了贸易和投资合作，中国还与"一带一路"共建国家开展棉花科技合作。中国的科技部和商务部于2018年8月共同设立了"一带一路"中亚棉花联合实验室，旨在进行"棉花外交"。此外，中国农业科学院棉花研究所还组织了"一带一路"棉花科技联合体。2020年，中国农业科学院棉花研究所培育的6个棉花品种经过审核后出口到乌兹别克斯坦和塔吉克斯坦。根据中国与"一带一路"共建国家农产品贸易模式指数，中国与多数共建国家在纺织纤维产品类型方面具有稳定的产业间贸易特征，并且具有巨大的贸易增长潜力。

总体而言，中国在与"一带一路"共建国家的棉花种植和加工合作中有广阔的前景。特别是印度、孟加拉国、巴基斯坦等国的纺织业正在迅速发展，它们在成本方面具有比中国更大的优势。因此，中国与"一带一路"共建国家在棉花产业合作和棉花贸易方面有着巨大的潜力，值得期待。

（四）蔬菜类

蔬菜是指人们日常饮食中必不可少的植物或菌类，可以用来烹饪和制作食品。蔬菜富含多种维生素、矿物质等营养物质，对人体健康非常重要。中国拥有丰富的农业劳动力、广阔的地域和多样的气候条件，适宜种植各种蔬菜品种，因此成为世界上最大的蔬菜生产国之一。根据统计数据，截至 2022 年，中国蔬菜的产量达到了 79 997.22 万吨，同比增长了 3.16%。随着人民生活水平的提高，对农产品和蔬菜的需求量也越来越大。

蔬菜是中国与"一带一路"合作伙伴之间的重要出口产品之一，并且在未来具有较大的出口潜力。统计数据显示，2021 年，中国与"一带一路"合作伙伴的蔬菜贸易总额为 85.0 亿美元，同比增长 12.8%。其中，出口额达到 81.1 亿美元，增长 9.9%；进口额为 3.9 亿美元，增长了 1.5 倍。蔬菜也是中国农产品贸易中第二大顺差产品，以鲜冷冻蔬菜为主，其出口额占据了出口总额的 40.7%。这些数据表明，中国在蔬菜贸易方面与"一带一路"合作伙伴之间享有良好的合作关系，并且在出口方面具有显著的竞争力。

未来，共建"一带一路"将为全球经济注入新的活力。随着全球经济复苏的推进，各国将进一步强化区域性经济合作以应对风险和挑战。在这一进程中，我国与"一带一路"合作伙伴的蔬菜贸易将迎来更进一步的发展。在"一带一路"共建国家中，俄罗斯、哈萨克斯坦、吉尔吉斯斯坦、塔吉克斯坦等国家受限于自然条件和生产技术，其果蔬类生产不足，对蔬菜的进口依赖性较高。而土耳其、德国、荷兰、英国等国则对我国农产品的需求不断增加。这说明中国与"一带一路"共建国家在农产品方面具有较强的互补性。从中国与经济带共建国家农产品贸易的互补性和贸易模式特征来看，中国与哈萨克斯坦、土耳其、吉尔吉斯斯坦等国的蔬菜贸易互补性指数高于 1，意味着双方贸易具有较大的潜力和优势。此外，中国与"一带一路"大多数共建国家之间的蔬菜贸易属于稳定的产业间贸易，贸易增长潜力巨大,因此将蔬菜贸易作为我国优先发展的贸易产品之一。

四、推进农业技术创新以提高农产品国际竞争力*

我国积极推动农业科技发展,增加科研投入,旨在提升农产品的竞争力,促进农产品的出口,缓解贸易逆差。在"一带一路"倡议的指引下,中国与共建国家应共同努力,深化农产品的国际分工,扩大农产品的差异化,积极调整农产品贸易结构,以保持中国在农产品贸易中的核心地位。从前面的分析可以看出,自2003年起,中国一直处于农产品贸易网络的核心地位,并随之产生了农产品贸易逆差。2013年,中国成为世界上最大的农产品进口国。根据本书对贸易网络的演化和影响因素以及贸易社团的变迁的研究,可以得出贸易流量很大程度上取决于需求国的贸易需求。而"一带一路"共建国家的经济发展水平存在巨大差异,这种差异化需求导致农产品贸易结构呈现多样性的特点。因此,通过大力发展农业科技,调整农产品贸易结构,有利于我国保持在这一核心地位。

因此,要改善我国与"一带一路"共建国家之间贸易的农产品质量,并提高其国际竞争力,关键在于科学技术的进步。正如邓小平同志在20世纪80年代指出的那样:"农业的发展一靠政策,二靠科学。科学技术的发展和作用是无穷无尽的。"他还强调称"将来农业问题的出路,最终要由生物工程来解决,要依靠尖端技术"。目前,中国贸易农产品市场面临疲软的情况,技术含量低的贸易农产品价格不断下跌,这折射出农业和农村经济发展的基本趋势:技术进步和技术创新在农业发展中的作用变得越来越重要。中国必须更多地运用新的现代农业科技,将之转化为现实生产力。

---

* 刘春香,闫国庆. 我国农业技术创新成效研究 [J]. 农业经济问题,2012 (2):32-37,有删改和增补.

(一) 正确选择适合国情的农业技术类型

1. 探索适合国情的农业科技发展道路

中国的农业科技发展与世界先进国家存在一些特殊性。首先，中国的人口众多，土地资源有限，这决定了农业技术选择必然以提高土地生产率为主的集约化技术路线。与国际上的"低收入持续农业技术"或"自然农业技术"相比，这些技术并不适合中国的国情，因为采用这些技术只会将中国的农业推向不可持续的境地。中国面临着人均农业资源日益紧缺的现实，这就要求农业科技必须建立资源高度节约型的农业体系，并逐步形成"高投入、高产出、低成本、低污染"的集约持续农业技术体系。由于分散的小规模农业经营制度的限制，再加上缺乏大型农业企业主体，中国只能选择国家成为农业技术创新和开发投入的主体的策略。

2. 正确选择适合中国的农业技术类型

由于缺乏农业科技进步的支持，中国贸易农产品的增长速度远远低于生产成本的增长速度，同时贸易农产品的技术含量也相对较低。因此，目前的重点应该是研究和推广那些能够提高贸易农产品产出并降低要素投入成本的关键技术。根据中国农业发展的现状，适合中国的农业技术类型值得重点研究和推广的有：

一是农业生物技术。根据农业诱导技术变革理论，不同农业技术类型的选择取决于资源的相对稀缺性。在中国人口众多、土地资源有限的情况下，农业技术的理性选择应该是生物型技术，因为这种技术能够更好地利用有限的土地资源。随着农产品商品化程度的逐步扩大，农业生物技术在提高农产品产量和质量、增加农民收入方面发挥着至关重要的作用。良种的选育和推广、种植和养殖技术的改进，都是生物技术在农业中的典型应用。良种具有较高的产量和抗病虫害的能力，种植和养殖技术的改进可以提高作物和畜禽的生长效率和生产性能。这些技术的应用可以有效增加农产品的供应，提高农产品的质量，同时能够增加农民的收入。

二是产后技术。它在贸易农产品的保鲜、贮藏、流通和精深加工环节中起着关键作用,它能够延长农产品的生产链条,促进产加销、贸工农一体化的现代农业体系的形成。这对于解决贸易农产品的销售与市场出路问题,提高农业经济效益,提升贸易农产品的国际竞争力和增加农民收入具有至关重要的意义。

三是劳动密集型技术。该技术的研发可以有效解决中国农村劳动力闲置和就业压力的问题,提升农民的收入水平。通过引入现代农业机械、智能农业设备和农业机械化技术等,可以减轻劳动强度,提高劳动效率,改善农村劳动条件和生活质量。此外,还可以通过培训农民的技术和管理能力,提升其专业技术水平和创新能力,进一步增加农民收入来源和内生动力。

(二)深化农业科研体制改革

成功实施农业技术创新战略的基础和前提是提供满足农民和市场真正需求的技术,而改革现有远离农民和市场的农业科研体制是必不可少的。早在 2002 年,中国就正式启动了农业科研机构体制改革。然而,在继续推进农业科研体制改革的过程中,中国还需要在以下层面进行更进一步的努力。

为推动可持续农业技术创新,需要制定符合实际需要的政策措施。这些政策应关注三个方面:首先,制定农业科学研究政策。政府应给予从事可持续农业科技研究的机构和人员重点资助和支持,设立专项科研基金,奖励重大的可持续农业技术创新成果。这样可以鼓励科研人员积极投身可持续农业技术的研究和推广,提高农业科技水平。其次,制定农业科技推广政策。政策目标应主要放在完善农业技术推广体系,培育技术市场,鼓励发展民间农业技术协会,以拓宽可持续农业技术的扩散渠道。政府可以通过支持农技推广人员的培训和资金支持,加强技术示范和技术培训,提供农业科技咨询服务等方式,促进可持续农业技术的广泛应用和推广。最后,制定农村文化教育政策。政府可以增加对农村教育的投资,建立和完善农村教育体系,推动可持续农业技术的培训和示范推广。此外,还可以推行绿色证书制度，鼓励农民接受可持续农业技术培训，并认定其为绿色农业生产者，从而激励更多农民参与可持续农业实践。

要推动农业科技的创新，需要改革农业科技体制。包括以下几个方面的改革措施：首先，在机构方面，需要彻底打破行政体制所带来的部门、地区和学科的分割，建立一个能够集中科技资源、发挥区域优势、为农业可持续发展提供科技保障的新型科技创新体系。通过整合相关机构和资源，打破各个部门之间的壁垒，实现合作共享，促进科技研发的高效协同。其次，在研究方向和任务的确定上，需要改变由科技管理部门或科研人员自行决定的情况，建立以市场和社会需求为导向的新型立项机制。研究项目的选择应该更加注重市场需求，关注农民和农业发展的真实需要，提高科研成果的转化率和实际应用效果。最后，由于技术成果的转化涉及行政、科研、教育、推广等多个部门的合作，需要建立一个新的协调机制来促进各部门的协作和协同发展。这个机制应该能够促进研究、教育、推广和行政等部门之间的合作，加强横向联系，合理流动人才，实现共同攻关和科研成果的快速转化。

为了改善农业科技投资体制，可以从三个方面入手：首先，明确农业技术创新活动的公益性质，政府应继续保持对农业科技的财政拨款是农业科技投资的主要渠道。这可以通过设立和完善相关政策、资金拨款机制等方式来确保政府对农业科技的持续投入，提供可持续发展的支持。其次，确定农业科研投资的最低增长幅度，政府应采取切实可行的措施迅速缩短中国农业科研投入与其他国家的差距。尽管《农业法》和《科技进步法》中已规定科技投资增长应高于财政经常性收入增长，但仍需进一步加强执行力度，确保科技投资的持续增长。最后，合理确定科研投资比例，并逐步制度化。应确保基础研究、应用研究和开发研究在农业科研系统内保持合理的比例。在科研项目和资金分配过程中，需要充分考虑农业科技发展的不同阶段和需求，以充分发挥各类研究的作用，促进科技成果的转化和应用。

为了稳定和壮大农业科技队伍，可以采取以下措施：首先，进一步加强农业院校的改革和建设。国家应对农业院校的学生实行更宽松的优惠政策，包括学费和补助方面的较大程度优惠。这样可以吸引更多有志于从事农业科技的青年学生，培养更多的优秀人才，为农业科技提供强大的后备力量。其次，稳定现有的科研队伍。关键是要营造良好的学术环境和社会环境，为农业科研人员提供宽松自由的学术和工作环境。此外，还需要建立健全的人才激励机制，提供合理的薪酬待遇、良好的职业发展和晋升机会，以激发科研人员的积极性和创造力。同时，还应该注重培养科研人员的综合素质和能力，提供专业培训和学术交流的机会，鼓励他们不断学习和自我提升。这样可以提高科研人员的能力水平，增强他们在农业科技领域的竞争力。

（三）建立可持续农业科技创新体系

可持续农业技术创新是一个复杂的系统工程，它不仅依靠技术创新本身的支持，还需要建立一个强有力的创新体系来推动其发展。这个创新体系应该包括以下要素：

建立可持续农业知识创新体系是形成可持续农业科技创新体系的关键。当前，全球化市场正在逐步形成，农业技术创新必须以不断更新的农业知识为基础。因此，我国需要建立一个全面的农业知识创新体系。在中国的现实条件下，我国应重点建设一些类似于陕西杨陵的国家农业知识创新基地，并将其组织成一个网络和体系。这个体系将汇集农业高等院校、科研机构等各方面的力量，共同研究一些重大的、具有全局性、基础性和创新性的前沿领域问题。这些农业知识创新基地可以成为农业科技创新的重要平台，承担起新技术、新品种和新模式的研发和试验任务。通过基地间的协作和信息共享，可以加强各地区之间的交流与合作，促进农业知识的传播与应用。另外，也应重视农业高等院校和科研机构的作用。这些机构可以成为培养和聚集农业科研人才的重要渠道，同时也可以成为农业知识创新的重要阵地。政府要加大对这些机构的支持力度，提供必要的条件和资源，鼓励他们在农业知识创新中发挥更大的作用。

为推动可持续农业发展，我国需要建立一个完善的科学管理体系，以确保农业技术政策的有效实施和执行。在这一体系中，持续性评估是至关重要的一项工作。我国应该对已有的或即将出台的重大农业技术政策进行定期评估，对其落实和执行情况进行监督和管理。持续性评估可以帮助我国了解政策的执行情况，发现问题和不足之处，并及时采取措施进行修正和改进。通过评估，可以评判政策的有效性和可行性，找出影响政策实施的因素，为决策者提供决策依据，以确保农业技术政策的顺利实施。此外，我国还需要建立一个有效的监督机制，对农业技术政策的执行情况进行监督和检查。通过监督，可以及时发现和解决执行中的问题和难点，确保政策落到实处，实现政策目标。在管理方面，我国需要确立责任制并建立相应的管理层级和机制。政府部门应当负责对农业技术政策进行解释、管理和指导，确保政策执行的连贯性和一致性。同时，还需要加强与相关部门和机构之间的协作与合作，形成共同管理的合力。

要建立可持续农业生产技术体系，需要实现降耗型技术和增效型技术的融合，将传统技术、常规技术和高新技术相结合，充分发挥生物化学技术和机械工程技术的作用。同时，要将组装配套技术与引进、研究、开发、改造相结合，重点关注现有技术的组装配套和标准化应用。通过这些措施，我国可以彻底改变传统农业生产技术体系以资源、数量和速度为特征的局面，建立起技术、质量和效益并重的可持续农业生产技术体系，实现与生态经济协调发展的目标。

要建立可持续农业技术扩散体系，首先，需要对现有技术进行可持续性的综合评价，确保应用的技术符合农业可持续发展的特征。这意味着我国需要对技术的环境友好性、资源利用效率、经济可行性等方面进行综合评估，以确保应用的技术能够实现农业的长期稳定发展。其次，我国需要对现有的技术推广体系进行改革，以加速可持续农业技术的扩散。总之，建立可持续性农业技术扩散体系需要对现有技术进行综合评价，改革现有的技术推广体系，并加强农民的参与和培训，创新推广模式和渠道，以及加强政策引导和支持。通过这些措施的综合应用，可以加速可持续农业技术的扩散，促进农业可持续发展的实现。

要建立可持续农业知识和技术培训体系，需要通过多种途径宣传可持续农业思想，加深农民对可持续农业技术的认识，以及鼓励农民自觉地参与可持续农业技术的示范推广活动。同时，还要提供多样化的培训途径，提高农民的科技文化素质。通过建立可持续农业知识和技术培训体系，我国可以宣传可持续农业理念，加深农民对可持续农业技术的认识，并鼓励他们自觉参与相关活动。通过多种途径提高农民的科技文化素质，推动可持续农业技术的广泛应用和扩散，实现农业可持续发展的目标。

根据中国的实际情况和国际技术势差，为发挥后发优势，我国可以更广泛地引进国外先进的农业技术，并进行二次创新，以全面提升农产品质量和农业的经济效益。由于技术具有一定的地域性和民族性，只有通过二次创新才能适应中国的现实情况。此外，农业生产对自然环境和气候条件的变化非常敏感，因此二次创新尤为重要。受国外先进农业技术的影响，各地政府制定者引进了许多国外技术项目。然而，这些引进的先进技术常常依赖于经营规模、机械化、资金和信息等条件，在中国广大的农村地区并不具备。国外先进技术与我国农业生产条件之间存在差距，因此需要进行二次创新，使之成为农民可用的技术。通过二次创新，我国可以更好地利用国外先进农业技术，适应中国农业的实际情况，提升农产品质量和农业的经济效益。强化技术消化和吸收能力，建立本土化研究推广体系，以及加强政策支持和引导，将有助于推动国外技术在中国农业领域的本土化应用，实现农业可持续发展的目标。

（四）形成有效的农业技术扩散机制

在中国的实际情况下，为了建立可持续农业技术扩散机制，需要在现有的农业技术推广体系和机制的基础上进行进一步的改进，以适应可持续农业技术的特点和扩散的要求。

强调可持续农业技术创新成果的市场导向和整体是非常重要的。为了满足农民的分散化需求，科研系统应该深入了解当前的农民需求，并研发适用于不同地区、行业、产品和类型农民的技术创新成果，同时提供综合的信息咨询服务。按照现代市场营销学的观点，可持续农业技术成果应该包括核心产品、形成产品和延伸产品三个层次。在技术成果转化过程中，特别需要关注开发形成产品和延伸产品，并通过提供综合服务来提高技术成果的价值。

建立完善的可持续农业技术扩散体系是至关重要的。为解决当前农业技术在推广中存在的问题，应该在技术扩散渠道上多元化，并继续抓好三个方面的工作：首先，要稳定并加强政府支持的各级推广机构，实行"三定"原则，即确立人员编制、岗位职责和任务，同时要做到"五有"，即有办公场所、实验基地、技术推广设备、项目资金和经费保障等。通过稳定并强化推广机构的支持，可以确保可持续农业技术扩散工作的持续性和稳定性。其次，要积极发展各类农民专业技术协会和民营科技企业，以及各种形式的农业科技企业。这样可以将技术推广与扩散工作转变为社会行为和农民自觉行动，促进农民对可持续农业技术的认知和接受。通过引入多元化的机构和企业参与，可以提供更广泛和有针对性的技术推广服务，适应不同农民群体的需求。最后，需要建立农业科技信息网，加快可持续农业技术信息的传播。通过建立信息共享平台和强化技术咨询服务，可以更好地将先进的可持续农业技术和实践经验传递给广大农民。信息的快速传播可以加速技术扩散的速度和范围，促进农业技术的广泛应用。

首先，优化扩散机制也是非常必要的。为适应不同类型农业技术创新成果的推广扩散，应探索政府行为和市场机制相结合的运行机制。各级政府应重点关注贸易农产品和农业可持续发展中的重大、关键、普遍的技术成果转化工作，以及那些具有明显社会效益、物化程度较低、公益性强的技术成果的转化。对于那些物化程度高、经济效益显著、产权可以明确界定的技术成果，可以通过市场机制鼓励企业和个人进行推广落地。完善扩散机制的目的是让农业技术创新成果能够得到更广泛的推广应用。通过政府的积极作为和市场机制的发挥，可以促进农业技术的转化和推广，提高技术的市场竞争力和社会效益。

其次，开拓和完善农业技术市场是非常重要的。农业技术市场指的是农业技术成果以商品的形式进入流通领域，通过有偿交易将潜在生产力转化为现实生产力的过程。直接将农业技术成果引入农业技术市场，可以缩短技术转化的周期。作为农业科技推广体系的有益补充，农业技术市场可以起到弥补不足的作用，使农业技术创新与农业生产体系更加紧密地结合起来。为规范农业技术市场的运作，应以知识产权法和技术合同法为核心，制定和完善农业技术市场管理的法规、制度和规章，加强对农业技术合同的管理和仲裁工作，严厉打击各类假冒伪劣和侵权行为，禁止不正当竞争，切实维护交易当事人的合法权益，确保农业技术交易和扩散的有序推进。

再次，要积极促进金融机构参与农业技术扩散过程，这也是加速技术推广的重要措施之一。解决农业技术扩散中的资金短缺问题，不仅需要国家增加财政投入，还需要通过金融渠道广泛筹集资金，为农业技术扩散和推广提供资金支持和信贷保障。同时，为了应对可持续农业技术应用的风险，可以设立保险基金来转嫁新技术的应用风险。国家可以引导金融机构加大对农业技术扩散的支持力度，制定相关政策和措施，鼓励金融机构通过创新金融产品和服务，提供贷款、担保和风险分担等金融工具，满足农民和农业企业的融资需求。同时，要加强与农业科技推广机构、种植大户和农业企业的合作，建立良好的合作机制，共同推进农业技术扩散项目的融资和运营。

最后，提升农民的科技文化素质，培养他们对可持续农业技术的接受能力是至关重要的。要实现可持续农业技术的扩散和农业可持续发展的目标，新型农民需要具备高科技文化素质、强大的科技信息接收能力、科学经营管理方法的掌握，以及勇于承担风险和熟练掌握现代农业技术操作的能力。为了提高农民的科技文化素质，需要加强科技教育和培训，推动科技知识和技能的传承与交流。政府可以加大对农民的培训投入，在农村建设农业科技示范点和培训中心，提供农业可持续发展的培训和指导。同时，还可以推广农民科技文化活动，组织农民参观学习和交流，提高他们对科技创新和现代农业的认知和了解。因此，我国迫切需要通过多种形式、多样化的方式来推动农民科技文化教育活动，以提高中国农民的科技文化素养。这需要政府的积极推动、舆论引导和社会的广泛参与，共同关注并促进农民科技文化教育的发展。在推动过程中，应该继续增加国家财政对教育经费的投入比例，确保教育支出增长率高于国家财政支出增长率。同时，鼓励社会各界增加对教育的投入。

（五）继续营造农业科技创新良好氛围

第一，持续加强城乡科技统筹，推动形成优化资源配置的长效机制。继续统筹城乡科技发展，形成城乡科技统筹推进农业农村发展的合力。搭建政策和技术平台，建立健全城乡科技要素优化配置的长效机制，引导城市科技要素和资源更多地向农业农村转移、集聚，将技术、人才和管理等现代生产要素植入农村。加强对基层科技进步工作的指导和评价，切实增强农村基层科技发展活力，推进科技富民强县。加大科技扶贫力度。

第二，继续加大农业科技投入，营造支持农业科技进步的良好政策环境。在基础性、前沿性研究和重大关键技术研发等方面，切实保障政府投入，力争在关键领域和核心技术上实现重大突破；在农村科技应用服务环节，充分发挥政府引导和市场驱动两个机制的作用。开辟多种渠道，扩大投入规模，使我国农业科技投入占农业国内生产总值的比重不断提高。根据农业科技发展的实际需要，优化农业科技投入结构。引导社会力量广泛参与，以科技要素带动金融要素向现代农业集聚，以金融资金支持促进农业科技进步。建立农业科技创新基金，切实加强农业科技创新成果转化应用。落实好《国家中长期科学和技术发展规划纲要》若干配套政策，不断完善支持农业科技进步和创新的政策体系。

第三，继续深化改革，创新农业科技的体制和机制。深化科技体制改革，加快农业科技创新体系和现代农业产业技术体系建设。进一步优化创新资源的配置，加强对公益性农业科研机构和农业院校的支持，促进产学研、农科教结合，支持高等学校、科研院所同农民专业合作社、龙头企业、农户开展多种形式的技术合作，不断增强农业科技创新能力、公益服务能力和自我发展能力。

第四，加强农业科技人才队伍和创新基地建设，夯实农业科技创新基础。要继续制定、完善激励科技人员深入农业农村一线创新创业的政策措施，加强乡土科技人才的培养，形成一支总量足、留得住、用得上、结构合理的农业农村科技人才队伍。(1) 进一步加强农业院校的改革和建设，对农业院校的学生实行更为宽裕的优惠政策，对农业院校学生在学费及补助方面给予更大程度的优惠，以吸引有志青年投身农业科技，形成一支强大的农业科技后备队伍。(2) 进一步稳定现有科研队伍。关键是创造有利于农业科研人员生活、学习、工作的宽松、自由的学术环境、社会环境和健全的人才激励机制。

五、加快我国农产品品质优化与生产结构调整

随着生活水平的提高，人们对于农产品的质量要求也越来越高。对于农产品的色、香、味、形以及营养价值，人们有着更高的期望。因此，农产品的优质与否已经成为人们进行选择的主要因素之一，也是影响我国与"一带一路"共建国家农产品贸易的重要因素。与此同时，农产品质量安全问题也是一个关键所在。农产品的品质结构调整应从以下几个方面着手。

(一) 以市场需求为导向

当前，随着人们生活质量的提高，农产品的优质化生产和产业化经营已经进入了市场竞争的新阶段。在生产优质农产品方面，我国应当紧跟市场需求，牢记市场至上的原则，将农业增效和农民增收紧密结合起来。我国应根据对国内外市场供求状况的科学分析和预测，因地制宜地打造自己的品牌，并将农业产业结构调整的目标落到实处。因此，不同部门需要定期向农村合作社和领军建设农业资产的企业提供最新的国内外农产品市场

供求信息。这些信息将帮助他们更好地了解市场需求和趋势，以便农民能够根据市场供需情况灵活调整种植计划。除了提供信息外，还需要给予农民相关技术支持，帮助他们提高农产品的品质和竞争力。在市场导向的背景下，农产品的质量结构调整和优化是至关重要的。为了实现这一目标，需要加强农民的市场意识和市场营销能力培养。通过组织培训课程和推广示范，教育农民如何根据市场需求调整种植和品种选择，如何进行农产品包装和标准化处理，以及如何制定合理的价格策略等。同时，还应鼓励农业科研机构和农业技术推广机构与农民合作，共同推动农产品质量的提升和结构调整。此外，政府还可以采取一系列措施，鼓励企业投资发展农产品加工业，提高农产品附加值。通过鼓励企业建设农产品加工厂和农产品连锁超市等，促进农产品现代化加工和流通。政府还可以提供相应的财政支持和政策支持，引导企业加大对农产品质量改善和产业升级的投入。

（二）以资源优势和区位优势为基础实施品牌战略

经过 10 多年的农业结构调整实践，以区域农业资源为基础的优势特色农业产业正逐渐成为农产品品质结构调整的主要方式。这种调整主要包括两个方面：

首先是以特色为先机，通过发展"名、特、优、新、稀"新品种取代原有销售不好或销售不畅的品种。这意味着用优质品种取代低档品种，用专用品种取代普通品种。例如，黑龙江的大米、内蒙古的乳制品、福建的茶叶、山东的蔬菜等，都是通过培育和推广具有地方特色和市场竞争力的品种来实现农产品品质结构调整。

其次是以科技为依托，通过培育和引进推广适应性广、抗性强、产量高、加工用途多样的粮食、茶叶、水果、蔬菜等新品种来调整农产品的品质结构。同时，大力发展绿色、有机、无公害食品，实施农产品品牌发展战略，提高或创造农产品的品牌附加值。通过这样的方式，可以促进农产品品质结构的优化，提高农产品的竞争力和附加值。

（三）以产业化经营为方式搭建优质农产品销售平台

加强农产品基地建设、支持龙头企业发展、提高生产组织化和产业化水平，是实现产业化经营的关键。为此，需要扶持和壮大产业化经营主体，例如龙头企业、农村合作社和基地型生产经营公司。同时，推行产业一体化经营模式，促进农业产业链的集成和优化。为提升生产效率和质量，鼓励企业和合作社建设现代化农产品生产基地，并利用移动电子设备、二维码标识、互联网等大数据技术，实现对农产品全程监控和源头管理。建立标准化的生产体系，确保农产品的质量安全和可追溯性，通过打通农产品进城的流通渠道，实现资源的高效流动。另外，也可以考虑建立农产品的网上交易平台，以满足需求的种植和定制化生产。通过这样的产业化经营，既可以提高农产品生产的效益和规模，也可以确保农产品的质量安全，实现农业产业链的可持续发展。

（四）以管理政策为依托生产优质农产品

提高农产品品质和调整产品品质结构是一个综合系统工程，涉及多个方面的措施。首先，需要培育优质品种，选择适应本地气候和土壤条件的品种，以确保农产品的品质和产量。其次，加强农产品质量检测，建立健全的质量追溯系统，完善农产品质量监管体系，确保农产品的安全和合格。同时，要追求农业生态环境的改善，采取减少污染物排放、推广低碳农业和综合防治技术等措施，保护和改善土壤、水源和生态环境，提高农产品的生态可持续性。在政策层面，可以制定财政政策，对优质特色农产品和无公害绿色农产品实行税收优惠政策，推动农产品品牌化发展。另外，需要为这类农产品的开发提供有效的技术支持，包括新品种引进、种植技术的研发和推广等。还可以考虑采用其他引导措施，如提供财政资金用于农产品品质提升项目的支持，鼓励农业企业和合作社开展创新研发，提高农产品的附加值和市场竞争力。在学术界，也有学者指出了提高农产品品质的重要措施。刘彦雷提出了实施农产品品牌发展战略的建议，通过提升农产品的品牌附加值，促进农产品产业化经营和品质结构的调整。李龙先提到改善农业生态环境是提高农产品品质的关键措施。

自2001年起，我国农业部作为农产品质量安全管理的主管部门，相继颁布《关于全面推进"无公害食品行动计划"的实施意见》《关于加强农产品质量安全检验检测体系建设的意见》和《全国农产品质量安全体系建设规划》等一系列规范性文件，以加强农产品质量安全监管工作。这些规范文件不仅在优质农产品的生产经营各个环节提供了切实有效的管理和控制措施，也为农产品品质结构的调整与优化提供了有力的依据和指导。这些规范性文件的出台，进一步推动了农产品质量安全监管工作的规范化和系统化，为确保农产品质量安全打下了坚实基础。

（五）实施绿色农业补贴改革试点工程

当前，我国的农业生产补贴制度已经不适应形势的变化。特别是补贴的主体、范围与实际需求严重不符，这给农业生产力的提高和资源环境的改善带来了阻碍。因此，我国必须全面推进农资综合补贴、种粮农民直接补贴和农作物良种补贴等农业"三项补贴"改革。这种改革将农业补贴制度与绿色农业结构调整和农业转型升级相结合，同时扩大农业生产领域的生态补贴。我国需要协调好"生态"和"高效"的矛盾，推动建立养生相结合、资源节约和环境友好的农业体系。

因此，绿色农业补贴改革的原则应包括以下几点：第一，补贴的重点应该放在口粮生产上，这是我国农业补贴的重要目标。第二，补贴必须有明确的地域指向，即针对条件良好、生产规模大、具有明显比较优势的主产区。第三，补贴的对象应该是实际从事种植的农民，通过补贴来保障农民的种粮收益。第四，补贴必须符合农业绿色发展的要求，即以环保、生态友好的方式进行农业生产。通过绿色农业补贴改革，我国可以更加有效地引导农民转变种植方式，实现农业的可持续发展和生态效益的提升。这将推动我国的农业向着养生结合、资源节约和环境友好的方向发展，为建立健康、可持续的农业体系奠定基础。

六、发展跨境电商并加大弱势农产品出口扶持力度

我国应以跨境电商为突破口，建议充分利用抖音国际版等短视频媒体渠道，拓展跨境直播和抖音带货等新的销售渠道和推广平台。通过数字化交互，我国可以加强与境外消费者的沟通和信息反馈，进一步改进产品和服务，并构建完善的农产品贸易的售后服务体系。首先，通过抖音国际版等短视频媒体渠道，我国可以展示农产品的品质和特色，吸引更多境外消费者的关注和购买欲望。这种直观的展示方式可以有效传递产品的价值和故事，提升消费者对农产品的认知和认可度。其次，跨境直播和抖音带货等方式可以实现实时互动和产品展示，使消费者能够更好地了解产品特点和使用方法。通过直播平台，农产品出口商可以与消费者进行实时交流，解答他们的疑问并提供个性化的推荐，进一步激发购买决策。此外，通过数字化交互，我国可以及时了解境外消费者对农产品的反馈和需求，以此为依据来改进产品质量和服务。通过建立有效的信息反馈机制，我国可以更好地满足消费者的期望，并持续优化产品。最后，建立完善的售后服务体系也是农产品跨境电商的重要一环。通过提供迅速响应和贴心服务，我国能够提高消费者的满意度，增强品牌的信誉度，从而提升农产品的市场竞争力。

为实现农产品跨境电商的精准营销，我国需要利用数据搜索和大数据分析技术，及时准确地预测"一带一路"共建国家的潜在市场需求。通过深入分析市场数据，我国可以有针对性地精选或设计生产符合市场需求的农产品，以满足消费者的多样化需求。这样的精准营销策略将推动农产品出口扩展边际的增长，提高出口规模和效益。同时，我国还应建立一体化的农产品出口监管平台，实现整个出口流程的有效监管。通过该平台，可以实现农产品的直销或产销对接监管模式，确保农产品从生产到出口的全程可追溯和质量可控。该平台可以整合各个环节的信息和数据，提高通关速度和全程监督的信息化程度，从而加强对农产品跨境电商发展的监管。

通过监管平台，可以实现对农产品质量、物流、关税等方面的实时监测和管理，确保出口的农产品符合质量标准和相关法规要求。另外，该监管平台还可以提供多样化的服务，例如国际市场分析、市场准入要求指导、客户认证等，为农产品出口商提供更全面、便捷的支持。同时，也可以建立跨境电商交流平台，促进农产品出口商之间的合作与经验分享，推动农产品跨境电商行业的共同发展。在推进农产品跨境电商发展的过程中，还需要加强与"一带一路"共建国家和地区的合作，共同推动贸易便利化和标准互认，提高农产品出口的竞争力。通过加强国际合作，可以减少贸易壁垒，降低出口成本，拓宽农产品的出口市场。

另外，我国还需要积极推进农业产业化建设，以进一步优化农产品出口结构。特征分析显示，蔬菜、食用菌和水果在全国种植业农产品出口中占据了64.04%的份额。然而，谷物和豆类等作物在农产品出口中的比重相对较低，且对贸易便利化的影响不明显。我国可以通过综合应用市场调研、数据分析和政策引导，在政策层面上提供精准的支持和指导，激发农产品出口的潜力，并有效促进弱势农产品的出口增长。

最后，我国需要积极跟踪"一带一路"共建国家的农产品需求结构。由于"一带一路"共建国家众多，对农产品的需求层次多样且不断变化，中国应该加强与这些国家的贸易便利化合作，并及时了解出口目标国的市场需求变化，合理选择和规划出口农产品的品种和规模。同时，我国也应向更高端产品进行升级，扩大农产品出口的品种，优化出口产品的结构。

第八章 结论与展望

第一节 主要结论

本书通过实证分析探讨了我国与"一带一路"共建国家农产品贸易的现状,并通过贸易网络密度分析、贸易中心性分析以及贸易网络的"核心—边缘"分析来凸显中国在该贸易中的地位和作用。在综合运用多个指标分析了我国与"一带一路"共建国家农产品贸易的竞争关系和互补关系的基础上,作者构建了随机前沿引力模型,分析了我国与共建国家农产品贸易的障碍因素和发展潜力。具体结论如下:

(1) 2005~2021年,可以观察"一带一路"共建国家农产品贸易网络的节点数总体呈上升趋势。特别是在2006年,整个网络规模达到最大并一直持续至今,这表明目前"一带一路"共建国家的农产品贸易网络中已经没有孤立的国家,所有国家都参与了这一网络。总体而言,"一带一路"共建国家农产品贸易网络的密度和交流频度呈现增长的趋势,但在2007年,网络整体密度和交流频度出现了明显的下降。到2019年,"一带一路"共建国家农产品贸易网络的密度和交流频度达到了最高值,而2020年由于全球受新冠疫情的影响略微下降,2021年又开始缓慢上升。值得注意的是,2020年两个指标的下降幅度较小,这表明"一带一路"共建国家的农产品贸易网络相比之前更为稳定,其承受冲击的能力也大大增强。

(2) 在 2005~2021 年,可以观察"一带一路"共建国家农产品贸易网络的聚集系数曲线经历了一些波折,但总体呈现逐步攀升的趋势。这表明这些国家在农产品贸易方面的互动变得日益紧密。同时,聚集系数也呈现逐步上升的趋势,表明农产品贸易网络的集聚程度也在逐渐增强。具体来说,这些年农产品贸易网络的聚集系数在 0.865~0.949 波动。在这 17 年期间,聚集系数的平均值为 0.905,说明聚集程度的变动幅度相对较小。这些结果反映出"一带一路"共建国家农产品贸易的紧密程度正在不断提高,并且整体上呈现稳定的趋势。这意味着这些国家之间的贸易往来更为有序和有效,这将为共建各国农产品贸易的合作和发展提供更多机遇。

(3) 在 2005~2021 年,"一带一路"共建国家农产品贸易网络的平均近邻度逐步呈现上升趋势,这表明各国之间的农产品贸易往来伙伴数量在增加。在这期间内,加权平均近邻度的值一直在逐渐上升。此外,作者还发现在同一个年份中,加权平均近邻度均大于平均近邻度的值,这表明贸易量较大的国家更倾向于与贸易伙伴较多的国家建立贸易往来。这些发现表明了"一带一路"共建国家之间农产品贸易的多样性和稳定性在逐渐增加。各国之间的贸易伙伴关系更加紧密,贸易往来的规模也在扩大。这为增进贸易合作、拓展市场和提高贸易效益提供了更多的机会。此外,贸易量较大的国家倾向于与贸易伙伴较多的国家进行贸易往来,这也说明双方的贸易关系更为复杂和互补。这种倾向性有助于进一步加深合作,促进贸易的多元化和可持续发展。

(4) 自 2014 年以来,核心层级国家的数量一直保持非常稳定,始终为 10 个。与此同时,边缘国家的数量超过了半边缘国家的数量,并且多于核心国家的数量。尤其需要强调的是,中国的核心度一直远远超过其他国家,始终排在第 1 位,处于农产品贸易网络中的最核心位置。这表明中国在"一带一路"共建国家农产品贸易网络中的核心地位不断增强,并凸显了中国在推动区域农产品贸易合作和发展中的重要角色。

(5) 中国与"一带一路"共建国家在农产品贸易中扮演着极为重要的角色。2005~2022 年,中国与这些国家的农产品贸易总额年均增长率达到了13.48%。此外，在中国对世界农产品贸易总额中，中国与"一带一路"共建国家的贸易总额所占比重平均为34.21%，最高曾达到41.87%。这些数据表明"一带一路"共建国家对中国的农产品贸易至关重要，已成为中国农产品出口的重要目的地。

（6）中国与"一带一路"共建国家之间的农产品贸易一直处于逆差状态，并且这种逆差状态呈现出"N"形走势。在2005~2011年，逆差呈上升趋势；而在2012~2016年，逆差开始下降。在2017~2020年，逆差的变化幅度相对较小，而在最近的两年又开始呈扩大趋势。据统计，到2022年，"一带一路"共建国家的贸易逆差已经达到了新高，达到了499.05亿美元。这些数据揭示了中国与"一带一路"共建国家之间农产品贸易不平衡的现状。中国在这一贸易中的农产品进口量超过了出口量，导致逆差的形成。这也反映出"一带一路"共建国家在农产品出口方面的竞争力较弱，相对依赖于中国的市场需求。

（7）在中国与"一带一路"共建国家的农产品贸易中，非燃料类原料农产品和食品及活动物类农产品占据了较大的比重，然后是动植物油脂类产品，而饮料及烟草类产品的贸易额比重最小。从2014年开始，食品及动物类农产品已成为中国与"一带一路"共建国家农产品贸易中占比最大的类别。从6个大区域来看，中国与各区域的贸易总额都在不断增加，其中东南亚仍然是最大的贸易市场。贸易市场结构相对稳定，各区域的市场份额依次为东南亚、蒙俄、西亚、中东及北非、中东欧、南亚和中亚。近年来，贸易主要集中在东南亚地区，其占比超过了65%。

（8）中国与"一带一路"共建国家之间的农产品贸易主要集中在少数国家。2021年的数据显示，中国与前5个国家的农产品贸易额占了中国与"一带一路"64个国家总额的71.16%，而与前10个国家的贸易额比重更达到了86.03%。这些数据反映了中国与"一带一路"共建国家之间农产品贸易的相对集中态势。少数国家贡献了主要的贸易额，这可能是由于地理、经济、文化等因素所导致的。此外，这也提醒中国在农产品贸易中寻求更多多样化的合作伙伴，以降低依赖度并扩大市场份额。

(9) 中国与"一带一路"共建国家在农产品贸易中具有明显的比较优势差异，更强调贸易的互补性而非竞争性。根据不同地区的观察，中国与"一带一路"共建国家在农产品的 RCA 指数显示出明显的差异，尤其体现在南亚、东南亚和中东欧地区，这些地区之间存在着相互补充的特点。在各类农产品中，大部分农产品的产业内贸易 IIT 指数表明主要是产业间贸易，这说明中国与共建国家在大部分农产品上具有很强的互补性。目前，中国与东南亚、中亚和蒙俄地区的农产品贸易联系更为紧密，而与西亚、南亚和中东欧地区的联系较为松散。同时，与中国的出口与共建国家的进口相比，中国的进口与共建国家的出口之间具有更强的互补性。

(10) 根据综合研究结果，中国国内生产总值、共建国家的国内生产总值、共建国家的人口、共建国家对外贸易依存度、中国与共建国家之间的距离以及共建国家农产品增加值占国内生产总值的比例，这 6 个变量在统计上均达到 1% 的显著水平，且符号与预期估计结果基本一致。另外，对于是否同时为 WTO 成员以及是否有共同边界这两个虚拟变量，在本书中并没有显示出显著性。同样地，建交时间变量也未达到显著水平。

(11) 有 17 个国家，如不丹、阿塞拜疆、卡塔尔、尼泊尔、阿富汗、孟加拉国、土耳其等，它们与中国的农产品贸易实际值与期望值的比值均小于 0.9，可以归类为潜在贸易型国家。此类国家在农产品贸易方面仍有较大的发展潜力。另有 9 个国家，包括北马其顿共和国、摩尔多瓦、捷克共和国、哈萨克斯坦等，其比值介于 0.9~1.3，属于潜力拓展型国家。这些国家在农产品贸易方面有一定的潜力，但还有提升空间。而 33 个国家，如越南、泰国、缅甸、乌克兰、克罗地亚、罗马尼亚、马来西亚、拉脱维亚、老挝、约旦等，计算出的比值均超过 1.3，属于潜力成熟型国家。总之，贸易潜在型国家主要集中在南亚地区和西亚中东及北非地区。而贸易成熟型国家主要集中在中东欧、东南亚和中亚地区。贸易拓展型国家数量相对较少，分布较为广泛。

(12) 实证分析结果显示，影响中国农产品对"一带一路"共建国家出口的因素有经济规模、中国农业生产总值、进口国与中国的人均收入差异、共建国家的华裔人口数量以及 WTO 贸易制度安排等因素都对中国农产品出口具有正向促进作用。另外，中国与进口国之间的空间距离被认为是阻碍中国对"一带一路"共建国家农产品出口的主要因素。首先，有 22 个国家被归类为出口潜在型，其中包括印度、卡塔尔、埃及等国家，表明了中国对这些国家拓展农产品出口的潜力很大。其次，有 8 个国家被归类为出口拓展型，其中包括巴基斯坦、伊朗、马来西亚和沙特阿拉伯等国家，这意味着中国在这些贸易伙伴中仍有较大的空间来扩大农产品出口。最后，有 29 个国家被归类为出口成熟型，其中包括塔吉克斯坦、约旦、马尔代夫等国家。

（13）中国的经济规模、共建国家的农产品产量、中国人口数量等因素对中国农产品进口起着积极的促进作用。但与中国的地理距离、共建国家的农产品出口价格以及中国的农产品收获面积等因素成为限制中国农产品进口的主要因素。进口潜力型国家主要分布在西亚中东及北非地区、中东欧地区以及东南亚地区。这些国家对中国农产品进口具有较大的潜力。进口拓展型国家主要分布在中东欧、西亚中东及北非地区和东南亚地区。这些国家对中国农产品进口仍有较大的扩展空间。进口成熟型国家主要分布在中东欧、东南亚、南亚和中亚地区。这些国家的市场相对饱和，属于"一带一路"共建国家中农产品进口潜力衰退的市场。

（14）中国应继续寻求与"一带一路"共建国家的利益共同点，以实现农产品贸易的平衡发展。同时，还需要持续优化对共建国家农产品贸易的市场结构和商品结构。在国内方面，应不断推进农业技术创新，提高农产品的质量和国际竞争力。此外，发展跨境电商和加大对弱势农产品出口的扶持力度也是必要的。最后，中国还可以加强对共建国家的市场了解和研究，根据不同国家的需求和市场特点，进行差异化的市场开发和商品供应。为促进弱势农产品的出口，中国可以加大对这些产品的出口扶持力度。

第二节 研究展望

本书详细分析了中国与"一带一路"共建国家农产品贸易的各个方面，包括贸易规模、市场结构和商品结构、竞争性与互补性、障碍因素和增长潜力。这对于推进中国与"一带一路"共建国家农产品贸易的高质量发展具有重要的现实意义，并为我国调整相关市场和农产品贸易结构提供了理论依据。然而，在总结研究成果并进一步思考分析之后，作者发现还有一些问题需要进行更深入的分析。

首先，本书确定了中国与"一带一路"共建国家农产品贸易的市场结构比较集中的情况。然而，对于这种贸易格局形成的深层次原因尚未进行深入的探讨。因此，今后的研究应在考虑解剖原因的基础上，深入探讨中国与"一带一路"共建国家农产品贸易市场结构集中的原因，并综合考虑多个因素，并给出完善贸易市场格局的建议。

其次，在分析中国与"一带一路"共建国家农产品贸易的潜力时，今后可以进一步加大贸易模式和贸易农产品的细化分类，以增强分析结果的可信度，同时提升分析的全面性和系统性，为促进中国与"一带一路"共建国家农产品贸易的可持续发展作出更大的贡献。

参 考 文 献

[1] 白雪冰，王萍，周应恒．俄乌冲突对中国农产品贸易的影响及中国的应对［J］．俄罗斯研究，2022（4）：127-150．

[2] 白子明，李佳辰，周慧秋．中国与哈萨克斯坦农产品贸易的竞争性和互补性研究［J］．农村经济与科技，2021，32（11）：133-137．

[3] 边喜春．农村城镇化战略与农村产业结构调整刍议［J］．科技情报开发与经济，2003（7）：66-67．

[4] 编辑部．中国农业在新世纪的发展原则［J］．领导决策信息，2001（6）：8-11．

[5] 别诗杰，祁春节．中国与"一带一路"国家农产品贸易的竞争性与互补性研究［J］．中国农业资源与区划，2019，40（11）：166-173．

[6] 别诗杰．中国与"一带一路"国家农产品贸易网络结构及其影响因素分析［D］．华中农业大学，2019．

[7] 曹粲然．"一带一路"农产品贸易网络的特征、演化与影响因素研究［D］．北京工商大学，2019．

[8] 曹晓晴．中国与"一带一路"沿线国家农产品贸易潜力及政策模拟分析［D］．南京农业大学，2016．

[9] 陈大波．"一带一路"沿线国家的贸易发展潜力对经济增长的影响研究［D］．武汉大学，2018．

[10] 陈克毅，张文丽．中国农业的国际比较［R］．论提高农产品国际竞争力学术研讨会论文集，2002，145-156．

[11] 陈鹏．新疆出口农业发展途径研究［J］．石河子科技，2016

(1): 15-17.

[12] 陈雯. 中国—东盟自由贸易区的贸易效应研究——基于引力模型"单国模式"的实证分析 [J]. 国际贸易问题, 2009 (1): 61-66.

[13] 陈武. 比较优势与中国农业经济国际化 [M]. 北京: 中国人民大学出版社, 1997.

[14] 陈依静. "一带一路"背景下制度距离对中国与拉美国家贸易潜力的影响研究 [D]. 湘潭大学, 2021.

[15] 程丽红. 我国农产品贸易存在问题的原因分析及对策 [J]. 河南农业, 2016 (22): 46-47.

[16] 程撒撒. 中国与"一带一路"沿线国家农产品贸易潜力研究 [D]. 南京大学, 2018.

[17] 崔莉. "一带一路"沿线国家农产品贸易格局分析 [J]. 统计与决策, 2017 (16): 152-156.

[18] 丁存振, 肖海峰. 中国与"一带一路"沿线地区农产品产业内贸易分析 [J]. 当代经济管理, 2018, 40 (11): 46-52.

[19] 丁巨涛. 当前我国农业技术创新的主要障碍因素及对策 [J]. 中国科技论坛, 2004 (2): 49-53.

[20] 董海宾. 中国与"一带一路"沿线国家农产品产业内贸易研究 [D]. 东北农业大学, 2021.

[21] 董朋朋. 基于网络视角"一带一路"农产品贸易格局及其影响因素分析 [D]. 湖南大学, 2018.

[22] 豆丁网. 农产品国际贸易的研究方法 [EB/OL]. 互联网文档, http://www.docin.com.

[23] 樊鸿禄. 贸易便利化对中国农产品出口"一带一路"主要国家影响研究 [D]. 东北农业大学, 2023.

[24] 范明. 浙江农产品出口贸易的发展状况及对策 [J]. 经济导刊, 2012 (5): 92-93.

[25] 范明. 浙江省与泰国农产品出口结构相似性分析 [J]. 中国商

贸，2013（1）：157-159.

［26］范贤杰. 中国与"一带一路"沿线国家医药贸易潜力及影响因素研究［D］. 四川外国语大学，2021.

［27］范莹. 中国粮食的国际贸易形势及策略选择［J］. 宁夏党校学报，2009，11（3）：63-66.

［28］冯晨. "一带一路"背景下中德汽车产业内贸易研究［D］. 贵州财经大学，2019.

［29］冯宗宪，蒋伟杰. 基于产业内贸易视角的"一带一路"国家战略研究［J］. 国际贸易问题，2017（3）：166-176.

［30］傅侯鹏. 海南省文昌市生态农业区域竞争力研究［D］. 海南大学，2011.

［31］高乔. 中欧班列织起中国与中亚合作"金色网络"［N］. 人民日报海外版，2023-05-25（006）.

［32］高阳. 中国与"一带一路"国家农产品贸易潜力研究［D］. 北京理工大学，2018.

［33］龚大鑫. 甘肃省区域特色农业竞争力研究［D］. 甘肃农业大学，2012.

［34］关于推进普惠金融高质量发展的实施意见［J］. 中小企业管理与科技，2023（19）：1-7.

［35］郭黎霞，欧阳芳，闫玄. 中国与"一带一路"沿线国家农产品贸易增长路径探讨——基于命运共同体理念的分析［J］. 农村经济与科技，2020，31（16）：67-69.

［36］国务院关于印发"十四五"推进农业农村现代化规划的通知［J］. 中华人民共和国国务院公报，2022（6）：6-29.

［37］国务院印发"十四五"推进农业农村现代化规划［J］. 农村工作通讯，2022（2）：4-22.

［38］韩松妍. 到2035年，农业农村现代化基本实现［N］. 中国食品报，2022-02-15（002）.

[39] 韩杨，孙慧武，刘子飞等．"一带一路"中国水产品贸易格局与渔业国际合作展望［J］．经济研究参考，2017（31）：35－42.

[40] 何敏，张宁宁，黄泽群．中国与"一带一路"国家农产品贸易竞争性和互补性分析［J］．农业经济问题，2016（11）：51－60.

[41] 何若然．中国与"一带一路"沿线新兴经济体贸易效率及其影响因素研究［D］．新疆财经大学，2020.

[42] 侯潇蕙．"一带一路"沿线国家贸易便利化对我国农产品贸易的影响研究［D］．东北财经大学，2017.

[43] 胡鞍钢等．"丝绸之路经济带"：战略内涵、定位和实现路径［J］．新疆师范大学学报（哲学社会科学版），2014（2）：1－10.

[44] 胡瑞法，方向东．农业科研投资的总量分析［J］．中国软科学，1998（7）：95－100.

[45] 胡晓雨．中国与南亚农产品贸易影响因素及潜力研究［D］．华中农业大学，2019.

[46] 黄季焜．浅谈我国农业科研投入政策［J］．农业技术经济，1997（2）：11－14.

[47] 黄挺，黄玉国．沙漠中的奇迹——以色列农业发展见闻及启示［J］．江苏农村经济，2007（11）：70－72.

[48] 黄先海，余骁．以"一带一路"建设重塑全球价值链［J］．经济学家，2017（3）：32－39.

[49] 黄玉洁，苏洋，舒芹．中巴农产品贸易自由化进程中存在的主要问题及对策［J］．黑龙江农业科学，2019（2）：103－105.

[50] 黄祖辉等．我国农业供给侧结构调整：历史回顾、问题实质与改革重点［J］．理论参考，2017（2）：38－41.

[51] 蒋菡英．基于巴拉萨模型的中国——东盟自由贸易区静态效益实证分析［C］//湖南省国际商贸联合会．2008湖南商务改革开放30周年征文获奖论文专刊．《经贸时代》编辑部，2008：7.

[52] 蒋和平，宋莉莉．巴西现代农业建设模式及其借鉴和启示［J］．

科技与经济，2007（4）：40-43.

[53] 蒋逸民. 中国棉花产业国际竞争力形成机理研究 [D]. 南京农业大学，2009.

[54] 金成福. 认清现状保持优势——浅析绿色贸易壁垒对我国农产品的影响及策略 [J]. 现代营销（学苑版），2011（8）：23.

[55] 金鑫. 中国农民贫困的制度分析——从制度和技术的相关性角度 [D]. 吉林大学，2007.

[56] 卡丽娜. 中国与"一带一路"国家农产品贸易潜力研究 [D]. 东北财经大学，2018.

[57] 康大莉. 人民币升值对我国粮食贸易的影响分析 [D]. 西南财经大学，2012.

[58] 可晓梅. 我国中药产业国际竞争力提升对策研究 [D]. 中国海洋大学，2010.

[59] 李春林. "一带一路"国家贸易便利化对中国农产品出口的影响研究 [D]. 安徽大学，2018.

[60] 李德阳. 农产品出口贸易的末端市场开发 [J]. 求实，2005（3）：93-94.

[61] 李德阳. 以农为本的农产品出口贸易发展对策 [J]. 农业工程技术（农产品加工），2007（5）：47-49.

[62] 李洪业，赵冉. "一带一路"倡议对我国西部地区发展的机遇与挑战 [J]. 产业创新研究，2022（7）：21-23.

[63] 李吉敏. 中国对俄罗斯农产品贸易潜力研究 [D]. 天津外国语大学，2020.

[64] 李娇萍，邢方. 农村剩余劳动力转移的途径探析 [J]. 唐都学刊，2005（4）：74-77.

[65] 李敬，陈旎，万广华，等. "一带一路"沿线国家货物贸易的竞争互补关系及动态变化——基于网络分析方法 [J]. 管理世界，2017（4）：10-19.

[66] 李铭晨. 贸易便利化对中国农产品出口多样化的影响——基于"一带一路"国家研究 [D]. 江西财经大学, 2022.

[67] 李树明等. 基于随机前沿分析的出口型农产品生产技术效率研究 [J]. 农业技术经济, 2011 (3): 52-58.

[68] 李婷, 李豫新. 中国与中亚农产品贸易的互补性分析 [J]. 国际贸易问题, 2011 (1): 53-62.

[69] 李蔚青, 马景源. 农业贸易百问: 我国与"一带一路"合作伙伴蔬菜贸易情况 [J]. 世界农业, 2023 (3): 139-140.

[70] 李雪梅. 泰国经贸现状与教育的关联性分析 [J]. 经贸实践, 2016 (14): 47.

[71] 李苑. 农业农村现代化"十四五"这样施工 [N]. 上海证券报, 2022-02-12 (001).

[72] 李月娥, 张吉国. 文化距离对农产品贸易的影响研究——来自"一带一路"沿线国家的证据 [J]. 云南民族大学学报 (哲学社会科学版), 2019, 36 (5): 64-70.

[73] 连洁. 中国与"一带一路"沿线国家经济贸易合作影响因素研究——以交通运输业为例 [D]. 对外经济贸易大学, 2021.

[74] 林培源. 中国与哈萨克斯坦油气合作的现状、挑战和前景 [J]. 中国石油大学学报 (社会科学版), 2017, 33 (1): 6-10.

[75] 林瑞. 贸易便利化对中国农产品出口的影响研究——以"一带一路"沿线国家为例 [D]. 上海大学, 2021.

[76] 刘春香, 钱波. 借鉴国际先进经验, 发展我国外向型农业 [J]. 农业经济问题, 2009 (6): 50-53.

[77] 刘春香, 闫国庆. 我国农业技术创新成效研究 [J]. 农业经济问题, 2012 (2): 32-37.

[78] 刘春香, 朱丽媛. 我国棉花进口贸易潜力分析 [J]. 农业经济问题, 2015 (5): 91-97.

[79] 刘春香. 基于国际比较视角的中国农业竞争力研究 [M]. 北

京：中国社会科学出版社，2012．

［80］刘春香，蒋天颖．大宗农产品贸易的若干问题研究［M］．北京：中国社会科学出版社，2020．

［81］刘春香．扩展型贸易引力模型视角下中国水产品出口的影响因素与潜力测度［J］．浙江万里学院学报，2012（5）：11－16．

［82］刘春香，谭晶荣．外向型农业：基于竞争力理论的浙江实证研究［M］．杭州：浙江大学出版社，2022．

［83］刘春香．我国棉花国际竞争力研究［M］．北京：中国财政经济出版社，2017．

［84］刘春香．浙江农业"机器换人"的成效、问题与对策研究［J］．农业经济问题，2019（3）：11－18．

［85］刘春香．中国农业国际竞争力研究［D］．浙江大学，2005．

［86］刘春香．中国农业技术创新现状与对策研究［J］．农业经济，2006（5）：33－34．

［87］刘锭．"一带一路"背景下基础设施建设对我国农产品贸易的影响研究［J］．中国商论，2013（23）：24－27．

［88］刘华芹．"一带一路"战略：中国全面对外开放新引擎［J］．中共贵州省委党校学报，2015（3）：34－40．

［89］刘慧．抓好春季田管促丰收［N］．经济日报，2022－02－17（004）．

［90］刘楠楠．进一步推进海峡两岸经济合作研究［D］．四川省社会科学院，2011．

［91］刘馨蔚．RCEP生效为越南敞开机遇大门［J］．中国对外贸易，2022（4）：60－61．

［92］刘旭．共建"一带一路"，中泰架起更多桥［N］．国际商报，2023－09－21（002）．

［93］刘雪娇．中国与金砖国家农产品产业内贸易及影响因素［J］．国际贸易问题，2013（12）：87－95．

[94] 刘艳."一带一路"倡议下中国绿色食品产业供应链发展路径研究［J］.云南社会科学,2022（4）：122-130.

[95] 刘燕燕,杨莲娜.东盟贸易便利化对中国农产品出口的影响——基于引力模型的实证研究［J］.重庆科技学院学报（社会科学版）,2016（1）：79-82.

[96] 陆际恩.推进城市化实现人口数量与规模的"零增长"［J］.经济与社会发展,2004（11）：26-28+32.

[97] 罗其友,刘洋,唐华俊等.新时期我国农业结构调整战略研究［J］.中国工程科学,2018,20（5）：31-38.

[98] 马杰.保险助力乡村振兴的地方实践［J］.中国金融,2021（Z1）：151-154.

[99] 梅冬芳.农村经济可持续发展问题浅析［J］.边疆经济与文化,2011（3）：26-27.

[100] 苗永洁,潘伟光,刘涛等.中国与"一带一路"沿线国家林产品贸易的互补性与竞争性研究［J］.世界农业,2018（6）：122-128.

[101] 南宁市人民政府办公室关于印发南宁市推进农业农村现代化"十四五"规划的通知［J］.南宁政报,2022（10）：1-41.

[102] 牛哲.世界农产品贸易网络拓扑结构及其演化特征研究——基于社会网络分析［D］.北京交通大学,2020.

[103] 潘伟康."一带一路"国家对中国农产品输出贸易潜力研究——基于贸易互补性与随机前沿效率的实证［J］.开发性金融研究,2018（3）：26-36.

[104] 潘英丽.陕西：从古丝绸之路起点到"一带一路"重要节点［N］.中国经济时报,2023-10-27（003）.

[105] 钱龙,饶清玲,曹宝明,等.中国与"一带一路"沿线国家的粮食贸易及其虚拟水土资源估算［J］.农业现代化研究,2021,42（3）：430-440.

[106] 钱新华.我国船舶产业竞争力形成机理研究［D］.江苏科技

大学，2014.

［107］青理东. 新村建设的实践探索——国内外新村建设模式指导下的汶川样本［J］. 农村经济，2012（5）：94-98.

［108］裘孟荣，袁飞. 论农业技术创新与扩散的宏观管理［J］. 农业技术经济，1996（1）：21-24.

［109］任瑞萍，吴晋峰，王奕祺等. 旅华美国旅游流地理分布和网络结构特征研究［J］. 地域研究与开发，2013，32（5）：144-150.

［110］任宗哲，石英，白宽犁. 丝绸之路经济带发展报告［M］. 北京：社会科学文献出版社，2014.

［111］申孝斌，王鹏飞. 政协咸阳市六届一次会议隆重开幕［N］. 咸阳日报，2009-03-26（001）.

［112］沈伟玲. 台州市外贸作用实证分析及对策建议［J］. 浙江统计，2009（2）：37-38.

［113］石磊. 理论与实证：中俄农产品贸易现实状态与延拓［D］. 东北林业大学，2017.

［114］时淑媛. "一带一路"视角下中国农产品出口贸易发展潜力研究［D］. 吉林财经大学，2018.

［115］司智陟. 我国与"一带一路"沿线国家农产品贸易现状与合作前景［J］. 中国食物与营养，2017（9）：45-49.

［116］宋长青等. 从地缘关系视角解析"一带一路"的行动路径［J］. 地理研究，2018（1）：3-19.

［117］宋海英. 中国—拉美农产品贸易的影响因素：基于引力模型的实证分析［J］. 农业经济问题，2013（3）：74-78+112.

［118］宋虎振. 扛稳粮食安全重任 建设现代农业强省［J］. 农村工作通讯，2022（21）：28-29.

［119］宋耀辉，马惠兰. 中国新疆与中亚五国农业经济合作研究［J］. 农业经济，2012（9）：3-6.

［120］苏士杰. 基于新国际贸易理论对中国制造业的分析［D］. 河

北工业大学，2011.

[121] 孙才志，韩建，高扬. 基于 AHP – NRCA 模型的环渤海地区海洋功能评价 [J]. 经济地理，2012（10）：95 – 101.

[122] 孙加力. 新疆农产品贸易存在的问题及对策 [J]. 安徽农业科学，2010，38（23）：12824 – 12826.

[123] 孙林. 中国与东盟区域经济合作：贸易关系、潜力及合作模式 [M]. 北京：中国农业出版社，2008.

[124] 孙梅花. 创建学习型社会必须重视学习型农村创建 [J]. 山东工商学院学报，2003（3）：46 – 48.

[125] 孙思思. 中国与"一带一路"沿线国家农产品贸易影响因素分析 [J]. 现代营销（下旬刊），2017（9）：25 – 27.

[126] 孙思思. 中国与"一带一路"沿线国家农产品贸易影响因素研究 [D]. 浙江工业大学，2017.

[127] 孙晓海，江激宇，吕长勇. 中国与日本农产品贸易的竞争性与互补性研究 [J]. 长春理工大学学报（社会科学版），2021，34（1）：66 – 72.

[128] 孙致陆，李先德. 经济全球化背景下中国与印度农产品贸易发展研究——基于贸易互补性、竞争性和增长潜力的实证分析 [J]. 国际贸易问题，2013（12）：61 – 78.

[129] 邰肇悦，柯学莎. GRACE 重力卫星在洪水预测中的应用 [J]. 水利水电快报，2016，37（2）：40 – 41.

[130] 谭晶荣，刘莉等. 农产品贸易边际测度及出口农产品转型升级问题研究 [M]. 北京：经济科学出版社，2014.

[131] 谭向勇等. 中国主要农产品市场分析 [M]. 北京：中国农业出版社，2001.

[132] 汤碧. 中国与金砖国家农产品贸易：比较优势与合作潜力 [J]. 农业经济问题，2015（2）：3 – 12.

[133] 田群群. 丝绸之路经济带沿线国家农产品贸易流空间研究

[D]. 新疆师范大学，2018.

[134] 王晨雪. 山东省对"一带一路"沿线国家出口贸易效率及潜力研究[D]. 中国石油大学，2019.

[135] 王钢，赵霞. 中国粮食贸易变化的新特征、新挑战与新思维——兼论"一带一路"的粮食贸易战略[J]. 湖南农业大学学报（社会科学版），2020，21（1）：62-68.

[136] 王汉斌. 基于价值增值的食品加工业国际竞争力形成机理研究[D]. 哈尔滨工业大学，2007.

[137] 王昊. 我国油料作物国际竞争力的变化和影响因素分析[D]. 南京农业大学，2008.

[138] 王昊. 中国与东盟农产品贸易影响因素研究[D]. 首都经济贸易大学，2020.

[139] 王俊尤，张涛. "一带一路"沿线国家与中国农产品贸易及对策建议研究[J]. 山西农经，2017（15）：15-17.

[140] 王如意. 中欧汽车行业产业内贸易影响因素研究[D]. 上海交通大学，2011.

[141] 王瑞，王丽萍. 我国农产品贸易流量现状与影响因素：基于引力模型的实证研究[J]. 国际贸易问题，2012（4）：41-50.

[142] 王三秀. 论科技脱贫型农民互助保障组织的现实发展——欠发达地区农民科技脱贫路径新探[J]. 广西民族大学学报（哲学社会科学版），2008，30（6）：139-142.

[143] 王爽，项炜涛，卢羿静等. RCEP对泰国水果贸易发展的影响[J]. 今日财富，2023（7）：20-22.

[144] 王晓姗. 基于引力模型的我国入境旅游影响因素研究[D]. 海南大学，2014.

[145] 王旭. 农业农村现代化建设按下"快进键"[J]. 中国畜牧业，2022（4）：14-28.

[146] 王学真，高峰，曲建忠. 中国发展外向型农业的思考[J]. 农

业经济问题，2002（6）：39-42.

［147］王永春，李洪涛，汤敏等. 基于多视角群组划分"一带一路"沿线重要节点国家农业合作研究［J］. 中国农业资源与区划，2021，42（4）：160-170.

［148］王玉芳，欧钊. 我国农产品科技因素的国际竞争力分析［J］. 中国市场，2009（10）：99-100.

［149］王昱心. 中国与"一带一路"沿线国家农产品产业内贸易影响因素研究［D］. 石河子大学，2021.

［150］王远东，华从伶，刘善民等. 中国与"一带一路"沿线国家食品农产品贸易现状及对策研究［J］. 食品与发酵科技，2019，55（6）：87-90.

［151］王志娟，林海英，王飞等. 中国与"一带一路"沿线国家农产品出口贸易效应研究——基于41个国家的面板数据分析［J］. 财经理论研究，2022（4）：1-11.

［152］魏礼群. 坚定不移走改革开放之路——我国改革开放40年回顾与前瞻［J］. 行政管理改革，2018（12）：4-15.

［153］魏素豪. 中国与"一带一路"国家农产品贸易：网络结构、关联特征与策略选择［J］. 农业经济问题，2018（11）：101-113.

［154］吾斯曼·吾木尔. 中国与丝绸之路经济带沿线国家农产品贸易增长潜力及路径研究［D］. 新疆农业大学，2016.

［155］吴壁鸿. "一带一路"背景下我国农产品国际贸易分析［J］. 商场现代化，2017（16）：20-21.

［156］吴殿廷，杨欢等. 金砖五国农业合作潜力测度研究［J］. 经济地理，2014（1）：121-127.

［157］吴旭梅，陈万灵. 中国对海上新丝路沿线国家出口增长的来源分析——基于CMS模型的需求效应、结构效应和竞争力效应分解［J］. 西部论坛，2017，27（1）：76-85.

［158］伍广强. 推进乡村全面振兴 加快建设农业强国——聚焦2024

年中央一号文件［J］. 广东教育（高中版），2024（4）：46-51.

［159］武凯."一带一路"沿线国家农产品贸易网络的影响因素分析［D］. 云南财经大学，2023.

［160］习近平，卡瑟姆若马尔特·托卡耶夫，萨德尔·扎帕罗夫等. 中国—中亚峰会西安宣言［J］. 中国产经，2023（9）：24-29.

［161］夏文胜. 深化农业科研体制改革的几点认识［J］. 科技管理研究，2002（1）：36-37.

［162］谢金丽，胡冰川."一带一路"与中国农产品贸易前沿综述［J］. 世界农业，2019（10）：90-96+131.

［163］秀娟. 基于随机前沿引力模型的泰国与GMS国家贸易效率和潜力研究［D］. 云南：昆明理工大学，2022.

［164］徐浩. 我国服务业国际竞争力分析［J］. 金融经济，2005（12）：110-111.

［165］徐明峰. 全球农产品贸易与中国农产品国际竞争力研究［D］. 东北财经大学，2011.

［166］徐永利."金砖四国"产业结构比较研究［D］. 河北大学，2010.

［167］薛洋洋. 国际物流绩效对我国农产品贸易的影响——基于"一带一路"沿线国家的实证分析［D］. 东北财经大学，2018.

［168］薛洋洋. 国际物流绩效对中国农产品贸易的影响——基于"一带一路"沿线国家的实证分析［J］. 区域与全球发展，2019，3（1）：100-120+157-158.

［169］《学术前沿》编者."一带一路"前瞻［J］. 人民论坛·学术前沿，2015（9）：4-5.

［170］严颂. 顺势而为推进"互联网+"战略［J］. 新湘评论，2015（12）：20-21.

［171］严颂. 站立"风口"顺势而为［N］. 湖南日报，2015-05-12（002）.

[172] 杨传喜, 张昭, 张俊飚. 农业技术引进效率的影响因素分析 [J]. 安徽农业科学, 2010, 38 (9): 4843-4845.

[173] 杨传喜. 转型期引进农业科技资源的有效路径研究 [J]. 经济纵横, 2010 (7): 46-49.

[174] 杨海燕. 互补还是替代？中美贸易竞争关系的测度与分析 [D]. 南京大学, 2016.

[175] 杨辉. 农业结构调整下农产品品质结构调整对策研究 [J]. 大庆社会科学, 2017 (5): 72-74.

[176] 杨琨. 我国稻米国际竞争力研究 [D]. 天津财经大学, 2009.

[177] 杨莲娜, 刘从九. 关于中国与"一带一路"沿线国家棉花产业合作的探讨 [J]. 中国合作经济, 2018 (9): 57-60.

[178] 杨瑞珍. 巴西现代农业的发展及其对我国的启示 [J]. 中国农业资源与区划, 2008 (5): 76-79.

[179] 杨玉文, 董婉璐, 杨军. 中国与"一带一路"沿线国家农产品贸易特征演变 [J]. 云南社会科学, 2021 (1): 67-73.

[180] 杨照, 陈伟忠. 中国特色农产品出口竞争力提升战略研究 [J]. 世界农业, 2018 (12): 220-225.

[181] 尹峻, 庞一璞, 党敬淇. 中国与"一带一路"沿线国家之间农产品贸易的边境效应——基于GSIM模型的分析 [J]. 中国农业大学学报, 2021, 26 (3): 212-226.

[182] 于维栋. 中国农业现代化的过去、现在和未来 [C] //中国科学院中国现代化研究中心. 科学与现代化, 2012 (3) (总第052期), 2012: 9.

[183] 余妙志, 梁银锋, 高颖. 中国与南亚地区农产品贸易的竞争性与互补性——以"一带一路"战略为背景 [J]. 农业经济问题, 2016 (12): 83-94.

[184] 余玮. 一带一路: 惠及世界的经济大走廊 [J]. 中华儿女, 2019 (8): 44-47.

[185] 原帼力, 帕丽哈扎提·阿不拉. 我国与"一带一路"沿线国家农产品贸易格局及竞合关系研究 [J]. 商业经济研究, 2021 (22): 137 - 140.

[186] 曾昉, 魏媛. 城市土地利用生态冲突诊断及影响因素研究——以贵阳市为例 [J]. 改革与战略, 2016 (9): 107 - 113.

[187] 曾国平, 申海成. 中国农产品出口贸易影响因素研究——基于贸易引力模型的面板数据 [J]. 重庆大学学报 (社会科学版), 2008 (3): 16 - 19.

[188] 曾虹. 中国与丝绸之路经济带主要国家农产品贸易增长分解及影响因素——基于 CMS 模型与拓展引力模型的实证分析 [J]. 江苏农业科学, 2018, 46 (9): 318 - 321.

[189] 曾华盛, 陶玲. 中美贸易关系不确定背景下中印农产品贸易潜力分析 [J]. 对外经贸实务, 2023 (2): 34 - 42 + 51.

[190] 曾睿, 李静, 吴岸. "一带一路"沿线国家智库联合考察团零距离感受重庆开放的力量 [J]. 重庆与世界, 2016 (4): 24 - 33.

[191] 翟雪玲, 杜珉, 刘涵. 我国棉花产业发展现状、调控政策及建议 [J]. 农业发展与金融, 2011 (5): 25 - 28.

[192] 翟雪玲. 正确认识、判断和对待当前的高棉价 [J]. 农业展望, 2010, 6 (11): 16 - 18.

[193] 詹淼华. "一带一路"沿线国家农产品贸易的竞争性与互补性——基于社会网络分析方法 [J]. 农业经济问题, 2018 (2): 103 - 114.

[194] 张海森, 谢杰. 中国—非洲农产品贸易的决定因素与潜力——基于引力模型的实证研究 [J]. 国际贸易问题, 2011 (3): 45 - 51.

[195] 张宏斌. 多维发力高质量发展普惠金融 [N]. 金融时报, 2023 - 10 - 19 (009).

[196] 张鸿, 彭璟, 王悦. 中日韩区域贸易潜力分析——基于贸易引力模型的角度 [J]. 国际商务研究, 2009, 30 (4): 70 - 77.

[197] 张力. 农业科技创新与现代农业发展探讨 [J]. 现代农业科技, 2019 (13): 214-216.

[198] 张利庠. 农牧企业的产业链建设 [J]. 中国禽业导刊, 2008 (5): 28.

[199] 张莲燕, 朱再清. "一带一路"沿线国家农产品贸易整体网络结构及其影响因素 [J]. 中国农业大学学报, 2019, 24 (12): 177-189.

[200] 张梦溪. 论新自由主义对中国广播电视事业转型的影响——兼论中国广播电视体制的变迁 [J]. 声屏世界, 2023 (17): 5-7.

[201] 张群群. 晋城市现代农业发展现状及建议 [J]. 农业技术与装备, 2023 (11): 50-52.

[202] 张若凡, 罗菁菁. 扎实做好粮食测产 服务保障粮食安全——农垦粮食测产情况分析报告 [J]. 中国农垦, 2024 (3): 53-57.

[203] 张天从, 黄静晗. 农民参与式技术创新的理论与实践研究 [J]. 福建论坛 (人文社会科学版), 2012 (4): 39-43.

[204] 张晚冰. 市场主体对河南农产品出口竞争力影响研究 [D]. 河南工业大学, 2010.

[205] 张望, 徐成江. 影响中国文化产品出口因素的实证研究——使用引力模型测度文化距离对文化贸易影响的实证检验 [J]. 北方经济, 2013 (2): 11-12.

[206] 张文木. "一带一路"与世界治理的中国方案 [J]. 世界经济与政治, 2017 (8): 4-25.

[207] 张新颖, 等. 中国与俄罗斯联邦农业合作的三大趋势 [J]. 中国农村经济, 2012 (5): 85-92.

[208] 张怡. 中国对"一带一路"沿线国家农产品出口贸易潜力研究——基于随机前沿引力模型的实证分析 [D]. 华中师范大学, 2020.

[209] 张玉, 赵玉, 祁春节. 荷兰高效农业研究及启示 [J]. 农场经济管理, 2007 (3): 57-59.

[210] 张玉, 赵玉, 祁春节. 荷兰高效农业研究及启示 [J]. 农业展

望,2007(4):26-28.

[211] 张孜豪. 中国对"一带一路"沿线国家农产品出口贸易潜力研究[D]. 山东理工大学,2020.

[212] 章佳. RCEP生效后,中泰经贸享多重红利[J]. 中国对外贸易,2022(5):12-13.

[213] 赵晓莉. 区域贸易网络的社区结构探测[D]. 山东财经大学,2020.

[214] 赵艳滨. 黑龙江省农产品加工业国际竞争力研究[D]. 哈尔滨工业大学,2007.

[215] 赵雨霖,林光华. 中国与东盟10国双边农产品贸易流量与贸易潜力的分析——基于贸易引力模型的研究[J]. 国际贸易问题,2008(12):69-77.

[216] 郑明亮. 中国区域木材产业竞争力评价及比较研究[D]. 南京林业大学,2010.

[217] 郑威,张志学. 农业可持续发展与新农业科技革命的思考[J]. 华中农业大学学报(社会科学版),2007(5):28-32.

[218] 中华人民共和国海关总署公告2022年第21号[J]. 中国对外经济贸易文告,2022(23):6-7.

[219] 钟海富. 乡村振兴背景下农产品流通可持续创新发展服务体系优化[J]. 全国流通经济,2024(3):16-19.

[220] 钟绵. 中央一号文件释放啥信号?[N]. 中国纺织报,2022-02-28(002).

[221] 钟钰,陈希,崔奇峰. 俄乌冲突对世界粮食安全的影响[J]. 世界农业,2022(10):18-27.

[222] 周跃雪. "一带一路"农产品贸易便利化及其制度建设对策[J]. 农村经济,2018(7):95-101.

[223] 朱凯,黄琳燕. 年增千亿!南京外贸靠啥赢下"逆风局"[N]. 南京日报,2022-02-18(A04).

［224］朱新鑫，李豫新. 中国与中亚五国农产品贸易竞争性和互补性分析［J］. 国际经贸探索，2011，27（3）：17－22.

［225］朱永光. 试论农工队伍素质建设［J］. 兵团工运，2000（6）：16－18.

［226］祝志勇，崔凌瑜. 中国同"一带一路"沿线国家农产品贸易推进策略［J］. 理论探讨，2021（6）：119－124.

［227］庄丽娟，姜元武，刘娜. 广东省与东盟农产品贸易流量与贸易潜力分析——基于引力模型的研究［J］. 国际贸易问题，2007（6）：81－86.

［228］庄少武. 新时代推进粮食经济高质量发展研究［J］. 中国市场，2023（33）：64－67.

［229］邹嘉龄，刘春腊，尹国庆，等. 中国与"一带一路"沿线国家贸易格局及其经济贡献［J］. 地理科学进展，2015，34（5）：598－605.

［230］左希. 国家开发银行：发挥开发性金融融资引领作用 服务共建"一带一路"行稳致远［N］. 金融时报，2023－10－13（001）.

［231］Anderson K, Hoekman B, Strutt A. Agriculture and the WTO: next steps［R］. Paper to be presented at a CEPR/NBER workshop on new issues in the world trading system, London, pp. 19－20, February, 1990.

［232］Balassa, B. Trade liberalization and "revealed" comparative advantage［J］. The Manchester School of Economic and Social Studies, 1965 (33): 99－123.

［233］Bruno M. Domestic resource cost and effective protection: clarification and synthesis［J］. Journal of Political Economy, 1972 (1): 16－33.

［234］Cheng Fang and John Beghin. Food self-sufficiency, comparative advantage, and agricultural trade: a policy analysis matrix for Chinese agriculture［R］. August, CARD working paper, 99－WP 223, 1999.

［235］Christian Fischer, Sebastian Schornberg. Assessing the competitiveness situation of EU food and drink manufacturing industries: an index-based approach [J]. Agricultural Economics & Resource Management, 2007 (10): 231-244.

[236] Jenna B. Governance for Human Social Flourishing [J]. Daedalus, 2023, 152 (1).

[237] J H Bergstrand. The Gravity equation in international trade: some microeconomic foundations and empirical evidence [J]. Review of Economics and Statistics, 1985 (67): 89-102.

[238] Lin X, Chengcheng S, Shizong W. Multiple Social Networks in Grassroots Governance in Rural China [J]. Social Sciences in China, 2018, 39 (3).

[239] Xu D, Xiao X. The Transformation of Rural Grassroots Social Governance Structure and Mode in the New Era [J]. The Frontiers of Society, Science and technology, 2021.

[240] Yanglu Y, Kuiting G. The Embedding of Sports Social Organizations in Rural Governance Based on the Collaborative Governance Model of Multiple Subjects [J]. Mathematical Problems in Engineering, 2022, 10 (3).